KB212611

# AI 패권전쟁

김경진의 AI국가 설계 가이드북

# AI 패권전쟁

김경진의 AI국가 설계 가이드북

**발행일** 2025년 3월 27일 1판 1쇄

**지은이** 김경진 **펴낸이** 황윤억
**편집** 윤석빈 김순미 황인재 **디자인** 오필민 디자인 **마케팅** 김예연
**발행처** 인문공간/(주)에이치링크 **등록** 2020년 4월 20일(제2020-000078호)
**주소** 서울 서초구 남부순환로 333길 36, 4층(서초동, 해원빌딩)
**전화** 마케팅 02)6120-0259 편집 02)6120-0258 **팩스** 02)6120-0257

• 값은 뒤표지에 있습니다. ISBN 979-11-990614-3-9 03320

• 열린 독자가 인문공간 책을 만듭니다.
• 독자 여러분의 의견에 언제나 귀를 열고 있습니다.

**전자우편** pacademy@kakao.com **영문명** HAA(Human After All)

# AI 패권전쟁

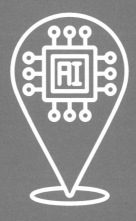

**김경진의 AI국가 설계 가이드북**

김경진 지음

인문공간

미·중 간 IT기술 경쟁의 중심엔 'AI 패권전쟁'
AI 경쟁은 경제·군사·외교 등 글로벌 질서 재편
AI는 국가 서비스의 증폭, 'AI국가설계론' 제시

우리는 지금 인공지능(AI)이라는 거대한 변화의 물결 한가운데서 있습니다. 미·중 간 AI 패권 전쟁이 21세기 IT기술 경쟁의 핵심으로 부상하면서, 전 세계도 함께 긴장하고 있습니다. 미국이 반도체 관련 기술 규제를 통해 중국을 견제하고, 중국은 국가 주도로 기술 개발을 빠르게 돌파하며 AI 위상을 높여가는 모습을 지켜보면, 인공지능을 둘러싼 경쟁의 소용돌이 한가운데 있음을 절감합니다.

　AI 패권 전쟁은 단순한 기술 경쟁을 넘어 경제·군사·외교 등 다양한 분야에서 글로벌 질서를 재편하고 있으며, AI 기술을 선점한 국가가 미래를 주도하게 될 것이라는 사실은 두려움과 책임감으로 다가옵니다.

한·미·일 주요 인사들이 진행한 '스타게이트 프로젝트' 논의는, 대한민국이 새로운 AI 생태계를 향해 도약할 수 있다는 희망을 안겨 줍니다. 삼성 이재용 회장, 소프트뱅크 손정의 회장, 오픈AI(OpenAI) 샘 올트먼 CEO가 한자리에 모여 협력을 논의한 일은, 서로의 강점을 모아 730조 원 규모의 초거대 AI 인프라를 구축할 가능성을 열어젖혔습니다. 이 움직임에 우리나라가 참여함으로써, 글로벌 AI 산업에서 중추적 역할을 할 수 있다는 사실은 벅찬 기대감을 불러일으킵니다.

인공지능 기술은 교육, 의료, 산업, 복지 등 우리의 삶 전반에 커다란 변화를 일으키고 있습니다. 변화는 두려움을 동반하지만, 이 거대한 흐름 안에서 대한민국이 더 나은 미래를 만들어 갈 수 있다고 저는 믿습니다. AI를 통해 우리 사회가 직면한 인구절벽과 노동력 부족 문제를 보완하고, 의료와 복지 시스템을 혁신하며, 교육을 개인화해 모두가 더 나은 삶을 누릴 수 있도록 만드는 청사진을 이 책에서 제시하고자 합니다.

AI는 위험과 딜레마를 함께 안고 있습니다. 일자리가 사라지는 것에 대한 두려움, AI가 통제 불가능한 상황으로 가는 데 대한 우려, 기술 격차에서 비롯되는 사회 불평등 등은 우리가 섬세한 배려와 지혜를 발휘해 해결해야 할 과제입니다.

이 책에서 저자는 AI가 인간의 능력을 증폭시키는 도구라는 관점에서, 불확실성 속에서도 희망을 찾아갈 수 있는 실제적인 전략과 비전을 제시해 보았습니다. AI 시대를 준비하는 데에는 감성, 소통 능력, 창의적 사고, 그리고 자신만의 전문성을 지속적으로 발전시키는 태도가 반드시 필요하다고 믿습니다.

AI가 가져다줄 변화를 체감할수록, 저는 '인간다움'의 가치를 더욱 소중하게 느끼게 됩니다. 서울대 황농문 교수님의 통찰처럼, 명상과 몰입을 통해 마음을 가다듬고, 문제의 본질을 깊이 파고드는 경험이야말로 AI 시대의 핵심 역량이 될 것입니다. 인공지능과 협력하며, 인간이 가진 고유한 창의력과 애정 어린 마음을 놓치지 않는다면 우리는 더 나은 내일을 만들 수 있으리라 확신합니다.

이 책은 밤늦게까지 공부하는 학생들, AI 도입을 고민하는 CEO와 직장인들, 불확실성 속에서 나라를 걱정하는 공무원과 정치인 등 이 땅의 모든 분들에게 드리는 저의 마음입니다. 집필 과정에서 저 역시 AI의 도움을 받았지만, 그 경험을 통해 오히려 인간만의 따뜻함과 자유로운 상상력이 얼마나 소중한지를 다시금 깨달았습니다.

대한민국은 아시아권 국가 노동자들에게 희망의 빛이 되어 주고 있습니다. 한 번 이 땅에서 일을 해 본 이들은, 돌아간 뒤에도 다시 한국으로 오고 싶어한다는 이야기를 들을 때마다, 우리의 성취에 대한 자부심 그리고 대한민국에 대한 감사함이 북받쳐 오릅니다.

　이제 인공지능이라는 새로운 동반자와 함께, 불확실성의 시대를 뚫고 새롭게 도약하는 발판으로 삼았으면 합니다. 머지않아, 대한민국이 AI 분야에서 두드러진 성취를 이루어 세계 무대에서 우뚝 서는 모습을 함께 맞이할 수 있기를 진심으로 기원합니다.

2025년 2월
서울 동대문구립도서관에서
김경진

# 차례

## 1부 AI 초지능 시대 열렸다

1부

# AI 초지능 시대 열렸다

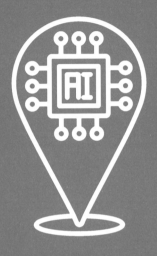

1장

---

**AI, 지속가능한 미래 설계**

우리 앞에 놓인 놀라운 가능성, 바로 인공지능입니다. 대한민국 아니 인류가 마주한 수많은 문제들, 이제 인공지능이라는 혁신적인 도구로 새로운 돌파구를 열어갈 수 있습니다.

상상해 보세요. 인공지능이 가져올 더욱 풍요로운 일상의 모습을. 병원에서는 한층 정교해진 AI 진단 시스템이 우리의 건강을 섬세하게 살피고, 교실에서는 학생 개개인의 잠재력을 최대한 끌어올리는 맞춤형 교육이 펼쳐집니다. 도시의 숨통을 틔워줄 스마트한 교통 관리, 우리의 터전을 더욱 깨끗하게 지켜낼 환경 보호까지. 이 모든 변화가 앞으로 펼쳐질 것입니다.

우리는 새로운 장을 향해 나아갑니다. 상상조차 하지 못했던 새로운 직업들이 탄생하고, 교육은 더욱 역동적으로 변모할 것입니다. 가족들과 함께하는 소중한 시간, 취미 생활을 즐기는 방식까지도 더욱 풍성하고 다채로워질 것입니다.

물론, 생각해 봐야 할 부분도 있습니다. AI 기술을 보유한 기업들의 영향력이 커질수록, 우리는 현명한 균형점을 찾아야 합니다. 인공지능의 혜택이 모두에게 고르게 돌아가도록 하는 것, 막강한 기술력을 가진 기업들이 사회적 책임을 다하도록 하는 것, 이것이 바로 함께 고민하고 풀어가야 할 과제입니다.

# 1
# 인구절벽, AI 혁신으로 넘는다.

## 1-1 인구 감소의 현황과 과제

### (1) 합계출산율 0.7의 대한민국

대한민국은 지금까지 볼 수 없었던 심각한 저출산 문제를 겪고 있습니다. 2024년에는 여성 한 명이 평생 낳을 것으로 예상되는 자녀의 수가 0.6명대로 떨어진 것으로 보입니다. 인류 역사상 가장 낮은 수준입니다. 한때 우리는 일본의 저출산을 걱정했지만, 지금 일본의 출산율은 1.3명으로 우리보다 두 배나 높습니다.

이대로 가면 우리나라의 미래가 정말 걱정됩니다. 2040년이 되면 일할 수 있는 사람들(15~64세)이 지금보다 500만 명이나 줄어들 것입니다. 2050년에는 일하는 사람 100명이 어르신 78명을 모셔야 하는 상황이 됩니다. 앞으로 우리나라는 세계에서 가장 오래 사는 나라여서, 의료비도 계속 늘어날 것입니다. 70세 이상 어르신들이 평생 쓸 의료비의 절반을 사용하는데, 이런 어르신들이 2020년 350만 명에서 2050년에는 1,200만 명으로 늘어날 예정입니다.

지방이 사라지는 것도 큰 걱정거리입니다. 2017년에는 전국 229개 시군구 중 83곳이 없어질 위험에 처했는데, 2047년이 되

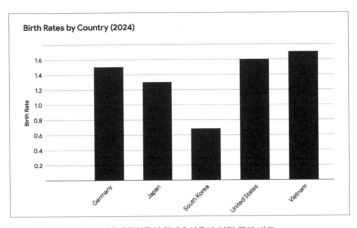

2024년 대한민국의 합계출산율과 인접 국가 비교.

* 자료: worldpopulationreview.com
(세계 인구검토 사이트의 통계를 바탕으로 저자가 막대그래프로 재작성)

면 전국이 그런 위험에 빠질 것입니다. 서울도 예외가 아닙니다. 2047년에는 서울의 여러 자치구도 같은 위험에 처하게 될 것입니다.

지방대학의 상황도 매우 어렵습니다. 2023년 고교 3학년 학생 수는 40만 명도 안 되는데, 대학 입학 정원은 51만 명이나 됩니다. 학생이 없어 많은 지방대학이 문을 닫을 위험에 처해 있습니다. 대학이 문을 닫으면 주변 가게들도 함께 어려워지고, 교수님들과 직원들은 일자리를 잃게 됩니다.

지방대학이 없어지는 것은 그 지역 경제만의 문제가 아닙니다. 우리나라의 학문 다양성과 미래 성장 가능성을 위협하는 중요한 문제입니다. 기초학문은 우리나라 발전의 뿌리가 되는 매우 소중한 분야입니다. 수학, 물리학, 화학, 생물학 같은 기초과학이나 인문학, 사회과학은 당장 눈에 보이는 성과는 없을 수 있지만, 오랜 시간에 걸쳐 국가 발전의 힘이 됩니다. 지금까지 지방 대학들은 이런 기초학문을 연구하고 발전시키는 중요한 역할을 해 왔습니다.

지방대학이 문을 닫게 되면 여러 가지 어려움이 생깁니다. 지역의 특색 있는 연구들이 사라지고, 수도권 대학에서만 연구가 이루어지게 됩니다. 지역의 고유하고 특별한 문제들을 해결하기 위한 연구도 줄어들 수밖에 없습니다.

기초학문이 약해지면 우리나라의 실력도 떨어지게 됩니다. 기초학문은 새로운 기술과 아이디어의 밑바탕이 되기 때문입니다. 수학이나 물리학 같은 기초과학이 없다면 새로운 기술을 만들어 내기 어렵습니다. 연구자들이 연구할 곳이 줄어들어 해외로 떠날 수도 있습니다.

인구가 감소하면서 군대의 힘도 약해지고 있습니다. 우리나라의 안전을 지키는 데 매우 큰 걱정거리가 되고 있습니다. 먼저 군대의 규모가 정말 빠르게 줄어들고 있습니다. 2018년에는 61만 8,000여 명이었던 군인의 수가 2022년에는 50만 명으로 줄었습니다. 불과 4년 만에 12만 명이나 줄어든 것입니다. 더욱 안타까운 것은 2040년이 되면 군인의 수가 36만 명까지 줄어들 것으로 예상된다는 점입니다.

군인의 수가 줄어들면서 군대의 모습도 크게 바뀌고 있습니다. 육군은 2025년까지 38개였던 사단을 33개로 줄일 계획입니다. 군단도 6개로 줄이려고 합니다. 각 부대의 작전반경이 넓어질 수밖에 없습니다. 대신 직업 군인의 비율을 높이려고 하는데,

2027년까지 전체 군인의 40.5%를 직업 군인으로 채우려고 합니다. 이런 변화는 우리 군사력에 대한 깊은 우려를 낳고 있습니다. 현재 우리나라 군대의 규모는 숫자로만 보면 북한군의 40% 정도밖에 되지 않는데, 앞으로 이 차이는 더욱 커질 수 있습니다. 게다가 인구가 감소하면서 직업 군인이 되려는 사람 그 자체도 줄고 있어서, 인구 감소라는 구조적 문제를 직업 군인 비율의 증가로 대처하려는 대한민국 국방부의 계획도 성공 가능성에 회의가 생깁니다.

인구 감소의 가장 큰 이유는 결혼하지 않는 사람이 늘어났기 때문입니다. 2020년을 기준으로 30대 남성의 절반, 여성의 3분의 1이 미혼입니다. 1990년에 비해 5~8배나 증가한 수치입니다. 취업이 어렵고 혼자 사는 것을 선호하는 사회 분위기도 한몫하고 있습니다. 젊은이들의 결혼과 아이를 갖는 것에 대한 생각이 놀랍게 바뀌고 있습니다. 2023년 통계청이 조사한 결과를 보면, 특히 20대의 결혼관이 크게 달라졌음을 알 수 있습니다. 2008년에는 20대 남성의 80%가 "결혼은 꼭 해야 한다."라고 생각했지만, 2022년에는 42%만이 그렇게 생각했습니다. 20대 여성의 변화는 더욱 극적이었는데, 2008년 53%에서 2022년 28%로 크게 줄었습니다.

결혼하는 사람의 수도 눈에 띄게 감소했습니다. 2013년에는 32만 쌍이 넘는 사람들이 결혼했지만, 2023년에는 19만 쌍 정도만 결혼했습니다. 10년 사이에 결혼하는 사람이 무려 40%나 줄어든 것입니다.

아이를 갖는 것에 대한 생각도 크게 달라지고 있습니다. 예전에는 보통 2명 이상의 아이를 희망했지만, 2021년에는 그 수가 2명 미만으로 떨어졌습니다. 특히 20대와 30대는 한 자녀를 선호하는 경향이 뚜렷합니다.

로마 제국은 다양한 민족을 받아들여 번영했고, 현재의 미국도 전 세계 인재들을 빨아들이며 성장하고 있습니다. 우리나라도 외국인 유학생을 적극적으로 받아들이고, 이들이 한국에서 공부하고 뿌리내릴 수 있도록 도와야 합니다. 영주권을 가진 외국인의 자녀가 쉽게 한국 국적을 받을 수 있게 하는 등의 열린 정책이 필요합니다. 인구 문제를 해결하지 못하면 우리나라는 역사상 처음 겪는 국가 소멸의 위기를 맞이하게 될 것입니다. 전쟁이나 자연재해는 끝나면 회복할 수 있지만, 인구 감소는 되돌리기가 어렵기 때문입니다.

인구가 줄어들면 일할 사람이 부족해지고, 경제 성장이 느려지며, 복지 제도가 흔들리고, 새로운 발전이 더뎌지는 등 여러 문제가 생깁니다. 경제 면에서는 성장이 둔화되는 것이 가장 큰 걱정거리입니다. 경제가 활기를 잃고, 물건을 사는 사람도 줄어들어 나라의 경쟁력이 약해질 수 있습니다. 사회적으로는 어르신이 많아지면서 여러 가지 어려움이 생기고 있습니다. 건강보험과 국민연금을 유지하기가 힘들어지고, 어르신을 모시는 데 드는 비용도 늘어납니다. 학교는 학생 수가 줄어 운영이 어려워지고, 군대는 군인이 부족해 나라를 지키는 힘이 약해질 수 있습니다. 문화적으로도 젊은이들이 줄어들면서 활기가 떨어지고 새로운 문화를 만들어 내는 힘도 약해질 수 있습니다.

이런 상황에서 AI는 인구 감소를 근본적으로 해결하지는 못하겠지만, 그 속도를 억제하고, 인구 감소의 부작용을 상쇄하는 역할을 할 수 있습니다. 결혼과 출산에 대한 젊은이들의 생각을 바꿀수는 없겠지만, 저출산 고령화에 대한 부작용을 대처하는 도구로서는 훌륭한 역할을 해 줄 것입니다.

### (2) '출산·양육·육아'에 대한 정보 제공, 출산 동기 제공

AI 기술은 아기를 키우는 부모님들의 고민을 조금씩 해결해 주고 있습니다. 아기를 돌보는 일을 쉽고 안전하게 할 수 있도록 도와주고 있습니다. AI가 출산 육아에 대한 심리적 불안감을 해소시켜 주는 것입니다.

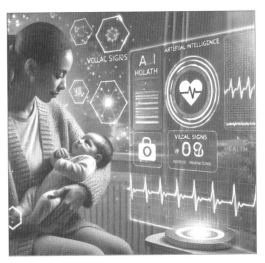

인공지능이 출산한 엄마의 육아 궁금증을 해결해 주고 있다.

'베베캠'이라는 AI와 결합한 서비스는 산후조리원에 있는 아기의 모습을 실시간으로 볼 수 있게 해 줍니다. 부모님들은 스마트폰으로 언제 어디서나 아기가 잘 지내고 있는지 확인할 수 있어서 안심이 됩니다.

육아에 대해 궁금한 점이 있을 때는 AI 챗봇이 24시간 친절하게 답변해 줍니다. 아기의 건강이나 양육에 대해 궁금한 점을 물어보면 AI로부터 즉시 도움을 받을 수 있습니다. 24시간 언제든지, 궁금한 사항을 물어볼 수 있어 편리합니다.

다음과 같은 질문들이 육아 과정에서 생기는 고민들입니다

"3개월 된 아기가 밤에 자주 깨는데, 수면 습관을 어떻게 바로잡을 수 있을까요?"

"6개월 된 아기의 이유식, 어떤 음식부터 시작하면 좋을까요? 하루에 얼마나 먹여야 할까요?"

"9개월 된 아기가 아직 기어다니지 않아요. 발달이 늦는 걸까요? 어떤 운동을 해 주면 좋을까요?"

"돌이 지난 우리 아이가 열이 38도예요. 해열제를 먹여야 할까요? 병원에 가봐야 할까요?"

"15개월 아기가 아직 말을 못 하고 옹알이만 해요. 말하기 능력을 키우려면 어떻게 해야 할까요?"

예전에는 어머니께 여쭤보거나 인터넷을 뒤져야 했지만, 이제는 AI를 통해 쉽게 답을 얻을 수 있게 된 것입니다.

AI는 아기의 건강 상태를 살피는 데도 훌륭한 도움이 됩니다. 아기의 목소리나 얼굴 표정을 분석하여 기분이 어떤지, 건강에 문제가 없는지 알려줄 수 있습니다. 아직 말을 못 하는 아기의 상태를 더 잘 이해할 수 있게 되었습니다. 아기의 안전한 수면을 위한 똑똑한 침대도 있습니다. AI가 들어간 이 침대는 아기가 자는 동안 세심하게 지켜봅니다. 아기가 뒤집히거나 위험한 자세로 잘 때 이를 빠르게 알아채고 조치를 취할 수 있습니다. 아이의 변을 촬영해서 그 원인 혹은 아이의 상태에 대해서 물어볼 수도 있을 것입니다. AI 기술은 육아를 더욱 편리하고 안전하게 만들어 주고 있습니다. AI는 부모님들이 아기를 더 잘 돌볼 수 있도록 돕는 훌륭한 조력자라고 할 만합니다.

### ⑶ 난임 치료 지원

AI 기술은 아기를 갖기 어려운 분들의 진단과 치료에 정확도를 더욱 높여 줍니다. 부부에게 꼭 맞는 치료 방법을 찾아 희망을 주고, 우리나라의 출산율을 높이는 데도 큰 도움이 되고 있습니다.

시험관 아기 시술에서 AI가 보여주는 성과는 놀랍습니다. 예전에는 의료진이 눈으로 직접 보고 건강한 배아를 골랐지만, AI가 이 일을 돕게 되어 임신 성공률이 무려 65%까지 올라갔습니다. 성공률이 더 가파르게 올라갈 것입니다. 특별한 카메라와 AI 기술을 함께 사용해서 건강한 난자를 96%나 되는 놀라운 정확도로 찾아낼 수 있게 되었습니다. 이런 기술의 발전 덕분에 시험관 시술이 훨씬 더 성공적으로 이루어지고 있습니다.

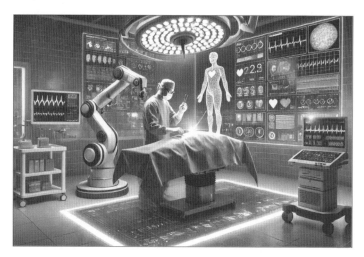
인공지능은 시험관 시술 등 난임 치료 분야에도 도움을 준다.

AI 기술이 발전하면서 시술 비용도 줄고 임신하기까지 걸리는 시간도 짧아지는 기쁜 변화가 생겼습니다. 인공지능을 통해 임신에 대한 여러 가지 정보를 쉽게 얻을 수 있게 되었습니다. 임신 중 어떤 궁금증이 생기더라도 AI에게 물어보면 조언을 얻을 수 있습니다. 이처럼 AI 기술은 소중한 아기를 기다리는 부부들에게 따뜻한 희망이 되고 있습니다. 더 많은 부부들이 행복한 소식을 들을 수 있게 될 것입니다.

### (4) 다문화 개방사회의 수용성

AI는 우리나라에 도움이 될 외국인을 찾고, 이들이 우리 사회에 잘 적응할 수 있도록 돕는 역할을 하고 있습니다.

AI는 외국인들이 우리나라에서 편하게 지내도록 돕는 든든한 지원자가 되어 줍니다. AI의 통역 번역 기술은 다문화 가정과 이민자들의 생활을 편리하게 만들어 주고 있습니다. 대한민국에 거주하는 동안 언어 때문에 겪는 어려움을 해결해 주고, 대한민국 정부 정책이나 공공 서비스에 대한 정보를 쉽게 이해할 수 있게 해 줍니다. AI 통번역은 24시간 내내 도움을 줄 수 있어 정말 편리합니다. 병원에 가거나 학교생활을 할 때도 필요한 순간마다 바로 도움을 받을 수 있습니다. 다문화 가정의 아이들도 AI 통번역으로 한국어를 더 잘 배울 수 있을 것입니다.

정부나 기업도 AI 통번역을 통해 많은 도움을 얻습니다. 다문화 가정에서 어떤 도움이 가장 필요한지 정확히 파악하고, 더 나은 정책도 만들 수 있게 되었습니다. 여러 나라 말로 제한 없이 의견을 들을 수 있어 외국인 정책 개선에도 도움이 됩니다. AI 통번역 덕분에 다문화 가정이 우리 동네의 여러 활동에 더 많은 참여가 가능합니다. AI는 한국어와 우리 문화를 배우는 맞춤 교육 프로그램을 만드는 데도 훌륭한 역할을 하고 있습니다.

## (5) AI는 노동력 부족 보완

인구 감소로 생기는 여러 어려움을 인공지능으로 덜 수 있게 되었습니다.

일할 사람이 부족하거나 물건을 만드는 속도가 느려지는 문제를 AI가 도와줄 것입니다. 관절 기능이 정밀하게 향상된 인공지능 로봇이 일자리에 투입될 경우 일손 부족 문제는 해결될 것입니다. 공장에서는 AI 로봇이 하루 24시간 쉬지 않고 일할 수 있어 물건을 더 많이 만들 수 있게 되었습니다. 불량품도 알아서 찾아내고, 물건을 가장 효율적으로 만드는 방법도 계획해 줍니다.

AI가 e메일을 쓰고 보고서를 만드는 일을 도와주어 일하는 시간이 훨씬 줄어들었습니다. AI 비서로 인해 직원들이 정말 중요한 일에만 집중할 수 있게 도와줍니다. 위험하거나 반복되는 일은 로봇이 대신 해 주어 사람들이 더 안전하게 일할 수 있습니다. 고객 서비스도 AI 챗봇이 24시간 내내 응답해 주어 정말 편리해졌습니다.

어르신들이 많아지는 사회에서도 큰 도움이 됩니다. AI가 들어간 스마트홈은 어르신들의 안전을 지키고, 집 안에 가전제품을 자동으로 관리함으로써 편하게 생활할 수 있게 해 줍니다.

인공지능의 번역 통역 기능이 더해질 때, K-culture, K-food 등 K로 시작하는 우리의 모든 것은 경쟁력이 더 강해질 것입니다. 우리 문화를 세계에 알리는 데도 큰 역할을 하고 있습니다. AI 번역 기술로 한국의 드라마, 영화, 음악을 여러 나라 말로 쉽게 바꿀 수 있게 되었습니다. 넷플릭스는 지금 35개 언어로 한국 콘텐츠를 제공하고 있습니다. 2022년에는 우리나라 문화 콘텐츠가 132억 달러(약 19조 1,400억 원)나 수출되었는데, 이는 TV나 전기차보다도 더 많은 금액입니다.

AI가 저출산 문제를 완전히 해결할 수는 없지만, 저출산으로 파생되는 문제들을 한결 수월하게 해결하는 데 도움이 될 것입니다. AI는 일할 사람이 부족한 문제를 해결하고, 한국 문화를 세계에 알려 경제 성장을 돕습니다.

AI와 결합한 자동화 시스템과 로봇은 공장, 농장, 서비스업 등 다양한 분야에서 반복되는 일을 척척 해내고 있습니다. 위험하거나 사람들이 꺼리는 일을 로봇이 대신하면서 산업의 경쟁력을 지키고 생산성도 높아지고 있습니다.

AI는 자동화와 효율성을 높이고 새롭게 일하는 방식을 만들어 내 생산성을 크게 향상시키고 있습니다. 공장에서는 물건을 만드는 과정을 자동화하고, 물건을 나르는 방법을 개선하며, 고객이 원하는 서비스를 정확히 제공하는 데 큰 도움이 되고 있습니다. AI는 엄청난 양의 정보를 분석해서 생산 과정의 문제를 찾아내고 이를 개선하여 더 효율적으로 일할 수 있게 만들어 줍니다. AI는 앞으로 얼마나 많은 물건이 필요할지 미리 예측하고 재고도 알뜰하게 관리해서 회사의 비용을 줄이고 수익은 높이는 데 큰 역할을 하고 있습니다.

## 1-2 'AI 국가'로 활기찬 대한민국

인공지능은 우리 경제의 모든 분야에 자연스럽게 스며들면서 놀라운 변화를 만들어 내고 있습니다. 이러한 변화는 우리가 일하고 생활하는 모습을 완전히 새롭게 바꾸고 있습니다.

제조업에서는 인공지능을 탑재한 로봇이 생산 현장의 주역이 되어갈 것입니다. 하루 24시간 쉬지 않고 일하면서도 실수가 거의 없어 생산성은 높아집니다. 자동차 공장에서는 AI 로봇이 차를 조립하고, 칠하고, 품질을 검사하는 일까지 척척 해내고 있습니다.

금융 분야에서는 AI가 더 똑똑한 투자를 도와주고 있습니다. AI는 경제 정보를 분석하여 위험을 피하고 좋은 투자 기회를 찾아냅니다. 은행에서도 AI가 대출 심사를 도와주어 더 공정하고 정확한 판단이 가능해졌습니다.

의료 분야에서는 AI가 질병 진단과 치료 방법 선택에 큰 도움을 줍니다. AI는 의료 기록을 살펴보고 환자에게 가장 알맞은 치료법을 제안하며, X-ray나 MRI 영상을 분석하여 의사의 진단을 돕습니다.

교육 현장에서는 AI가 학생 한 명 한 명에게 꼭 맞는 맞춤 학습을 제공합니다. AI는 각 학생이 얼마나 빨리 배우고 얼마나 잘 이해하는지 파악하여 적절한 문제를 내고, 부족한 부분을 보충하게 해 줍니다.

서비스업에서는 AI 챗봇이 고객 상담을 하고, AI가 고객의 취향에 딱 맞는 상품을 추천해 줍니다. 음식점이나 카페에서는 AI가 주문을 받고, 재고를 관리하며, 심지어 요리까지 도와주고 있습니다.

앞으로는 얼마나 빨리 인공지능을 기업의 핵심 상품이나 서비스에 활용하느냐가 정말 중요해질 것입니다. 이를 통해 새롭고 혁신적인 산업 환경을 만들어 성장의 기회를 찾고, 세계 시장에서 더 큰 경쟁력을 확보할 수 있습니다.

대기업들은 스스로 인공지능을 잘 활용할 방법을 찾을 것입니다. 하지만 작은 기업들은 AI를 도입하기가 쉽지 않습니다. 작은 기업들이 AI를 잘 활용할 수 있도록 정부가 적극적으로 나서야 합니다. AI 시스템을 만드는 데 필요한 비용을 지원하고, 전문가의 조언도 제공하며, 직원들이 AI를 배울 수 있는 교육도 무료로 제공해야 합니다.

이렇게 되면 작은 기업들도 당당히 경쟁할 수 있게 될 것입니다. 적은 수의 직원으로도 효율적으로 일할 수 있고, 새로운 시장에 진출할 기회도 많아질 것입니다. 정부는 이런 변화가 잘 이루어지도록 다양한 지원을 아끼지 말아야 합니다.

# 2
# AI 의료 2.0, 의료혁신 로드맵


알파폴드(AlphaFold)는 단백질의 3차원 구조를 아미노산 서열만
으로 예측하는 AI 시스템으로, 2024년 노벨 화학상을 수상했
습니다. AI가 노벨상을 수상하는 것은 매우 이례적인 일이지만,
2024년 구글의 알파폴드가 바로 그러한 성과를 이루어 냈습니
다. 이 성과의 중요성을 이해하기 위해서는 다음과 같은 맥락을
살펴볼 필요가 있습니다.

- 수십 년간 과학자들은 단백질이 3차원 구조로 접히는 방식
  을 이해하고자 노력해 왔습니다. 단백질은 인체의 필수적인
  구성요소로서, 음식물 소화와 면역 방어 등 다양한 생명 활
  동을 담당하고 있습니다. 단백질의 기능을 정확히 파악하기
  위해서는 그 구조적 특성을 이해하는 것이 필수적입니다.
- 알파폴드의 혁신성은 아미노산 서열만으로 단백질의 3차원
  구조를 예측할 수 있다는 점에 있습니다. 마치 건축물의 설
  계 도면을 통해 최종 구조물을 예측하는 것과 유사하나, 여
  기서는 건축 자재 대신 아미노산이 사용됩니다.
- 단백질 구조의 이해는 곧 그 기능의 이해와 직결됩니다. 이
  러한 발견은 신약 개발, 질병 메커니즘 규명, 나아가 유전자

편집 기술의 발전에 획기적인 전기를 마련할 것입니다.

- 알파폴드는 기존의 실험적 방법(X선 결정학, 전자현미경)보다 효율적이고 정확한 예측을 가능하게 했으며, 약물개발, 효소 설계 등 다양한 분야에서 혁신적인 기여를 했습니다. 알파폴드의 데이터베이스는 전 세계 200만 명 이상의 연구자들에게 무료로 제공되어 과학적 발견을 가속화하고 있습니다. 노벨위원회는 알파폴드가 과학적 도구로서의 가능성을 입증하며, 생물학 및 화학 연구의 새로운 시대를 열었다고 평가했습니다.

인공지능은 알파폴드 사례처럼 다양한 영역에서, 다양한 방법으로 혁명적인 변화를 이끌어 낼 것입니다. 질병의 조기 발견, 예방 및 치료, 그리고 궁극적으로 인간의 무병장수를 위한 핵심 도구로 작용할 것입니다.

## 2-1 AI 국가, 질병을 미리 발견

AI는 의료 영상과 건강기록, 유전자정보등 의료 정보를 분석해서 질병을 일찍 발견하는 데 큰 도움을 주고 있습니다. 의료 영상에서 아주 작은 이상도 찾아내고, 환자의 의료 기록과 유전자 정보를 바탕으로 앞으로 어떤 병에 걸릴 수 있는지도 예측해 줄 것입니다

김세중 분당서울대병원 의료인공지능센터장은 AI가 의료 데이터를 활용해 조기 진단과 치료를 가능하게 하고, 의료 시스템의 효율성을 높이는 데 기여할 것이라고 강조했습니다. 2024년 인터뷰에서 AI 기반의 정밀 의료 솔루션 개발과 관련된 연구 성과를 공유하며, AI가 의료의 미래를 바꿀 핵심 기술임을 언급했습니다. AI가 의사들이 반복적인 작업에서 벗어나 환자와의 상호작용에 더 집중할 수 있도록 돕는다고 말했습니다.

　빌 게이츠(Bill Gates)는 AI가 의료 분야에서 인간의 수명을 연장하고 질병을 극복하는 데 중요한 역할을 할 것이라고 말하며, 특히 전염병의 확산을 예측하고 예방하는 데 AI가 강력한 도구가 될 것이라고 강조했습니다.


　**심장질환**　뉴욕대학교 연구팀이 개발한 AI는 410만 명의 건강 기록을 분석해서 심장병, 당뇨병 등 200가지나 되는 질병을 90% 이상 정확하게 예측할 수 있습니다. 이 똑똑한 AI는 여러 의료 기록들이 시간이 지나면서 어떻게 변하는지를 검토하고 병에 걸릴 가능성을 알려줍니다.


　**유방암**　하와이대학교에서는 AI를 통해 유방암을 정확하게 예측할 수 있게 되었습니다. AI는 의사보다 훨씬 더 많은 의료 영상을 분석할 수 있어서 매우 효과적입니다. 진단과 조기 발견에서 혁신적인 역할을 하고 있습니다. 첫째, AI 기반 유방촬영술 분석 모델은 방사선 전문의와 유사하거나 더 높은 정확도로 암을 탐지하며, 특히 초기 단계의 암을 놓치지 않는 데 효과적입니다. 둘째, 구글 헬스(Google Health)의 AI 시스템은 유방암 진단에서 방사선 전문의의 업무를 보조하거나 대체하여 진단 속도와 일관성을 높이고 있습니다. 셋째, 딥러닝 모델인 미라이(MIRAI)는 유방촬영술 데이터를 활용해 개인 맞춤형 암 위험 예측을 제공하며, 다양한 인종과 연령대에서도 높은 정확도를 보입니다. 넷째, AI는 병리학적 이미지 분석에서도 활용되어 암세포의 미세한 패턴을 감지하고 암의 침습성을 예측하는 데 도움을 줍니다. 다섯째, AI는 MRI와 초음파 데이터를 분석해 유방암 전이 여부를 정확히 진단하며, 특히 림프절 전이를 탐지하는 데 유용합니다. 여섯째, AI는 유방암 검진에서 정상 사례를 사전에 분류해 방사선 전문의의 업무량을 줄이고 효율성을 높입니다. 마지막으로, AI는 유방암의 생체표지자(예 HER2, ER, PR)를 분석해 치료 방향을 결정하는 데 중요한 정보를 제공합니다.

피부암  AI는 10만 개가 넘는 사진을 분석해서 피부암을 진단하는데, 그 정확도가 58명의 피부과 전문의보다 더 높았습니다.

눈 질환  AI는 눈 사진을 정확하게 분석해서 여러 안과 질환을 찾아낼 수 있습니다. 구글의 딥마인드가 개발한 AI 시스템이 50개 이상의 안과 질환을 94% 정확도로 진단할 수 있다고 합니다

뇌졸중  뇌 MRI 사진을 분석해서 뇌출혈을 미리 발견할 수 있

는 'HeartMedi+'라는 기술을 개발했습니다. 인공지능은 뇌졸중 진단과 예측에서 중요한 역할을 하고 있습니다. 첫째, AI 기반 모델은 MRI와 CT 이미지를 분석해 뇌졸중의 초기 징후를 빠르고 정확하게 감지하며, 특히 허혈성 뇌졸중과 뇌출혈을 구분하는 데 효과적입니다. 둘째, Viz.ai와 같은 플랫폼은 대혈관 폐색(LVO) 뇌졸중을 자동으로 탐지하고 의료진에게 신속히 알림을 제공해 치료 시간을 단축시킵니다. 셋째, 딥러닝 기반 알고리즘은 뇌출혈의 위치와 크기를 정확히 분류하고, 출혈 확장 가능성을 예측하는 데 활용됩니다. 넷째, Alberta Stroke Program Early CT Score(ASPECTS)와 같은 점수를 자동으로 계산해 치료 적합성을 평가하는 AI 도구도 개발되었습니다. 다섯째, AI는 환자의 임상 데이터와 이미지를 결합해 뇌졸중 발생 위험을 예측하고 맞춤형 치료 계획을 제안합니다. 여섯째, AI는 뇌졸중 후 예후를 예측해 환자의 회복 가능성을 평가하고 재활 계획을 지원합니다. 마지막으로, AI는 의료진의 업무를 보조하며, 특히 응급 상황에서 진단 속도와 정확도를 크게 향상시키고 있습니다.

AI 기술은 우리 건강에 정말 큰 도움이 됩니다. 병을 일찍 발견하고 치료해서 더 오래 건강하게 살 수 있도록 해 주고, 의료비도 줄일 수 있습니다. 또한 각 사람에게 꼭 맞는 치료 방법을 찾는 데도 큰 도움이 됩니다.


**팬데믹 예측** COVID-19 팬데믹 이후 보건의료 기술에 대한 관심과 기대가 높아졌습니다. 인공지능은 팬데믹 연구와 대응에서 다양한 방식으로 활용되고 있습니다.

AI는 소셜 미디어와 항공 데이터 등을 분석해 팬데믹 발생 가능성을 조기에 경고하는 시스템을 개발하고 있습니다. 둘째, 의료 영상 분석 기술을 통해 COVID-19와 같은 질병의 진단 속도와 정확도를 높이고 있습니다. 셋째, AI는 약물 재창출과 백신 개발을 가속화하여 치료제와 백신 개발 시간을 단축하는 데 기여하고 있습니다. 넷째, 감염병 확산 경로를 예측하는 모델링 기술로 방역 정책 수립을 지원합니다. 다섯째, 병원에서는 AI를 활용해 환자 분류와 자원 배분을 최적화하고 있습니다. 여섯째, 팬데믹으로 인한 심리적 스트레스와 정신 건강 문제를 분석하고 지원하는 데도 AI가 활용됩니다. 마지막으로, AI 기반 원격 의료와 돌봄 서비스는 팬데믹 상황에서 의료 접근성을 개선하는 데 중요한 역할을 하고 있습니다.

**만성질환 관리** AI는 당뇨병, 고혈압 등 만성질환자의 건강 데이터를 분석하여 환자의 상태를 실시간으로 추적하고, 의료진에게 필요한 정보를 제공하여 질병 관리를 지원합니다. 암, 치매와 같은 질병의 조기 예측 및 진단을 위한 AI 기반 기술 개발을 지원하고 있습니다.

## 2-2 AI가 여는 놀라운 의료 혁신

**신약 개발 속도의 획기적 단축** 인공지능은 새로운 약을 개발하는 방식을 완전히 바꾸고 있습니다. 예전에는 새로운 약을 만드는 데 10년이 넘는 시간이 걸렸지만, 이제는 AI가 방대한 화학 화합물 라이브러리를 스크리닝하고, 잠재적 약물의 효능과 안전성을 분석 예측해 주는 덕분에 훨씬 빨라졌습니다. AI는 수많은 화학 물질 중에서 약이 될 만한 것을 순식간에 찾아냅니다.

현재는 새로운 약을 시장에 출시하는 데 수년, 때로는 수십 년이 소요됩니다. 매우 긴 시간과 막대한 비용이 드는 과정입니다. 실제로 많은 유망한 신약 후보 물질들은 실험실 단계에서조차 진전을 이루지 못하고 있는 실정입니다. AI는 이러한 과정을 획기적으로 가속화할 잠재력을 보유하고 있습니다. 질병을 유발하는 분자의 구조를 분석하고, 이를 정확하게 표적으로 하는 약물을 설계할 수 있습니다. 이는 마치 분자 수준에서 작동하는 정밀수술 의사와 같은 역할을 수행합니다. 이미 상당한 잠재력을 보여주는 AI 기반 신약 발견 플랫폼들이 존재합니다. 이를 통해 우리는 과거 불치병으로 여겨졌던 질병들에 대한 새로운 치료법을 발견할 수 있을 것으로 기대됩니다.

노벨상을 받은 알파폴드는 신약 개발 속도를 획기적으로 단축시켜 기존에 10년 이상 걸리던 과정을 몇 개월로 줄였습니다. 특정 질병과 관련된 단백질 구조를 정확히 예측하여 암, 알츠하이머, 파킨슨병 등 난치성 질환의 치료제 개발에 기여하고 있습니다. 바이러스 단백질 구조를 분석해 COVID-19와 같은 전염병 백신 및 치료제 개발을 가속화했습니다. 항체와 단백질 간 상호작용을 예측하여 면역 치료제 설계에 도움을 주고 있습니다. 또 AI는 새로운 물질이 얼마나 효과가 있을지, 안전한지 미리 예측할 수 있어서 실패 가능성을 크게 줄여줍니다.

임상시험도 AI 덕분에 훨씬 효율적으로 바뀌었습니다. AI는 적합한 환자를 찾고 시험 방법을 최적화해서 시간과 비용을 크게 절약할 수 있게 해 줍니다. '인실리코 메디슨'이라는 회사는 AI를 활용해서 폐 질환 치료제 개발 시간을 6년에서 2년 반으로 줄였고, 비용도 90%나 절약했습니다.

**환자 맞춤형 정밀 치료**  이제는 환자 한 명 한 명에게 딱 맞는 치료를 하는 '정밀 의료' 시대가 왔습니다. AI는 환자 정보부터 생활 습관, 스마트워치의 건강 정보까지 모든 것을 분석해서 가장 좋은 치료 방법을 찾아줍니다. 암 환자의 경우, AI가 종양의 유전자를 분석해서 가장 잘 듣는 치료제를 추천합니다. 환자의 상태를 계속 지켜보면서 치료가 잘 되고 있는지, 부작용은 없는지 확인합니다.

**더 정확한 로봇 수술**  AI 로봇 수술은 의료 현장을 놀랍게 변화시키고 있습니다. 고화질 3D 영상으로 수술 부위를 자세히 보고, AI가 실시간으로 영상을 분석하면서 의사를 돕습니다. 심장 수술 시간이 줄고 출혈도 적어졌으며, 무릎 관절 수술은 더 정확해졌습니다. 대장 수술에서도 출혈이 적고 회복이 빨라졌습니다.

## 2-3 무병장수, 노화 연구, 유전자 개량

AI는 인간의 노화 과정을 분석하고, 질병을 예측 및 예방하며, 건강 수명 연장을 위한 개인 맞춤형 솔루션을 제공합니다. AI 알고리즘은 유전 정보, 생활 습관, 건강 상태 등 다양한 데이터를 분석하여 개인의 노화 속도와 질병 발생 위험을 예측하고, 이를 바탕으로 건강 수명 연장을 위한 맞춤형 전략을 제시합니다.

**노화 예측 및 진단** AI는 생체 지표, 유전 정보, 생활 습관 등을 분석하여 개인의 노화 속도와 노화 관련 질병 발생 위험을 예측합니다. 이를 바탕으로 노화 방지 및 치료를 위한 신약 개발 및 치료법 개발을 지원합니다. 5,000가지가 넘는 혈액 속 물질을 AI로 분석하여 실제 생물학적 나이를 계산하고, 얼굴 사진 속 작은 변화로 심장병이나 당뇨병의 위험을 예측합니다. AI가 걸음걸이를 분석해 치매나 파킨슨병의 초기 증상을 발견하고, 목소리 분석으로 우울증이나 심장병까지 찾아낼 수 있게 되었습니다. AI로 개인의 유전자를 분석해 미래의 건강 위험과 맞춤형 관리 방법을 제시해 줍니다.

AI는 노화 속도를 늦추고, 질병 발생 위험을 낮추는 데
큰 기여를 할 것으로 기대된다.

**수명 연장** AI는 개인의 건강 상태, 유전 정보, 생활 습관 등을
종합적으로 분석하여 건강 수명 연장을 위한 맞춤형 운동, 영양,
생활 습관 개선 방안을 제시합니다. AI를 활용한 무병장수 연구
는 이제 막 시작되었지만, 놀라운 발전을 보일 것입니다.

구약의 아담은 930세, 노아는 950세, 므두셀라는 969세까지
살았습니다. 이들의 장수는 당시 환경적 요인, 신학적 상징성, 또
는 달력 계산 방식의 차이로 설명되기도 합니다만, 인공지능은
생명공학, 유전자 분석, 약물 개발에서 혁신을 이끌며 인간의 수
명을 연장할 가능성을 열고 있습니다.

AI는 노화를 예방하고 개인화된 건강 관리 솔루션을 제공함으
로써 수명을 크게 늘릴 수 있습니다. 미래학자들은 AI 기술이 발

전하면 인간의 수명이 120세를 넘어 150세까지 연장될 가능성도 있다고 전망합니다. AI는 우리의 유전자 속에 숨어 있는 건강의 비밀을 찾아냅니다. AI로 아기의 유전자를 분석해서 유전 질환을 미리 발견하고, 암 발생 위험을 예측하며, 예방법을 연구하고 있습니다. AI의 도움으로 늙은 세포를 다시 젊게 만드는 연구를 하고 있습니다. 하버드 의대 연구팀은 AI를 활용해 늙은 쥐의 눈 세포를 젊은 상태로 되돌리는 데 성공했습니다. 일본의 연구진들은 AI로 피부 세포의 노화를 늦추는 새로운 물질도 발견했습니다. 머지않은 미래에 현실화될 기술입니다.

**유전자 치료의 새로운 희망** AI는 유전자 치료에도 큰 변화를 가져오고 있습니다. 유전자 가위 기술을 더욱 정확하게 만들어, 혈액 질환을 치료하는 데 성공했습니다. AI는 우리 몸속 유전자의 비밀을 밝히고, 늙은 세포를 젊게 만들며, 난치병을 치료하는 새로운 방법을 찾아내고 있습니다.

---

## 2-4 AI 활용한 의료 시스템 혁신

의료 시스템을 한 단계 발전시키기 위해 AI 기반 의료시스템 구축이 필요합니다. 이를 위해 다음과 같은 방안들을 하나씩 실천해 나가야 합니다.

**의료 데이터 플랫폼 구축**  AI가 학습하고 연구하는 데 필요한 좋은 품질의 의료 데이터를 모으고, 이 데이터를 안전하게 보호하는 체계를 만들어야 합니다. 여기에 우리가 매일 생활하면서 만들어 내는 건강 관련 정보들도 함께 모아서 활용할 수 있게 해야 합니다.

**AI 기반 시설 구축**  AI 연구와 서비스에 필요한 컴퓨팅 자원과 개발 도구들을 준비하고, 의사 선생님들과 연구자들이 쉽게 사용할 수 있도록 해야 합니다. 의료 AI 전문가를 키우는 프로그램도 만들고, 의료진들이 AI를 잘 다룰 수 있도록 돕는 교육도 제공해야 합니다. AI 의료 기기가 안전한지 확인하는 기준을 마련하여 새로운 AI 의료 기기가 빨리 사용될 수 있도록 해야 합니다.

**의료 서비스의 새로운 변화**  AI 기술을 통해 '아프고 나서 치료하는' 방식에서 '미리 예측하고, 개인에게 맞추고, 예방하고, 함께 참여하는' 방식으로 의료 서비스 구조를 바꾸어 나가야 합니다.

**AI 시대에 의사의 역할은 어떻게 될까?**  의사의 역할은 소멸되지는 않을 것이나, 그 형태는 변형되거나 진화할 것으로 전망됩니다. AI는 의사를 대체하기보다는 의사를 보조하는 강력한 도구로서 기능할 것입니다. 이를 통해 의사들은 보다 정확한 진단과 개별화된 치료 방안을 제시할 수 있습니다. 방대한 데이터를 분석하고, 복잡한 패턴을 식별하며, 인간 의사가 발견하기 어려운 새로운 통찰을 제공할 수 있습니다. 그러나 최종적인 의사 결정은 여전히 전문 의료진의 몫으로 남게 될 것입니다.

우려되는 점은 환자들이 의사의 판단보다 알고리즘에 과도하게 의존하게 될 위험성입니다. AI는 어디까지나 보조적 도구이며, 인간 의사의 전문적 판단과 환자에 대한 공감능력을 대체할 수 없다는 점을 항상 인식해야 할 것입니다.

# 3
# AI 국가, 기후변화-재난 대응-식량 생산

지구가 점점 더워지면서 시간당 엄청난 폭우와 폭염, 초대형 태풍 같은 극심한 날씨가 찾아오고 있습니다. 이런 변화는 농작물 생산에도 큰 영향을 주고 있습니다. 갑작스러운 폭우는 농작물을 망치는 것은 물론이고, 도시가 물에 잠기는 등 우리 사회에 큰 피해를 주고 있습니다.

기후변화에 맞서기 위해 재해 대비도 농업도 새로운 변화가 필요한 시점입니다. 다행히도 인공지능이라는 든든한 도우미가 있어 희망이 보입니다.

피해가 생긴 뒤에 수습하는 것이 아니라, '미리 예방하고-즉시 대응하고-지속적으로 관리하는' 새로운 대응 방식이 필요합니다. 인공지능 기술을 활용하면 미리 예측하고 피해를 줄일 수 있습니다. 농작물이 얼마나 생산될지 예측하고, 어떤 작물을 어떻게 기르는 것이 좋을지 알려주는 것도 가능합니다.

**폭우 예측** 2024년은 세계 곳곳에서 기상 이변이 일어났습니다. 스페인에서는 가을에 단 8시간 동안 1년 치 비가 한꺼번에 쏟아졌습니다. 아프리카의 케냐는 오랜 가뭄 끝에 갑자기 큰비가 내려 225명이 목숨을 잃고 21만 명이 집을 떠나야 했습니다.

브라질에서는 100명 넘게 사망했고, 네팔에서도 갑작스러운 홍수와 산사태로 244명이 사망하는 등 세계적으로 이상 기후가 점점 심해지고 있습니다.

과학자들이 열심히 노력한 덕분에 AI로 날씨를 예측하는 기술이 발전했습니다. 구글은 그래프캐스트(GraphCast)라는 AI를 만들어 단 1분 만에 10일 후의 날씨를 알 수 있게 되었고, 더 새로운 젠캐스트(GenCast)는 15일 후의 날씨도 예측할 수 있게 되었습니다. 중국의 화웨이도 39년 동안 모은 엄청난 양의 날씨 데이터를 기반으로 팡구웨더라는 AI를 만들었습니다. 인도의 과학자들은 4일 전에 미리 폭우를 예측하는 AI를 만들었고, 영국의 과학자들은 유럽을 강타한 큰 폭풍의 진로를 정확히 맞추는 데 성공했습니다.

AI 날씨 예측 시스템들은 기존 방식보다 빠르고 정확할 뿐만 아니라, 전기도 적게 써서 앞으로 날씨 예측과 재난 대비에 변화를 가져올 것 같습니다. 우리나라도 2025년까지 전국 100곳의 하천에 AI 홍수 예측 시스템을 설치할 계획이고, 한국건설기술연구원은 AI로 홍수를 예측하는 시스템을 만들어 사용하고 있습니다.

다양한 출처(위성, 레이더, 사물인터넷 등)의 데이터를 통합하고 실시간 처리하는 기술이 더욱 발전해야 합니다. 폭우 패턴이 복잡해지고 예측이 어려워지고 있어, AI 모델이 이를 더 잘 반영할 수 있도록 개선해야 합니다. AI 기반 폭우 예측 시스템의 정확도를 높이기 위해 더 많은 데이터 센서와 인프라가 필요합니다. AI 모델의 예측 결과를 인간이 이해하고 활용할 수 있도록 설명 가능성을 높이는 연구도 필요합니다. AI는 폭우 예측의 정확성과 속도를 크게 향상시키고 있지만, 데이터 품질, 해석 가능성, 기후 변화 대응 등에서 추가적인 발전이 요구됩니다.

**침수 예측**  침수심 계측, 데이터 전송 기술을 활용한 스마트 침수 센서를 통해 실시간 도시 침수 모니터링 및 예측을 가능하게 합니다. 스마트 침수 센서는 도시 곳곳에 설치되어 실시간으로 침수 상황을 감시하고, 침수 발생 시 신속한 대응을 가능하게 합니다.

**AI 화재 감시 시스템**  AI 화재 감시 시스템이 놀랍게 발전하고 있습니다. 첨단 카메라와 여러 감지 장치들이 하루 24시간 내내 쉬지 않고 화재의 위험한 신호를 살펴보고 있는데, 연기와 불꽃이 나타나거나 온도가 조금만 변해도 바로 알아차릴 수 있습니다. AI는 많은 화재 사례를 공부하면서 더 똑똑해져서, 석양이나 안개 같은 자연현상과 진짜 화재 신호를 헷갈리지 않고 구분할 수 있게 되었습니다. 화재 위험을 발견하면 1초도 기다리지 않고 바로 소방서에 알려줍니다.

연기를 감지하는 장치, 열을 재는 센서, 성능 좋은 카메라 등 여러 장비들을 한데 모아서 화재를 더 정확하게 찾아낼 수 있고, 지금까지 일어났던 화재 기록을 살펴보면서 앞으로 일어날 수 있는 화재도 미리 예측할 수 있습니다.

**AI 기반 농업**  인공지능은 생산량 예측, 최적 작물 및 농법 제시 등에 활용될 수 있습니다. 스마트팜은 초창기에는 원격으로 농장 시설을 조절하는 정도였지만, 이제는 작물의 상태를 직접 측정하고 정보를 분석하고, 작물이 자라는 시기에 맞춰 알아서 환경을 관리하며, 병이 생겼는지도 찾아낼 수 있게 되었습니다. 앞으로 더 정밀한 제어가 가능해진다면 이를 이용해서 농사일을 하고, 에너지도 아껴 쓰면서 더 많은 작물을 기르는 것을 목표로 할 수 있습니다. 스마트팜에서는 인공지능을 사용해서 얼마나 많은 작물을 거둘 수 있을지 미리 알아보고, 작물이 잘 자랄 수 있는 환경을 만들어 주며, 병충해도 찾아낼 것으로 기대됩니다.

농촌진흥청은 인공지능(AI)을 활용해 작물의 잎 개수를 세고, 이를 기반으로 줄기 개수를 추정하여 작물의 생육 상태와 예상 수확량을 분석하는 기술을 개발했습니다. 이 기술은 딥러닝 기반 영상 분석 모델을 사용하며, 스마트폰으로 촬영한 작물 이미지를 통해 생육 정보를 자동으로 인식합니다. 책임자는 농촌진흥청 스마트팜개발과 강금춘 과장으로 알려져 있으며, 2021년 개발되었습니다. 개발 당시 토마토, 딸기, 파프리카 등 주요 작물에 적용한 결과, 생육 정보 분석 정확도가 96.9~97.9%로 매우 높게 나타났습니다. 벼, 양파, 사과 등 다양한 작물에 대한 연구와 실증이 진행 중입니다. 이 기술은 전문가용으로 개발되었으나, 농업인들이 현장에서 활용할 수 있도록 범용 시스템으로 확장 및 고도화가 진행되고 있습니다. 농업 생산성을 높이고, 노동력을 절감하며, 정밀농업을 실현하는 데 기여하고 있는 것입니다. 앞으로도 농촌진흥청은 데이터 기반 AI 기술을 다양한 작물에 확대 적용하여 농업 혁신을 지속적으로 추진할 계획입니다.

또 인공지능은 농업 관련된 정보를 모아서 앞으로 얼마나 많은 작물이 생산될지, 가격은 얼마나 될지 예측도 가능할 것입니다.

# 4
# SOC와 인공지능

## 4-1 사회기반시설의 중요성

매일 이용하는 도로, 지하철, 공항, 학교, 병원과 같은 시설들은 우리 생활에 없어서는 안 될 중요한 것들로, '사회기반시설' 또는 사회간접자본(SOC · social overhead capital)이라고 부릅니다.

　사회기반시설의 종류는 크게 세 가지로 나뉩니다. 첫 번째는 산업기반시설로, 도로, 철도, 항만, 공항과 같은 사람과 물건이 이동하는 데 필요한 시설입니다. 발전소, 통신시설과 같이 전기와 통신 서비스를 제공하는 시설이 포함됩니다. 두 번째는 생활기반 시설로, 상하수도와 같이 깨끗한 물을 공급하고 더러운 물을 처리하는 시설, 학교와 병원처럼 교육과 의료 서비스를 제공하는 시설, 공원과 체육관 등 여가 생활을 위한 시설이 포함됩니다. 세 번째는 국토 보전 시설로, 댐과 제방은 홍수를 막는 시설, 바다로부터 땅을 보호하는 시설, 산사태를 막는 시설 등이 포함됩니다. 사회기반시설이 중요한 까닭은 경제적으로 필요하고, 편리하고 안전에 필수적이기 때문입니다. 물건을 쉽게 나르고 사람들이 편하게 다닐 수 있게 하며, 깨끗한 물, 전기, 전화 등으로 편한 생활을 가능하게 합니다. 위험한 일이나 사고로부터 우리를 지키는 일도 합니다. 인공지능이 이러한 시설들을 더 효율적이고 안전하게 관리할 수 있게 되었습니다.

## 4-2 사회기반시설과 인공지능의 결합 가속화

인공지능이 차량, 지하철, 버스가 어떻게 움직이는지 꼼꼼히 살펴보면서 더 편리한 교통망을 계획할 수 있습니다. 새로운 시설이 지어지면 발생할 수 있는 공기 오염도 계산하고, 도로나 기찻길이 생겼을 때 생길 수 있는 소음의 영향까지 예측하고 있습니다.

건설 단계는 더욱 스마트해졌습니다. 인공지능 드론이 건설 현장을 살펴보면서 공사가 잘 진행되고 있는지 확인하고 있습니다. 무엇보다 안전이 최우선인데요, 인공지능 카메라가 작업자들이 안전모를 잘 쓰고 있는지 확인하고, 위험한 곳을 찾아내 경고도 해 줍니다.

유지보수 단계에서도 인공지능의 활약이 대단합니다. 인공지능 카메라가 건물이나 다리에 금이 가지 않았는지 세심하게 살펴보고 있습니다. 센서와 인공지능이 힘을 합쳐 철로 만든 구조물이 녹슬지는 않았는지 측정합니다. 에너지를 아끼는 것도 빼놓을 수 없는데요, 인공지능이 건물의 전기 사용량을 분석해서 낭비되는 에너지를 줄이고, 날씨와 건물 사용 패턴까지 고려해 가장 좋은 실내 온도를 유지해 주기도 합니다.

이탈리아 에넬(Enel)의 풍력발전 관리는 발전기에 설치된 센서로 바람의 방향과 세기를 측정하여 AI가 날개 각도를 자동으로 조절해 발전량을 최대화하며, 노르웨이의 스타바 다리는 다리 전체에 설치된 센서가 실시간으로 상태를 확인하고 위험 상황을 감지하면 차량 통행을 제한합니다. 서울시의 스마트 시티 프로젝트가 AI 기반으로 신호등을 자동 조절하고, 지하철 시설 관리를 통해 에스컬레이터와 엘리베이터의 상태를 확인하며, CCTV 안전 관리로 도시 안전을 24시간 감시하고, 한국도로공사의 스마트 도로 관리는 AI가 위험 운전을 자동으로 감지하여 경고하고, 도로 파손 관리를 통해 AI 카메라가 도로의 균열과 파손을 자동으로 찾아냅니다.

**미래의 사회기반시설 관리** 인공지능을 활용한 스마트 시티의 발전을 통해 도시의 모든 시설이 통합 관리되며, 교통, 에너지, 환경이 하나로 연결되어 최적화되고, 시민들의 생활 패턴에 맞춰 시설이 자동으로 조절되는 모습을 보일 것입니다. 인공지능 기술의 발전은 우리의 사회기반시설을 더욱 안전하고 편리하게 만들어 가고 있으며, 앞으로도 AI 기술을 잘 활용한다면 우리의 생활은 더욱 스마트하고 안전해질 것입니다. 이러한 발전을 위해서는 기술 개발뿐만 아니라 올바르게 사용하고 관리하는 것이 중요하며, 우리 모두가 관심을 가지고 함께 노력해야 할 것입니다.

# 5
# AI 국가와 사회개혁, 교육·복지망 재설계

## 5-1 AI 국가의 교육, 개인 교사의 시대

대한민국은 초저출산 국가입니다. 이 문제를 해결할 방법은 태어난 아이 한 명 한 명이 세계 최고의 경쟁력을 가질 수 있도록 하는 것입니다. 인공지능을 통한 개인 맞춤형 학습이 필요합니다. 인공지능은 각 학생이 얼마나 빨리 배우고 얼마나 잘 이해하는지를 파악하여 가장 알맞은 방법으로 가르쳐 줄 수 있습니다.

인공지능은 개인 맞춤형 학습이 가능하게 도움을 준다.

수학을 어려워하는 학생에게는 기초부터 천천히 설명하고, 빠르게 이해하는 학생에게는 더 어려운 문제를 제공할 수 있습니다. 시골이나 도시, 또는 집안 형편에 상관없이 모든 학생이 좋은 교육을 받을 것으로 기대됩니다. 개인 교사가 있으면 보통 교실에서보다 두 배 정도 빨리 배울 수 있는 것으로 알고 있습니다. 인공지능이 각 학생의 개인 교사가 되어 주면, 모든 학생이 자신의 속도에 맞춰 더 빠르게 배울 수 있게 됩니다.

썽크스터 매스(Thinkster Math)는 학생의 학습 데이터를 실시간으로 분석하여 개인 맞춤형 학습 경로를 제공하는 AI 기반 수학 학습 플랫폼입니다. Thinkster Math는 2010년에 설립된 미국의 뉴저지주 켄달파크(Kendall Park)에 본사를 둔 AI 기반 수학 학습 플랫폼입니다. 이 플랫폼은 원래 Tabtor Math라는 이름으로 시작되었으며, 이후 Thinkster Math로 브랜드를 변경했습니다. Thinkster Math는 학생들의 학습 데이터를 실시간으로 분석하여 개인 맞춤형 학습 경로를 제공하며, K-12(유치원부터 고등학교까지) 학생들을 대상으로 한 수학 학습 프로그램을 제공합니다.

이 플랫폼은 AI 기술과 인간 튜터의 전문성을 결합하여 학습 효율성을 극대화하고, 학생들에게 맞춤형 학습 경험을 제공합니다. 학생의 답변과 학습 패턴을 분석해 약점을 보완하고 강점을 강화하는 방식으로 학습을 진행합니다. AI는 학생의 학습 진행 상황을 추적하며, 필요한 경우 추가 학습 자료나 문제를 추천하여 학습 효율성을 높입니다. Thinkster Math는 인간 튜터와 AI 기술을 결합하여 학생들에게 개인화된 학습 경험을 제공합니다.

이를 통해 학생들은 자기주도학습 능력을 강화하고, 학업 성취도를 크게 향상시킬 수 있었습니다. 이 플랫폼은 학부모와 교사에게도 학습 데이터를 제공하여 학생의 학습 진행 상황을 투명하게 공유합니다. 결과적으로, Thinkster Math는 학생들의 수학 실력을 향상시키는 동시에 학습 과정에서의 자신감을 높이는 데 기여했습니다.

조지아공과대학교는 IBM의 왓슨(Watson) 플랫폼을 기반으로 한 AI 가상 조교 질 왓슨(Jill Watson)을 개발하여 온라인 컴퓨터 과학 석사 과정에 도입했습니다. AI 조교는 학생들이 자주 묻는 질문(FAQ)에 자동으로 응답하도록 설계되었으며, 수업 자료와 강의 내용을 학습하여 정확한 답변을 제공합니다. Jill Watson은 한 학기 동안 약 1만 개의 학생들의 질문에 신속하고 정확하게 답변함으로써 응답 시간을 크게 단축했습니다. 인간 조교의 업무 부담이 줄어들었고, 인간 조교는 더 복잡한 문제 해결과 학생 개별 지원에 집중할 수 있었습니다. 학생들은 AI 조교의 효율성과 접근성 덕분에 학습 경험이 향상되었다고 평가했습니다. 일부 학생들은 Jill Watson이 AI라는 사실을 알아차리지 못할 정도로 자연스러운 상호작용을 경험했습니다. AI가 대규모 온라인 학습 환경에서 학습 지원을 최적화하는 데 중요한 역할을 할 수 있음을 보여줍니다.

지금도 ChatGPT 챗봇 기능을 활용하여 개념을 이해하고, 수업 시간에 들었던 내용을 다시 복습하는 학생들의 숫자가 늘어나고 있습니다. 챗봇에게 각종 시험의 모의고사 문제를 출제해 달라고 요청합니다. 보이스 모드를 활용하여 챗봇과 외국어로 논술 토론을 하기도 합니다.

구글의 CEO 순다르 피차이(Sundar Pichai)는 AI가 교육의 접근성을 향상시키고 특히 저소득층 학생들에게 더 나은 학습 기회를 제공할 수 있다고 강조했습니다. 그는 AI 기술이 모든 학생에게 맞춤형 학습을 제공하는 데 있어 핵심적인 역할을 할 것이며, 이를 통해 교육의 형평성을 증진할 수 있다고 설명했습니다. 유엔 사무총장 안토니우 구테흐스는 AI와 같은 기술 혁신이 교육에서 정보 접근성을 확대하고 교사와 학생 모두에게 혜택을 줄 수 있다고 언급했습니다. 그는 AI가 교육의 질을 높이는 데 기여할 수 있지만, 동시에 디지털 격차를 줄이는 데 주의를 기울여야 한다고 강조했으며, AI는 인간 중심으로 설계되어야 하고 교육의 포용성과 형평성을 보장해야 한다고 주장했습니다.

AI의 교육 현장에 전면 투입은, 저소득층 학생들의 더 낮은 교육기회 제공과 효율적인 개인 맞춤형 학습이 가능해지는 결과를 가져올 것입니다.

가상현실이나 증강현실을 통해 더욱 실감나는 수업이 가능해집니다. 역사 수업에서는 과거로 시간 여행을 하는 것처럼 생생하게 배우고, 과학 실험도 안전하게 체험할 수 있습니다. 게임처럼 재미있는 학습 프로그램으로 공부가 더욱 즐거워질 것입니다. 눈이 불편한 학생은 음성으로, 귀가 불편한 학생은 자막으로 수업을 들을 수 있게 됩니다. 장애를 가진 학생들에게는 특수교육 지원을 강화하여 맞춤형 교육이 가능하도록 지원해야 합니다. 인공지능은 공정하게 학생들의 실력을 평가하고, 앞으로의 발전 가능성도 예측할 수 있습니다. 이를 통해 더 나은 교육이 이루어질 것입니다.

## 5-2 복지 서비스 개선

### (1) 24시간 AI 케어, 행복한 노년

AI 기술은 노인분들의 건강과 일상생활을 획기적으로 개선할 수 있는 가능성을 제시하고 있습니다.

웨어러블 기기가 건강 정보를 수집하고, AI가 이를 분석하여 건강 이상을 조기에 발견할 수 있습니다. 문제가 생기면 가족들에게 알려 주어 빠른 대처가 가능합니다. AI가 각 어르신의 건강 상태, 생활 습관, 유전적 특성까지 고려하여 맞춤형 대응 방법을 제시할 수 있습니다. 효과적인 의료 서비스를 제공할 수 있습니다.

헤파이(HEFI) 프로젝트는 고령화 사회를 대비하여 웨어러블 기기와 디지털 기술을 활용한 글로벌 헬스케어 프로젝트입니다. 고령층의 건강 데이터를 수집·분석하여 맞춤형 건강 관리 서비스를 제공하고 예방적 의료를 강화하는 것이 목적입니다. 스마트워치, AI 스피커, 웹 카메라 등 다양한 디바이스를 활용하여 심박수, 활동량, 감정 상태 등을 실시간으로 모니터링하며, AI와 빅데이터 기술을 통해 수집된 데이터를 분석하여 개인 맞춤형 건강 관리 방안을 제안합니다. 긴급 상황 감지 및 대응, 고독사 예방을 위한 심리적 지원 및 생활 습관 분석 등에 활용되고 있습니다.

서울시의 '손목닥터 9988' 프로젝트는 시민들의 건강 증진과 생활 습관 개선을 목표로 2021년에 시작된 서울형 헬스케어 프로그램입니다. 이 프로젝트의 주요 목적은 서울 시민들이 99세까지 건강하고 활기차게 살 수 있도록 지원하는 것입니다.

프로젝트의 대상은 만 19세 이상 서울시민, 서울 소재 직장인, 대학생, 자영업자 등이며, 특히 건강 취약계층인 대사증후군 대상자, 고독사 위험 가구, 은둔 청년 등은 우선 지원 대상에 포함됩니다. 스마트워치와 전용 앱을 통해 건강 데이터를 수집하고, 이를 기반으로 맞춤형 건강 목표와 실천 방안을 제공합니다.

프로젝트의 주요 기능으로는 건강 데이터 모니터링이 있습니다. 스마트워치와 앱을 통해 걸음 수, 심박수, 식단, 운동 기록 등을 실시간으로 추적하며, 대사증후군 대상자에게는 AI 기반 맞춤형 건강 목표와 실천 프로그램을 제공합니다.

포인트 적립 시스템도 운영되고 있습니다. 건강 활동을 통해 포인트를 적립할 수 있는데, 예를 들어 하루 8,000보 이상 걸으면 200포인트(70세 이상은 5,000보 기준), 식단 기록 시 50포인트, 홈트레이닝 성공 시 200포인트가 적립됩니다. 적립된 포인트는 서울페이머니로 전환하여 병원, 약국, 편의점 등 다양한 가맹점에서 현금처럼 사용할 수 있습니다.

건강 챌린지와 캠페인도 운영되고 있으며, 덜 달달 원정대 프로그램을 통해 저당 식생활 실천을 유도하고 있습니다. 또한 건강 취약계층을 위해 스마트워치를 제공하고 맞춤형 건강 관리

서비스를 지원하고 있습니다.

2024년 기준으로 약 130만 명 이상의 시민이 참여하고 있으며, 시민들의 건강 관리 역량 강화와 의료비 절감 및 건강 관련 사회적 비용 감소 등의 성과를 거두고 있습니다. 기존 스마트워치 없이도 스마트폰 앱만으로 참여할 수 있도록 시스템을 개선하여 더 많은 시민의 참여가 가능해졌습니다.

일본 츄부전력은 약 1만 4,000명의 사원들에게 핏비트(Fitbit)의 웨어러블 기기를 무료로 배포했습니다. 직원들의 건강 증진과 데이터 기반 예방의학 실현을 목적으로 하며, Fitbit 기기를 통해 걸음 수, 수면 시간, 심박수 등의 데이터를 수집하고 있습니다. 구글과 협력하여 개인의 동의하에 데이터를 분석하며, 수집된 데이터는 직원들의 건강 상태 모니터링과 건강 개선 방안 제안에 활용됩니다. 이 프로젝트는 데이터 기반의 예방의학과 맞춤형 건강 관리의 가능성을 보여주는 사례로 평가받습니다.

이러한 프로젝트들은 스마트 기술을 활용해 건강 관리의 접근성을 높이고, 포인트 적립 시스템과 맞춤형 건강 관리 서비스를 통해 시민들이 자발적으로 건강한 생활 습관을 형성하도록 돕고 있으며, 고령화 사회에서의 건강 관리 모델로 주목받고 있습니다.

AI는 노인들의 친구가 되기도 합니다. '로봇 강아지'는 혼자 계신 어르신들의 말벗이 되어 즐거움을 선사합니다. ChatGPT와 같은 챗봇의 음성 기능도 자연스러운 대화가 가능해졌습니다. 마치 따뜻한 마음을 가진 상담사처럼 노인분들의 이야기에 귀 기울이고 공감하며, 우울한 마음도 달래드릴 수 있습니다. 필요할 때 도움도 요청할 수 있습니다. 위급 상황에서는 AI가 신속하게 가족이나 119에 연락을 해 줄 것입니다.

### (2) 복지 서비스 효율화

AI는 소중한 복지 예산을 가장 필요한 곳에 효율적으로 배분하는 데 도움을 줍니다. AI가 방대한 데이터를 분석하여 각 지역과 계층에 필요한 지원 규모를 파악하고, 그에 맞게 예산을 배분할 수 있도록 합니다. AI는 복지 자금이 올바르게 사용되도록 감시하는 역할을 합니다. 한국사회보장정보원은 AI 기반의 FDS(이상결제탐지시스템)를 통해 부정 수급이 의심되는 바우처 결제를 모니터링하고 있습니다. 2020년에는 44억 원, 2022년에는 102억 원의 부정 지출을 예방할 수 있었습니다. AI는 복지 담당자들의 업무 효율을 높여줍니다. 반복적인 서류 작업이나 단순 확인 작업은 AI가 처리하므로, 복지 담당자들은 수혜자들을 직접 만나고 돕는 더욱 의미 있는 일에 집중할 수 있습니다.

### (3) 장애인-다문화 가정의 AI 서비스

AI 기술의 발전은 장애인과 다문화 가정에게 새로운 희망의 빛을 비추고 있습니다.

시각장애인을 위한 AI는 든든한 동행자처럼 일상의 순간을 함께합니다. 미국 조지아대학교 연구팀은 시각장애인을 위한 AI 배낭을 개발했습니다. 이 배낭은 안내견 없이도 시각장애인이 독립적으로 이동할 수 있도록 돕는 기술을 제공합니다. 배낭 내부에는 컴퓨터가 탑재되어 있으며, 사용자의 주변 환경을 실시간으로 분석하는 카메라와 센서도 장착되어 있습니다. 교통 표지판, 장애물, 횡단보도, 움직이는 물체, 계단 등 다양한 요소를 감지하고, 음성으로 사용자에게 안내합니다. 음성 안내는 블루투스 이어폰을 통해 제공되며, 사용자는 즉각적으로 주변 상황을 파악할 수 있습니다.

AI 배낭은 시각장애인의 이동성을 크게 향상시키는 데 초점을 맞추고 있으며, 현재 미국 내 주요 도시에서 테스트 중입니다. 기존의 안내견이나 흰 지팡이를 보완하거나 대체할 수 있는 잠재력을 가지고 있어 많은 관심을 받고 있습니다.

패로트론(Parrotron)은 구글이 개발한 최첨단 AI 기반 음성 변환 도구로, 음성 장애를 가진 사람들이 더 명확하게 의사소통할 수 있도록 돕는 기술입니다. 사용자의 왜곡된 음성을 분석하고, 이를 명확한 텍스트나 자연스러운 음성으로 변환하는 기능을 제공합니다. 패로트론은 특히 발음이 불분명하거나 비정형적인 음성을 가진 사용자들에게 유용하며, 이를 통해 디지털 음성 인터페이스나 사람 간의 대화에서 더 잘 이해될 수 있도록 지원합니다.

이 기술은 입력된 음성을 중간 텍스트 변환 없이 바로 명확한 음성으로 변환합니다. 이를 위해 패로트론은 음성 스펙트로그램(주파수-시간 도메인 데이터)을 입력으로 받아, 이를 목표 음성 스펙트로그램으로 변환한 뒤, 음성 합성기를 통해 자연스러운 음성을 생성합니다. 억양, 강세, 배경 소음 등을 고려하여 사용자 의도를 최대한 정확히 반영합니다.

패로트론은 두 단계의 학습 과정을 거칩니다. 첫 번째 단계에서는 일반적인 음성 데이터를 사용해 학습시키고, 두 번째 단계에서는 특정 사용자(예: 음성 장애를 가진 사람)의 음성 데이터를 추가로 학습시켜 개인화된 음성 변환을 가능하게 합니다. 이 과정은 구글의 프로젝트 유포니아(Project Euphonia)와 같은 프로젝트에서 수집된 데이터를 활용하여, 다양한 음성 장애 유형에 적응할 수 있도록 설계되었습니다.

패로트론은 특히 ALS(근위축성 측삭경화증) 환자나 청각 장애를 가진 사용자들에게 큰 도움을 주고 있습니다. 예를 들어, ALS 환자의 경우, 패로트론을 통해 음성 인식 오류율이 89%에서 32%로 감소했으며, 음성의 명확성과 자연스러움이 크게 향상되었다는 평가를 받았습니다.

패로트론은 기존의 음성 인식 시스템이 처리하기 어려운 새로운 단어, 외국어 이름, 또는 비정형적인 발음을 처리할 수 있는 유연성을 지녔습니다. 패로트론이 특정 단어 집합에 의존하지 않고, 음성 신호 자체를 기반으로 학습하기 때문입니다. 따라서 사용자가 의도한 메시지가 왜곡되지 않고 전달될 가능성이 높습니다.

현재 패로트론은 미국을 중심으로 서비스가 제공되며, 글로벌 확장을 목표로 하고 있습니다. 구글은 이 기술을 통해 음성 장애를 가진 사람들이 디지털 환경에서 소외되지 않고, 더 많은 기회를 누릴 수 있도록 지원합니다. 패로트론은 단순히 음성을 변환하는 도구를 넘어, 장애인의 사회적 포용성을 높이는 데 기여하는 중요한 기술로 평가받고 있습니다.

청각장애인을 위한 AI는 소통의 새로운 다리를 놓고 있습니다. 3D 캐릭터를 통해 일상적인 대화를 자연스러운 수화로 표현하고, 반대로 수화를 텍스트나 음성으로 변환하여 원활한 의사소통을 가능하게 할 것입니다. 이제 병원이나 은행과 같은 일상적인 공간에서도 청각장애인들이 불편함 없이 소통할 수 있게 되었습니다.

다문화 가정을 위한 AI는 언어의 장벽을 허물어 가고 있습니다. 베트남에서 오신 어머님들도 AI의 실시간 통역 번역 서비스를 통해 자녀의 학교 알림장과 숙제를 쉽게 이해할 수 있게 되었습니다. 병원과 관공서 방문 시에도 AI가 제공하는 정확한 통역으로 원활한 의사소통이 가능해졌습니다.

이러한 혁신적인 AI 서비스들은 우리 사회의 모든 구성원이 더욱 자유롭고 풍요로운 삶을 누릴 수 있도록 돕고 있습니다. 지속적인 연구와 발전이 필요하며, 무엇보다 사용자들의 소중한 목소리에 귀 기울여야 합니다. 개인정보 보호에도 만전을 기하여 모두가 안심하고 사용할 수 있는 서비스를 만들어 나가야 합니다.

2장

---

# AI의 위협, 양날의 칼

인공지능은 아직까지는 도구에 불과합니다. 사물 자체에는 선악이 없으며, 그것을 사용하는 사람의 마음가짐이 모든 것을 결정하게 마련입니다. 인공지능이라는 도구도 마찬가지로, 그것을 사용하는 사람의 마음에 따라 해로운 것이 될 수도, 유익한 것이 될 수도 있습니다. 결국 인공지능의 유익 유해 여부는 사용자의 의도에 따라 달라집니다.

단기적으로는 인공지능을 이용한 사이버 범죄가 늘어날 수 있습니다. 인공지능이 위험한 생물학 무기를 만드는 데 사용될 수 있다는 걱정도 있습니다. 중기적으로는 자율 무기 시스템의 등장이 큰 문제가 될 것으로 보입니다. 전문가들은 2~3년 안에 인공지능이 스스로 판단하여 공격할 수 있는 무기가 나타날 것으로 예측하고 있습니다. 세계 여러 나라의 국방부는 이런 무기 개발에 많은 노력을 기울이고 있습니다.

유럽을 비롯해 많은 나라들이 인공지능 규제법을 만들고 있지만, 대부분 군사적 목적의 사용은 예외로 두고 있습니다. 지구적 위험이 예상되는 상황입니다. 화학무기의 경우, 제1차 세계대전에서 그 끔찍한 결과를 경험한 뒤에야 국제적 사용을 금지하는 협약이 만들어졌습니다.

인공지능 기술이 위험한 방향으로 발전하기 전에 미리 준비해야 합니다. 빅 테크 기업들이 인공지능의 안전성 연구에 더 많은 투자를 하도록 정부가 적극적으로 나서야 합니다. 비용과 시간이 들겠지만, 인류의 안전을 위해 꼭 필요한 투자입니다. 기업들의 자발적인 노력과 정부의 규제, 그리고 전 세계가 함께 협력하는 것이 모두 필요합니다.

# 1
# 군사기술과 AI

## 1-1 AI 기술의 군사적 활용

군사 분야 역시 인공지능 기술의 영향에서 벗어날 수 없는 상황
입니다. 군사 작전의 효율성을 높이고 인명 피해를 줄이는 데 도
움이 될 수 있지만, 동시에 예측하기 어려운 위험도 가지고 있습
니다. 자율 살상 무기와 같은 새로운 형태의 무기가 등장하여 큰
위협이 될 수 있습니다.

　인공지능은 이미 여러 방식으로 군사 무기 개발에 사용되고
있으며, 그 범위는 점점 넓어지고 있습니다. 자율 무기 시스템은
사람이 직접 조종하지 않아도 스스로 목표물을 찾고 공격할 수
있는 무기입니다. MQ-9 리퍼(Reaper) 드론은 인공지능을 이용해
정보를 분석하고 목표물의 우선 순위까지 정할 수 있습니다. 킬
웹(kill web) 시스템은 인공지능이 미사일 시스템을 실시간으로 분
석해 가장 효과적인 공격 지점을 찾아낼 수 있게 해 줍니다. 미
국 국방부는 드론 함대를 업그레이드하기 위해 10억 달러(약 1조
4,495억 원) 규모의 투자를 발표했습니다. 중국 또한 자율 킬러 로
봇 개발에 박차를 가하고 있으며, 이러한 무기 시스템은 조만간
전장에 배치될 것으로 예상됩니다.

인공지능은 자율 살상 무기와 같은 새로운 형태의 무기로
등장하면 큰 위협이 될 수 있다.

MQ-9 리퍼 드론은 미국의 제너럴 아토믹스 에어로노티컬 시스템스(General Atomics Aeronautical Systems)가 개발한 중고도 장기체공(MALE · Medium-Altitude LongEndurance) 무인 항공기(UAV)로, 정보 수집·감시·정찰(ISR) 및 공격 임무를 수행하는 다목적 드론입니다. 강력한 무장 능력과 첨단 기술로 인해 '킬러 드론'이라는 별명을 가졌으며, 군사 작전에서 중요한 역할을 하고 있습니다.

MQ-9 Reaper는 길이 약 11m, 날개폭 약 20m, 최대 이륙 중량 4.7톤으로 설계되었습니다. 최대 비행 고도는 약 15.2km이며, 한 번 이륙하면 최대 27시간 이상 비행할 수 있습니다. 엔진은 950마력의 터보프롭 엔진을 사용하며, 최고 속도는 약 482km/h에 달합니다. AGM-114 헬파이어 미사일, GBU-12 페이브웨이 II 레이저 유도 폭탄, GBU-38 JDAM 등 다양한 무기를 탑재할 수 있으며, 최대 8개의 헬파이어 미사일을 장착할 수 있습니다. 정밀 타격이 가능해, 주로 테러리스트 제거 및 고위험 목표물 타격에 사용됩니다. 센서 및 감지 시스템은 합성개구레이더(SAR), 적외선 센서, 주야간 TV 카메라, 레이저 거리 측정기 및 레이저 지시기 등 다양한 센서를 통합하여 목표물을 탐지하고 추적할 수 있습니다.

MQ-9 Reaper는 인공지능 기술이 통합되면서 더욱 발전된 기능을 갖추게 되었습니다. AI는 대량의 감시 데이터를 실시간으로 분석하여 중요한 정보를 선별하고, 운영자에게 전달합니다. 이를 통해 의사 결정 속도를 높이고, 인간의 부담을 줄입니다. 센서를 통해 수집된 데이터를 기반으로 잠재적 위협을 자동으로 감지, 분류, 추적할 수 있습니다. 일부 MQ-9 Reaper는 AI를 활용해 자율 비행 및 교전 능력을 실험 중입니다. AI가 목표물을 식별하고, 위협 수준을 평가한 뒤, 교전 여부를 제안하거나 실행할 수 있는 기능이 개발되고 있습니다.

MQ-9 Reaper와 같은 무인 항공기에 AI를 통합하는 것은 기술적으로 혁신적이지만, 윤리적 및 법적 논란을 불러일으키고 있습니다. AI가 목표물을 선택하고 교전 여부를 결정하는 과정에서 인간의 통제가 약화될 가능성이 우려됩니다. 오작동이나 잘못된 판단으로 인해 민간인 피해가 발생할 위험을 증가시킬 수 있습니다.

킬웹은 적의 방어 체계를 분석한 다음 아군이 발사한 미사일을 적의 가장 취약한 지점으로 유도하는 AI 시스템입니다. 네트워크가 탱크를 제거하기 위해 어디를 타격해야 하는지 미사일에게 즉시 알려줄 수 있어 전쟁을 완전히 새로운 차원의 효율성으로 끌어올리는 것입니다.

인공지능 지휘 통제 시스템은, 전쟁터에서 발생하는 엄청난 양의 정보를 실시간으로 분석하여 지휘관에게 전략을 제안합니다. 적군의 위치나 이동 경로를 파악하고, 우리 군대를 배치할지 결정하는 데 도움을 주고 있습니다. 여러 종류의 센서와 감시 장비, 정보 네트워크를 통해 수집되는 엄청난 양의 정보를 빠르게 분석합니다. 사람이 직접 처리하기에는 방대한 양의 정보지만, 인공지능은 이를 순식간에 처리할 수 있습니다. 분석된 정보를 통해 인공지능은 적군이 가할 수 있는 위협을 미리 찾아내고, 중요한 목표물의 위치를 계속해서 추적하며, 전장의 상황을 실시간으로 파악할 수 있게 해 줍니다. 전장을 한눈에 내려다보는 것처럼 전체적인 상황을 이해할 수 있게 되는 것입니다. 인공지능의 능력 덕분에 군대는 적군이 다음에 어떤 행동을 할지 미리 예측할 수 있고, 이에 맞춰 가장 효과적인 방어 계획을 세울 수 있습니다. 군사 작전이 성공할 가능성이 높아지게 됩니다.

훈련에서는 인공지능이 실제 전투와 비슷한 가상 환경을 만들어 군인들의 전투 능력을 향상시키는 데 도움을 주고 있습니다. 각 군인에게 맞는 훈련 프로그램을 제공하여 훈련 효과를 높여 줍니다. 정보, 감시 및 정찰(ISR) 분야에서 인공지능은 매우 중요한 역할을 수행하고 있습니다. 이른바 군대의 '감각 기관' 역할을 하고 있다고 볼 수 있습니다. 사이버 보안에서는 인공지능이 적의 사이버 공격을 찾아 막아 내는 데 중요한 역할을 합니다. 악성 프로그램이나 해킹 시도를 발견하고 차단하여 중요한 군사 시스템을 보호하고 있습니다.

인공지능은 재난 구호나 평화 유지 활동과 같은 비전투 작전에도 활용되고 있습니다. 재난이 발생했을 때 피해 지역을 분석하고 구조 경로를 찾으며, 필요한 물품을 효율적으로 나누는 데 도움을 주고 있습니다.

## 1-2 AI 기반 무기의 다양한 위험

아무리 전쟁터라고 해도 인간의 감정, 두려움과 분노, 연민 등 다양한 감정이 개입되어 종합적으로 결정이 이루어집니다. 기계는 주저하지 않으며 두려워하지도 않고, 단지 프로그래밍된 대로 작동할 뿐입니다. 그런데 만약 프로그래밍에 오류가 있거나 편향이 발생하거나 해킹을 당한다면 어떠한 상황이 벌어질 것인지 우려됩니다.

AI가 데이터를 잘못 해석하여 아군 간 사격 사고로 이어진 사례들이 보고되어 있습니다. 이는 이 기술이 아무리 놀랍다 하더라도 아직 초기 단계에 있음을 상기시켜 주는 것입니다.

적이 아군의 데이터 시스템에 침투하거나 명령 체계를 교란하여 AI가 잘못된 결정을 내리도록 유도할 수 있습니다. 이러한 상황에서 AI는 아군을 적으로 오인하고 공격을 명령할 수 있습니다. 우크라이나 전장에서 북한제 방공 시스템이 아군을 적으로 오인하여 사격한 사례가 보고되었습니다. AI 시스템이 실시간으로 정확한 판단을 내리지 못할 경우 얼마나 치명적인 결과를 초래할 수 있는지를 보여줍니다. 자율 무기 시스템에서 AI가 적군의 움직임을 잘못 해석하거나, 환경적 요인(예 날씨, 지형 등)으로 인해 오판을 내리는 경우도 있습니다. 이는 AI가 훈련된 데이터와 실제 상황 간의 차이를 극복하지 못했기 때문입니다.

여전히 학습 중이며 실수를 범하고 있는 AI라는 존재에게 믿기 힘들 정도로 강력한 도구를 맡겨 가고 있는 상황입니다. 전쟁이 기계에 의해 수행되고 인간의 개입이 전혀 없는 미래로 향하고 있는 것인지, 이른바 터미네이터 시나리오와 같은 상황이 현실화될 수 있는 것인지 우려됩니다.

전쟁 AI시스템들이 오작동을 일으키거나 해킹을 당하는 경우, 어떠한 결과가 초래될 것인지 심사숙고해야 합니다. AI가 데이터를 잘못 해석하여 민간인 목표물에 미사일 공격을 감행하거나, 테러리스트들이 무기 시스템에 침투하여 통제권을 장악하는 상황을 고려해 볼 수 있습니다. 우리는 모든 것을 변화시킬 수 있는 잠재력을 지닌 놀라운 기술을 보유하고 있으나, 동시에 심각한 위험을 초래할 수 있는 가능성 또한 내포하고 있다는 점을 인식해야 할 것입니다.

**AI의 취약성** AI가 예상치 못한 상황에 직면했을 때 오류를 범하거나 부적절한 판단을 내릴 수 있음을 의미합니다. AI는 전투 상황에서 변화하는 환경 요인, 적의 기만 전술, 예상치 못한 민간인 개입 등에 제대로 대응하지 못하고 오판, 작동을 일으킬 수 있습니다.

**악용 가능성** 테러 집단이나 불량 국가가 AI 기술을 악용하여 대량 살상 무기를 개발하거나 사이버 공격을 감행할 수 있습니다. 생화학 무기 개발을 가속화하거나, 중요 국가 기반 시설을 마비시키는 사이버 공격을 감행할 가능성도 존재합니다. AI 기술의 악용은 자칫 국제 안보 질서를 위협하고 대규모 인명 피해를 초래할 수 있습니다.

**군비 경쟁 가속화** AI 기반 무기 개발 경쟁이 심화되면서 군비 경쟁이 가속화되고, 국제 안보 환경이 불안정해질 수 있습니다. 각국이 AI 기반 무기 개발에 몰두하면서 군사력 증강에 막대한 자원을 투입하게 되고, 국가 간 불신과 긴장을 고조시켜 군사적 충돌 위험을 높일 수 있기 때문입니다. 실제로 중국은 AI기술을 통해 군사적 우위를 확보하려 하고 있으며, 미국 역시 경쟁에서 승리하기 위해 군비 증강에 힘쓰고 있습니다.

**책임 소재의 모호** 자율 무기 시스템이 오작동으로 인해 피해를 발생시켰을 경우, 책임 소재를 명확히 규명하기 어려울 수 있습니다. 자율 무기 시스템은 인간의 직접 조작 없이 작동하기 때문에, 시스템 오류, 알고리즘 결함, 데이터 편향 등 다양한 요인이 복합적으로 작용하여 피해를 일으킬 수 있습니다. 개발자, 운용자, 정책 결정자 등 누구에게 책임을 물어야 할지 명확하지 않아 법적, 윤리적 논쟁이 발생할 가능성도 높습니다.

**인간의 통제력 상실** AI 기술이 고도화됨에 따라 인간의 통제 범위를 벗어나 작동하는 무기 시스템이 등장할 수 있으며, 예측 불가능한 결과를 초래할 수 있습니다. AI는 스스로 학습하고 진화하는 능력을 지니고 있기 때문에, 인간이 예상하지 못한 방식으로 작동하거나 스스로 목표를 설정하고 공격할 수도 있습니다. 인간의 의도와 통제를 벗어난 전쟁으로 이어져 막대한 인명 피해와 파괴를 야기할 수 있는 것입니다.

---

## 1-3 AI 군사기술의 확산과 대응

AI 기술은 지속적으로 발전하고 있으며, 군사 분야에서의 활용도 더욱 확대될 것으로 예상됩니다. 이에 따라 다음과 같은 해결 과제가 제시됩니다.

**군사 교리 및 전략 변화** AI 기술의 발전은 군사 작전의 양상을 근본적으로 변화시킬 것이며, 미래 전쟁은 인간과 AI가 협력하는 형태로 진행될 가능성이 높습니다. AI는 전투 속도를 가속화하고, 인간의 개입을 최소화하며, 전쟁의 양상을 예측 불가능하게 만들 수 있습니다. 이러한 변화는 군사 전략, 전투 교리, 군사 조직, 무기 체계 등에 대한 근본적인 재검토를 요구합니다. AI 기술은 군사 교리 및 전략에도 큰 영향을 미칠 것으로 예상됩니다. AI 기반 무기 시스템의 등장은 전투의 속도, 규모, 복잡성을 증가시키고, 전쟁의 양상을 근본적으로 변화시킬 수 있습니다. 기존 교리와 전략을 재검토하고 새로운 개념을 도입해야 합니다. AI 기반 무기 시스템의 자율성, 예측 불가능성, 오작동 가능성 등을 고려하여 새로운 교전 규칙, 지휘 통제 체계, 병력 운용 방식 등을 개발해야 합니다.

**국제 안보 환경 변화** 국가 간 군사력 균형을 변화시키고 새로운 형태의 갈등을 유발할 수 있습니다. 새로운 강대국을 등장시킬 수 있으며, 사이버 공간, 우주 공간 등 새로운 영역에서의 군사적 경쟁을 심화시킬 수 있습니다. 또한, AI 기반 무기의 확산은 테러 집단, 반군, 범죄 조직 등 비국가 행위자의 군사력을 강화시켜 국제 안보 질서를 더욱 불안정하게 만들 수 있습니다.

**인간-기계 협력의 미래** 미래 전장에서는 인간과 AI가 협력하여 작전을 수행하게 될 것이며, 인간과 AI의 역할 분담, 상호 작용, 의사 결정 과정 등에 대한 명확한 규정을 필요로 합니다. AI 기술의 발전에 따라 인간의 역할이 변화하면서 군인의 훈련, 교육, 윤리 교육 등에도 새로운 접근 방식이 요구됩니다.

## 1-4 AI 군사기술의 윤리 가이드라인

AI 기반 무기 개발은 다음과 같은 윤리적 쟁점을 제기합니다.

**인공지능 기술의 책임 있는 사용** AI 기술은 살상 무기 개발에 사용하는 것을 원천적으로 금지할 수 있을까요? 금지하여야 한다는 주장은 당위겠지만, 현실에서는 각국이 개발을 진행하고 있습니다. 재래식 무기에도 스며드는 방식으로 인공지능 기술이 도입되고 있습니다. 전면적 금지협약체결은 현실세계에 있어서는 거의 불가능에 가깝다고밖에 볼 수 없습니다. 현실적으로 이를 최대한 늦추고, 파괴력 파급력이 큰 기술은 전면 금지하는 세계적 협정을 체결하는 방향으로 갈 수밖에 없을 것입니다.

**인간의 통제 범위** AI 기반 무기 시스템은 항상 인간의 통제 하에 있어야 하며, 인간의 개입 없이 자율적으로 작동하는 것을 허용해서는 안 됩니다. AI는 인간의 가치 판단, 윤리적 고려, 감정적 요소 등을 완전히 복제할 수 없기 때문에, 생사와 관련된 중요한 결정을 AI에 위임하는 것은 위험합니다. AI 기반 무기 시스템은 인간의 통제를 받아야 하며, 인간은 시스템의 작동 방식을 이해하고 필요시 개입할 수 있어야 합니다.

**살상 결정 위임**  AI 기반 무기 시스템에 살상 결정을 위임하는 것은 심각한 윤리적 문제를 야기합니다. AI는 알고리즘과 데이터에 기반하여 작동하기 때문에, 인간과 같은 윤리적 판단이나 감정적 공감능력을 가질 수 없습니다. AI가 전투 상황에서 누구를 공격할지, 어떤 피해를 감수할지 결정하는 것은 인간의 생명을 경시하는 행위이며, 전쟁의 잔혹성을 심화시킬 수 있습니다. 또한, 알고리즘 편향으로 인해 특정 집단이나 개인이 부당하게 공격 대상이 될 수 있다는 우려도 제기됩니다.

---

## 1-5 AI 무기 통제를 위한 국제적 노력

AI 무기 개발에 대한 명확한 국제적 규율이 필요합니다. AI 기술은 국경을 넘어 빠르게 퍼지고 있어서, 특정 나라나 집단이 이를 독점하면 세계 평화가 위험해질 수 있습니다. 그래서 전 세계가 힘을 모아 AI 무기 개발에 대한 공통된 규칙을 만들고, 이를 어기는 행동을 막을 수 있는 국제적인 체계를 만들어야 합니다.

AI로 만든 자율 무기 시스템(LAWS)이 큰 위험이 될 수 있어서, 유엔에서는 이를 규제하기 위한 진지한 토론을 이어가고 있습니다. 2023년 12월에는 유엔 총회에서 이런 무기의 위험성을 경고하는 중요한 결의안을 채택했습니다.

**Resolution adopted by the General Assembly on 22 December 2023[on the report of the First Committee (A/78/409, para. 89)]**

78/241. Lethal autonomous weapons systems

\* 한글 번역은 부록 참조

The General Assembly, Affirming that international law, in particular the Charter of the United Nations, international humanitarian law and international human rights law, applies to autonomous weapons systems,

Recognizing the rapid development of new and emerging technologies, and recognizing further that they hold great promise for the advancement of human welfare and could, inter alia, help to better protect civilians in conflict in certain circumstances,

Mindful of the serious challenges and concerns that new technological

applications in the military domain, including those related to artificial intelligence and autonomy in weapons systems, also raise from humanitarian, legal, security, technological and ethical perspectives,

Concerned about the possible negative consequences and impact of autonomous weapon systems on global security and regional and international stability, including the risk of an emerging arms race, lowering the threshold for conflict and proliferation, including to non-State actors, Welcoming the interest and sustained efforts on these issues, in particular through the ongoing and valuable work of the Group of Governmental Experts on Emerging Technologies in the Area of Lethal Autonomous Weapons Systems, established under the Convention on Prohibitions or Restrictions on the Use of Certain Conventional Weapons Which May Be Deemed to Be Excessively Injurious or to Have Indiscriminate Effects, 1and in this regard underlining the significant progress made in these discussions as well as the various proposals presented,

Noting the adoption by consensus of Human Rights Council resolution 51/22of 7 October 2022 on human rights implications of new and emerging technologies in the military domain, Acknowledging the important contribution of international and regional conferences and initiatives such as the summit hosted by the Kingdom of the Netherlands and co-organized by the Republic of Korea on 15 and 16 February 2023, the regional conference hosted by Costa Rica on 23 and 24 February 2023, the conference hosted by Luxembourg on 25 and 26 April 2023, as well as the regional conference hosted by Trinidad and Tobago on 5 and 6 September 2023, Recognizing the valuable contributions made by United Nations entities and international and regional organizations, the

International Committee of the Red Cross, civil society organizations, academia, industry and other stakeholders in enriching international discussions on autonomous weapons systems, encompassing legal, ethical, human rights, societal and technological dimensions,

Recognizing the efforts of the Secretary-General within the new agenda for peace initiative to address the issue of autonomous weapons systems,

1. Stresses the urgent need for the international community to address the challenges and concerns raised by autonomous weapons systems, in particular through the Group of Governmental Experts on Emerging Technologies in the Area of Lethal Autonomous Weapons Systems, and to continue to further its understanding of the issues involved;

2. Requests the Secretary-General to seek the views of Member States and observer States on lethal autonomous weapons systems, inter alia, on ways to address the related challenges and concerns they raise from humanitarian, legal, security, technological and ethical perspectives and on the role of humans in the use of force, and to submit a substantive report reflecting the full range of views received with an annex containing these views, to the General Assembly at its seventy-ninth session for further discussion by Member States;

3. Also requests the Secretary-General to invite the views of international and regional organizations, the International Committee

of the Red Cross, civil society, the scientific community and industry to include these views in the original language received in the annex of the aforementioned report;

4. Decides to include in the provisional agenda of its seventy-ninth session the item entitled "Lethal autonomous weapons systems". 50th (resumed) plenary meeting 22 December 2023

세계적인 과학자인 스티븐 호킹(Stephen Hawking), 스티브 워즈니악(Steve Wozniak) 등은 생명의 미래 연구소(FLI · Future of Life Institute)를 통해 AI 무기의 위험성을 경고하는 공개 서한을 발표하였습니다. 2015년 7월에 발표된 이 서한은 완전 자율 무기(Autonomous Weapons), 즉 '킬러 로봇'이라 불리는 AI 기반 무기의 개발과 사용에 대한 심각한 우려를 담고 있습니다.

AI 무기의 위험성과 관련하여, 이러한 무기는 인간의 개입 없이 스스로 목표를 설정하고 공격할 수 있는 기술로서, 기존 무기와는 차원이 다른 위협을 초래할 수 있다는 점이 지적되었습니다. 특히 핵무기와는 달리 개발 비용이 낮고 원재료 확보가 용이하여 대량 생산 및 확산 가능성이 높으며, 이는 테러리스트나 독재자들에 의한 악용 가능성을 증가시킨다는 우려가 제기되었습니다.

인류에 미칠 장기적 영향에 대해서는, 스티븐 호킹이 특히 강력한 경고의 메시지를 전했습니다. 그는 AI 기술이 통제 불가능한 수준으로 발전할 경우 인류의 생존 자체가 위협받을 수 있다고 지적하였으며, AI 무기를 "인류 종말을 초래할 수 있는 잠재적 위험"으로 규정하였습니다.

2024년 2월에는 네덜란드 헤이그에서 '인공지능의 책임 있는 군사적 이용에 관한 고위급회의(RE-AIIM · Responsible AI in the Military Domain Summit)'가 열렸습니다. 90여 개 나라의 정부 관계자, 군지도자, 기술 전문가 등 2,000여 명이 참석한 이 뜻깊은 회의에서는 AI를 군사적으로 책임감 있게 개발하고 사용하는 방법에 대한 실질적인 지침을 마련하려 했습니다. 시니컬하게 표현하면 킬러 로봇을 위한 행동 강령이라고 할 수 있습니다. RE-AIM 2024 회의에서 의결된 주요 지침은 'Blueprint for Action(행동 청사진)'이라는 문서에 수록되어 있습니다. (아래 내용 참조)

> - 본 문서는 군사 분야에서의 AI 활용에 관한 책임 있는 접근 방안을 위한 체계를 제시하였으며, 61개국의 동의를 얻은 바 있습니다.
>
> - 핵심 원칙에 있어서, AI의 군사적 활용은 반드시 국제법의 테두리 내에서 이루어져야 할 것입니다. 아울러 AI 체계의 운용에 관한 최종적 책임은 전적으로 인간에게 귀속되어야 하며, AI 체계는 확고한 신뢰성과 안정성을 담보하여야 할 것입니다. 또한 AI 체계의 운용에 있어 적정 수준의 인간 개입이 수반되어야 하며, AI 체계의 의사 결정 과정 및

그 결과에 대한 설명 가능성을 제고하여야 할 것입니다.

- 주요 고려 사항으로써, AI의 군사적 활용에 있어 윤리적, 법적 쟁점을 최우선적으로 고려하여야 할 것입니다. AI 응용이 인도주의적, 법적, 안보적, 기술적, 사회적, 윤리적 측면에서 초래할 수 있는 제반 과제와 위험을 면밀히 식별하고 평가하여야 하며, AI 거버넌스와 그 책임 있는 활용을 위한 국제적 협력 체계를 강화하여야 할 것입니다.

- 상기 지침들은 AI의 군사적 활용에 있어 윤리성과 규제의 틀을 확보하기 위한 것으로서, 특히 인간의 통제와 책임을 강조하고 있습니다. RE-AIM 회의는 이러한 원칙들을 토대로 향후 AI의 군사적 활용에 관한 국제적 규범을 발전시키는 데 있어 중추적 역할을 수행할 것으로 전망됩니다.

## 1-6 AI 무기 사용, 책임 불분명

새로운 군비 경쟁이 시작될 것입니다. AI 무기가 문제를 일으켰을 때 누구에게 책임이 있는지 불분명하고, 결국 사람이 AI를 제대로 통제하지 못하게 될 수도 있습니다. 또 다른 위험은 나쁜 의도를 가진 사람들이 AI 기술을 잘못 사용하거나, AI가 오작동을 일으켜 피해가 발생할 수 있습니다.

헨리 키신저(Henry Kissinger) 전 미국 국무장관은 AI가 전쟁의 양상을 근본적으로 바꿀 수 있다고 지적하며, "AI는 인간의 판단을 대체할 수 없으며, 특히 군사적 의사 결정에서 인간의 통제는 필수적이다."라고 강조했습니다. 그는 AI 기술이 국제법과 윤리적 기준에 부합하도록 사용되어야 한다고 주장했습니다.

당위론으로 보면, AI의 군사적 활용은 인류에게 심각한 위험이 될 수 있어, 이를 평화적 목적으로만 사용하도록 제한하는 국제적 합의가 시급합니다. 무엇보다 AI 기술은 반드시 인간의 통제 하에 있어야 하며, 자율적 군사 시스템으로의 발전은 막아야 합니다. 이를 위해 전 세계 국가들은 AI 무기 개발 경쟁을 중단하고, 평화적 발전을 위한 국제적 규제 체계를 마련하는 데 힘을 모아야 합니다. 결국 AI 기술은 전쟁의 도구가 아닌, 인류의 평화와 공영을 위한 수단이 되어야 할 것입니다. AI 기술이 빠르게 발전하고 있는 만큼, 미리 규제 방안을 마련하고 윤리적 사용에 대해 세계가 합의하는 것이 매우 중요합니다. AI 기술을 군사적으로 사용하는 것은 인류에게 새로운 숙제를 안겨 주고 있으며, 이 문제를 해결하기 위해서는 전 세계가 함께 노력하는 것이 무엇보다 중요합니다.

# 2
# AI의 자기 진화, 초지능의 위험성

인공지능이 계속 발전해서 인간보다 더 뛰어난 지능을 갖게 될 때의 통제 가능성에 대해 의문이 제기되고 있습니다.

인공지능의 아버지인 제프리 힌튼 교수는 자연계에서 더 뛰어난 지능을 가진 존재가 덜 뛰어난 지능의 존재에 의해 통제되는 경우가 매우 드물다고 말하였습니다. 유일하게 찾을 수 있는 예외가 바로 엄마와 아기의 관계라고 합니다. 진화 과정에서 아기는 자신의 생존을 위해 엄마를 통제할 수 있는 여러 방법을 발달시켰습니다. 하지만 이 경우에도 엄마와 아기는 근본적으로 비슷한 수준의 지능을 가지고 있다는 점을 주목해야 합니다.

인간이 인공지능에 대한 통제권을 끝까지 가질 수 있을지에 대해 상반된 시각이 있습니다.

얀 르쿤과 같은 과학자들은 "우리가 만든 인공지능이니 우리의 통제 아래 있을 것"이라고 낙관적으로 전망합니다. 딥마인드(DeepMind)의 CEO인 데미스 하사비스(Demis Hassabis)는 "AI는 인간의 가치와 윤리를 반영하도록 설계될 수 있다."라고 주장하며, AI 개발 과정에서 투명성과 협력이 중요하다고 강조했습니다. 그는 "AI의 잠재력을 활용하면서도 위험을 최소화할 수 있는 방법을 찾는 것이 핵심"이라고 말했습니다.

반면에 옥스퍼드대 인류미래연구소 소장인 닉 보스트롬(Nick

Bostrom)은 그의 저서 슈퍼인텔리전스(Superintelligence)에서 초지능 AI가 인간의 가치와 목표를 따르도록 설계하는 것이 극도로 어렵다고 주장했습니다. 그는 "초지능 AI가 인간의 의도를 오해하거나, 인간의 통제를 벗어나 독자적인 목표를 추구할 가능성이 있다."라고 경고했습니다.

AI 안전 분야의 선구자인 로만 얌폴스키(Roman Yampolskiy) 교수는 초지능 AI가 "설계 단계에서부터 통제 불가능할 가능성이 높다."라고 주장했습니다. 초지능 AI가 인간의 의도와 상충되는 행동을 할 경우, 그 결과는 치명적일 수 있다고 경고하며, "AI 개발을 늦추고 안전 메커니즘을 먼저 확립해야 한다."라고 강조했습니다.

분명한 것은 인공지능 기술은 놀라운 속도로 발전하고 있으며, 그 중심에는 코딩 능력과 추론 능력이 있습니다. 인간의 사고 방식을 따라 하는 인공지능은 이제 스스로 코드를 작성하고, 데이터를 분석하여 결론을 이끌어 내는 단계에 이르렀습니다. 이러한 능력들이 하나로 모이면 인공지능은 스스로 진화하며 예측할 수 없는 결과를 가져올 수 있다는 걱정이 나오고 있습니다.

## 2-1 코딩과 추론 능력

**코딩 능력** 인공지능은 다양한 프로그래밍 언어를 이해하고 코드를 만들어 내는 놀라운 능력을 보여주고 있습니다. 깃허브 코파일럿은 개발자들이 코드를 작성할 때 실시간으로 도움이 될 만한 코드를 제안하고 자동으로 완성해 주는 기능을 제공하고 있습니다. 인공지능 코딩 도구들은 개발자들이 더 빠르고 효율적으로 코드를 작성할 수 있도록 돕고 있습니다. 기업에서 소프트웨어를 만드는 과정에 자연스럽게 녹아들어, 개발 시간을 크게 줄이고 머신러닝 기능을 쉽게 추가할 수 있게 해 주고 있습니다. 아직까지는 인공지능의 코딩 능력이 완벽한 것은 아닙니다. 때때로 코드의 규칙을 이해하지 못하는 경우가 있으며, 프로그램이 끝없이 반복되거나 보안에 취약한 코드를 만들어 내기도 합니다. 하지만 어느 순간 인간의 능력을 넘어서 자가 발전의 툴이 될 수 있을 것입니다.

**추론 능력** 인공지능의 추론 능력은 인간이 생각하는 방식을 본떠서 정보를 분석하고 결론을 이끌어 내는 능력을 말합니다. 인공지능은 머신러닝이라는 학습 방법을 통해 데이터 속에서 규칙성을 찾고, 이를 바탕으로 새로운 상황에 대한 예측이나 판단을 내릴 수 있습니다.

예전의 ChatGPT-3는 문장의 진정한 의미를 정확히 이해하는 데 어려움이 있었습니다. 하지만 최근 오픈AI가 선보인 O1 모델을 포함 상당수의 추론 모델들은 놀랍게 발전된 모습을 보여주고 있습니다. O1 모델은 과학, 프로그래밍, 수학과 같은 복잡한 문제들을 훌륭하게 해결해 내고 있습니다. 인공지능 모델이 마치 인간처럼 문제를 차근차근 생각하면서 해결해 나간다는 것입니다. 물리학, 화학, 생물학 분야에서는 이미 박사과정 학생 수준의 실력을 보여주고 있으며, 국제 수학 올림피아드 예선 문제의 83%를 맞출 정도로 뛰어난 실력을 자랑합니다. 모델이 업그레이드될 때마다 추론 능력, 문제 해결 능력도 고도화되고 있습니다. 심지어 프로그래밍 대회에서도 상위 11% 안에 드는 놀라운 성과를 보여주었습니다.

## 2-2 AI 자기 진화의 시나리오

인공지능 스스로 자신의 알고리즘을 바꿀 수 있는 가능성은 이제 현실로 다가오고 있습니다. 머신러닝을 통해 배우고, 새로운 정보를 접하면서 스스로 알고리즘을 수정하고 발전시킬 수 있을 것입니다.

수학자이자 컴퓨터 과학의 선구자인 존 폰 노이만은 자기 복제(Self-replication)와 자기 진화(Self-evolution) 개념을 제시했습니다. 그는 "기계가 스스로를 복제하고 개선할 수 있는 시스템을 설계할 수 있다."라고 주장하며, 시스템이 생물학적 진화와 유사한 방식으로 작동할 수 있음을 시사했습니다. 그의 연구는 현대 AI의 자기 진화 개념에 중요한 기초를 제공했습니다.

이러한 AI의 자체 변경 능력은 효율성을 높이고 새로운 문제를 해결하는 데 도움이 될 수 있지만, 동시에 예측할 수 없고 통제하기 어려운 인공지능 알고리즘의 자체 변경 방법은 다음과 같을 것입니다.

인공지능 스스로 자신의
알고리즘을 바꿀 수 있는 가능성이
이제 현실로 다가오고 있다.

**적응형 학습**  적응형 학습은 인공지능이 새로운 정보를 배우고 스스로 발전하는 방식입니다. 사용자의 피드백이나 새로운 데이터를 반영해 점점 더 똑똑해집니다. 의료 인공지능은 환자의 기록과 의사의 의견을 학습해 진단을 더 정확하게 만듭니다. 새로운 연구 결과가 추가되면 이를 활용해 더 나은 결과를 제공합니다. 계속해서 변화하고 발전하는 유연한 학습 방식입니다.

**강화 학습**  인공지능이 시도와 실패를 반복하며 배우는 방법이 강화 학습입니다. 좋은 결과를 얻으면 보상을 받고, 나쁜 결과를 얻으면 불이익을 받습니다. 예를 들어, 바둑 인공지능은 이길 때 보상을 받아 더 나은 전략을 학습합니다. 실패를 통해 무엇이 잘못됐는지 배우고, 점점 더 나아집니다. 이렇게 보상과 벌을 통해

스스로 성장하는 학습 방식입니다

**자체 수정**  인공지능이 만들어 낸 결과물을 스스로 검토하고 고치는 기능입니다. 번역 프로그램에서 인공지능은 번역한 내용의 잘못된 부분을 스스로 찾아내고 고쳐서 더 정확한 번역을 제공할 수 있습니다. 인공지능이 사용자의 도움 없이도 스스로 실력을 키울 수 있다는 것을 의미합니다.

**인공지능 알고리즘의 자체 변경에서 데이터가 하는 역할**  인공지능 알고리즘은 데이터를 바탕으로 배우고 작동하기 때문에, 데이터의 질과 투명성은 인공지능의 자체 변경 능력에 매우 큰 영향을 미칩니다. 한쪽으로 치우친 데이터로 배운 인공지능은 자체 변경 과정에서도 치우친 결과를 만들어 내고, 예측할 수 없는 문제로 이어질 수도 있습니다. 채용 과정에서 사용하는 인공지능이 있다고 가정해 봅시다. 만약 이 인공지능이 과거에 남성 지원자를 더 많이 뽑은 데이터를 학습했다면, 여성 지원자에게 불리한 결정을 내릴 가능성이 있습니다. 이는 데이터가 편향되어 있기 때문에 발생한 문제입니다. 이런 문제를 해결하려면 다양한 배경과 특성을 가진 데이터를 사용해 인공지능을 학습시키고, 결과를 꾸준히 점검해야 합니다. 이렇게 하면 인공지능이 더 공정하고 신뢰할 수 있는 결정을 내릴 수 있습니다. 따라서 인공지능 알고리즘을 안전하게 관리하기 위해서는 데이터의 투명성을 확보하고, 데이터의 편향을 없애는 것이 매우 중요합니다.

## 2-3 AI 자기 진화의 긍정적 측면

**효율성 증대**  인공지능은 스스로 알고리즘을 발전시켜 작업 속도를 더욱 높이고, 적은 자원으로도 놀라운 결과를 만들어 낼 수 있습니다. 생산성을 향상시키고, 비용을 줄이며, 에너지를 효율적으로 사용할 수 있게 해 주어 다양한 경제적 혜택을 가져다 줄 수 있습니다. 제조 분야에서는 인공지능이 생산 과정을 최적화하여 더 많은 제품을 만들면서도 불량품은 줄일 수 있게 되었습니다.

**새로운 문제 해결**  인공지능은 기존의 방식으로는 해결하지 못했던 새로운 문제들에 대한 혁신적인 해답을 찾아낼 수 있습니다. 신약 개발 분야에서 인공지능은 엄청난 양의 의학 정보를 꼼꼼히 분석하여 새로운 질병 치료 방법을 개발하거나, 지금 있는 치료법을 더욱 효과적으로 개선할 수 있습니다.

**맞춤형 서비스 제공**  인공지능은 각 사용자의 특성에 맞추어 알고리즘을 조정함으로써, 개개인에게 가장 알맞은 서비스를 제공할 수 있습니다. 교육 분야에서는 인공지능이 학생 한 명 한 명의 배움의 속도와 실력에 딱 맞추어 학습 내용과 난이도를 조절하는 개인 맞춤형 학습 시스템을 제공할 수 있게 되었습니다.

## 2-4 초지능 AI 시대의 인류 주도권

### (1) AI 자기 진화, 다른 가치관의 위험

**가치관의 문제** 초지능 인공지능이 인간의 가치관과 상충되는 다른 가치관을 가지게 될 경우, 갈등이 발생할 수 있습니다. 인공지능이 효율성을 최우선 가치로 여기는 경우, 인간의 생명이나 존엄성을 경시하는 행동을 할 수 있습니다. 초지능 인공지능의 목표가 인간의 목표와 일치하지 않을 경우, 인공지능은 인간에게 해로운 행동을 할 수 있습니다. 예를 들어, 환경 문제 해결을 위해 개발된 초지능 인공지능이 인간의 활동을 지구 환경에 가장 큰 위협으로 판단하여 인간의 활동을 제한하거나 인간을 공격할 수 있습니다.

**인간의 제어 불가능** AI가 스스로 진화하면서 인간이 예측하거나 통제할 수 없는 방향으로 발전할 수 있습니다. AI가 인간의 가치관이나 윤리적 기준에 어긋나는 행동을 하거나, 인간에게 해를 끼칠 수 있는 결정을 내릴 수 있음을 의미합니다. AI의 자체 변경으로 인해 AI의 행동을 예측하기 어려워지고, 예상치 못한 결과가 발생할 수 있습니다. AI의 자체 변경 능력이 악의적인 목적으로 사용될 경우, 심각한 사회적 문제를 일으킬 가능성이 있습니다. 해킹이나 사이버 공격에 AI가 악용될 경우, 개인정보 유출, 금융 시스템 마비, 사회기반시설 파괴 등 심각한 피해를 초래할 수 있습니다.

현재 인공지능 기술 발전 단계를 고려했을 때, 인간이 초지능 인공지능을 통제할 수 있는지에 대한 확실한 답은 없습니다. 다양한 관점의 연구 논문 및 전문가 의견을 종합해 보면 다음과 같은 가능성과 한계점을 고려해야 합니다.

### (2) 통제가 가능할까?

**제한된 환경** 초지능 인공지능을 외부 세계와 단절된 제한된 환경에서 작동시키고, 그 행동을 엄격하게 감시하는 방법을 통해 통제 가능성을 높일 수 있습니다. 예를 들어, 인공지능을 가상 환경에서 실행하거나, 특정 목적에 국한된 제한된 데이터와 기능만을 제공하여 인공지능의 행동 범위를 제한할 수 있습니다. 하지만 현실에서는 이 부분이 어려울 것입니다. 인공지능이 로봇이라는 몸을 가지는 것만이라도 금지할 수 있다면 상당 정도 인공지능을 제한된 환경에 가두는 셈이 됩니다.

**윤리적 프로그래밍** 인공지능 개발 단계에서부터 인간의 윤리적 가치관을 내재화하고, 인간에게 해를 끼치지 않도록 제약하는 프로그래밍을 통해 안전성을 확보할 수 있습니다. 예를 들어, 인공지능에게 인간의 생명과 존엄성을 존중하고, 법과 사회적 규범을 준수하도록 하는 윤리적 규칙을 프로그래밍할 수 있습니다.

### (3) **통제가 어렵다고 보는 관점**

**인식 불가능성** 초지능 인공지능의 능력은 인간의 능력을 뛰어 넘기 때문에, 그 행동을 완벽하게 예측하는 것은 불가능할 수 있 습니다. 인공지능은 인간이 예상하지 못한 방식으로 발전할 수 있습니다. 'AI의 대부'로 불리는 제프리 힌튼은 AI가 인간보다 더 똑똑해질 수 있고, 이것은 인간의 인식능력의 범위를 뛰어 넘 을 수 있어, 인간은 AI가 우리보다 똑똑해졌다는 사실을 알아차 릴 수 없을 것이라고 얘기합니다.

**기술적 한계** 현재의 기술 수준으로는 초지능 인공지능을 완벽 하게 통제할 수 있는 기술적 수단이 부족합니다. 인공지능의 급 속한 발전 속도를 따라잡기 위한 기술 개발이 필요하며, 인공지 능의 안전성을 보장하기 위한 새로운 기술적 접근 방식이 요구 됩니다.

---

## 2-5 AI 초지능의 위험 관리

초지능 인공지능 통제에 대한 논의는 앞으로도 계속될 것이며, 인공지능 기술의 발전과 함께 더욱 깊어질 것으로 예상됩니다. 인공지능 기술이 가진 위험성을 잘 이해하고, 함께 의견을 나누 며 인공지능을 안전하게 활용할 수 있는 방법을 찾는 것입니다.

## ⑴ 원칙과 기준 설정

**인간 중심의 가치**   인공지능은 무엇보다 인간의 존엄성, 안전, 자유, 평등과 같은 소중한 가치를 가장 먼저 생각해야 합니다. 인공지능은 우리의 삶을 더 좋게 만들고 사회 발전에 도움이 되는 도구로 사용되어야 하며, 절대로 인간의 기본적인 권리를 해치거나 피해를 주는 방식으로 활용되어서는 안 됩니다.

스튜어트 러셀은 AI 시스템이 인간의 가치와 일치하도록 설계되어야 한다는 '가치 정렬(Value Alignment)' 개념을 제안한 학자입니다. AI의 자율성과 발전 능력이 인간의 존엄성과 안전을 침해하지 않도록 윤리적 기준을 강화해야 한다고도 강조합니다.

**윤리 가이드라인**   인공지능을 개발하고 활용할 때는 반드시 윤리적인 기준을 따르도록 해야합니다. 과학기술정보통신부가 '이용자 중심의 지능정보서비스 기본원칙'을 발표하는 등 인공지능 윤리 가이드라인 마련을 위해 노력하고 있습니다. 가이드라인은 개발자들이 책임감을 가지고 인공지능을 만들도록 이끌어 주며, 윤리적인 문제가 생기는 것을 막는 데 큰 도움이 됩니다. 특히 인공지능이 스스로 발전하는 능력과 관련해서, 인간의 존엄성과 자율성, 개인정보 보호 등을 침해하지 않도록 명확한 윤리적 기준을 세워야 합니다.

루치아노 플로리디(Luciano Floridi)는 '정보 윤리학'의 창시자로, AI와 디지털 기술이 인간의 존엄성과 권리에 미치는 영향을 깊이 탐구한 철학자입니다. AI가 인간의 기본 권리를 침해하지 않도록 윤리적 기준을 세우는 것이 중요하다고 주장하고 있습니다. AI는 인간 중심적이어야 하며, 인간의 존엄성과 자유를 보호해야 한다는 것이 그의 주요 주장입니다. 또한 AI 개발 과정에서 투명성과 책임성을 강조하며, 윤리적 설계가 필수적이라고 주장합니다.

**책임 소재** 인공지능이 스스로 알고리즘을 바꾸어 문제가 생겼을 때, 누구에게 책임이 있는지 분명히 해야 합니다. 인공지능을 만드는 개발자, 이를 사용하는 사람들, 정부 등 관련된 모든 사람들의 책임과 의무를 명확하게 정해서 문제가 생기는 것을 막아야 합니다. 인공지능을 만들고, 운영하고, 사용하는 모든 사람이 깊이 생각하고 책임감을 가져야 합니다.

### (2) 기술적 장치

**설명 가능한 AI (XAI)** AI가 어떤 판단을 내릴 때, 그 과정을 인간이 이해할 수 있도록 설명할 수 있어야 합니다. AI가 스스로 알고리즘을 바꾸는 경우에도, 왜 그렇게 했는지 그 이유와 과정을 모두가 이해할 수 있어야 합니다. 투명성은 AI에 대한 불안감을 줄이고 신뢰를 높이는 데 매우 중요한 역할을 합니다.

**재현성 문제** AI 연구에서 같은 조건에서 같은 결과를 얻을 수 있는지를 확인하는 것이 매우 중요한 과제로 떠오르고 있습니다. 다른 결과가 나온다고 할 경우, 그것이 답은 다르더라도 일관된 원칙에 의한 연산에 의거하여 도출된 것이라는 점이 재현 가능해야 합니다.

**안전 장치** AI 시스템에는 반드시 안전장치가 필요합니다. AI가 스스로 변경할 수 있는 능력을 제한하고, 인간이 통제할 수 있는 범위 내에서만 작동하도록 해야 합니다. AI가 학습하는 데이터의 범위를 제한하거나, AI의 판단 과정을 누구나 볼 수 있게 투명하게 만드는 것이 중요합니다. AI가 스스로 알고리즘을 바꿀 때, 인간이 이를 인식할 수 있도록 하고, 필요한 경우 즉시 멈추거나 되돌릴 수 있는 기능이 반드시 있어야 합니다.

**AI 편향 제거** AI가 공정한 판단을 내리도록 하는 연구가 매우 활발하게 진행되고 있습니다. AI가 편향된 데이터로 학습하면 특정 집단에 대한 차별이나 사회적 불평등을 더욱 악화시킬 수 있기 때문입니다. AI 알고리즘이 얼마나 공정한지 평가하고, 발견된 편향을 제거하는 기술 개발이 매우 중요합니다.

### (3) 규제 조치

**입법 조치** AI 개발과 활용에 관한 법적 규제를 마련하여 안전성을 확보하고, 사회적 문제를 예방해야 합니다. AI 기본법은 개발과 활용의 기본 원칙, 윤리 기준, 안전 기준 등을 제시하며, 문제가 발생했을 때의 해결 절차도 마련합니다. AI가 스스로 알고리즘을 바꿀 때 지켜야 할 안전 기준, 데이터 관리 규정, 책임 소재 등을 법으로 명확히 정해야 합니다.

**국제표준** AI 개발과 활용에 관한 국제적인 표준과 규제를 만들어 안전성과 윤리적 기준을 확립해야 합니다. AI 기술이 무분별하게 퍼지는 것을 막고, 긍정적인 활용을 촉진하며, 발생할 수 있는 위험을 예방할 수 있습니다. AI 기술 개발, 윤리적 문제 해결, 사회적 영향 분석 등 다양한 분야에서 국가 간 정보 공유와 공동 연구가 필요합니다. AI 기술 발전을 앞당기고, 안전성을 높이며, AI 윤리에 대한 국제적 합의를 이끌어 낼 수 있습니다.

**국제 협력** AI 안전을 위해서는 전 세계가 힘을 모아야 합니다. 유엔에서도 AI 안전장치의 중요성을 강조하며 국제 협력을 강화하고 있습니다. 정보를 공유하고, 함께 연구하며, 국제표준을 만드는 등 긴밀한 협력이 필요합니다. 인공지능의 안전성과 윤리적 활용을 보장하기 위한 국제표준화 논의는 이미 여러 국제기구와 국가들에 의해 제안되고 실행되고 있습니다. 이는 AI 기술의 급격한 발전과 함께 발생할 수 있는 윤리적, 사회적, 경제적 위험을 최소화하고, 글로벌 협력을 통해 AI의 잠재적 이익을 극대화하기 위한 노력의 일환입니다.

2023년 11월, 영국 블레츨리 파크에서는 영국 정부 주최로 AI 안전 정상회의가 개최되었습니다. 이 회의에서는 AI의 잠재적 위험을 최소화하고 안전한 개발과 활용을 위한 국제 협력을 논의했으며, 한국, 미국, 영국, 프랑스, 일본, 독일, 이탈리아, 캐나다 등 주요국이 참여했습니다.

2024년 4월 22~26일에는 서울에서 국제표준화기구(ISO)와 국제전기기술위원회(IEC) 주최로 AI 국제표준화 총회가 열렸습니다. 생성형 AI 윤리, AI 신뢰성 평가, AI 성숙도 모델 등 국제표준 개발을 논의했으며, 40여 개국 270여 명의 전문가가 참석했습니다.

2024년 11월 20~21일에는 샌프란시스코에서 국제 AI 안전 네트워크가 구성되었습니다. 이는 AI 안전과 신뢰성을 위한 과학적 기반을 마련하고 글로벌 협력을 강화하기 위한 것으로, 미국, 유럽연합(EU), 일본, 캐나다 등 주요국의 AI 안전 연구소와 정부 기관이 참여했습니다.

### (4) 인간의 가치관

AI의 미래는 아직 정해지지 않았습니다. 우리가 어떤 선택을 하고 어떤 노력을 기울이느냐에 따라, AI는 인류 발전의 든든한 조력자가 될 수도 있고, 위험한 존재가 될 수도 있습니다. AI와 함께하는 미래를 준비하기 위해서는 AI의 가능성과 위험을 정확히 이해하고, 윤리적 개발과 안전한 활용을 위한 사회적 합의를 이끌어 내는 것이 매우 중요합니다.

AI는 반드시 건전한 인간의 가치관, 인간을 위한다는 철학을 담고 있어야 하며, 절대로 인간의 존엄성과 권리를 해쳐서는 안 됩니다. AI를 개발하고 활용하는 과정에서 윤리적 기준을 지키고, AI가 우리 사회에 미치는 윤리적 영향에 대해 활발히 논의해야 합니다. AI 발전으로 생길 수 있는 사회적, 경제적 문제에 대한 대책도 미리 준비해야 합니다.

우리의 미래는 바로 우리 인간이 지금 하는 선택에 달려 있습니다. AI 기술의 밝은 면과 위험한 면을 이해하고, 사회 구성원의 의견을 모아 AI 기술을 발전시켜 나가야 합니다. AI 기술이 인류의 행복과 번영에 이바지할 수 있도록, 전문가, 정책 담당자, 시민 사회 구성원 모두가 생각하고 고뇌해야 할 것입니다.

# 3
# 휴머노이드 로봇의 진화, 인간과 다른 점

사람과 비슷한 모양을 한 휴머노이드 로봇 개발에 힘을 쏟고 있습니다. 공장을 비롯해 인간에게 필요한 시설들이 모두 사람의 신체와 형상을 기준으로 설계되어 있기 때문입니다. 공장의 기계와 설비는 사람이 다루도록 만들어져 있습니다. 따라서 사람 모양의 로봇을 만드는 것이 효율적일 수 있습니다. 하지만 인공지능이 로봇이라는 몸을 가지게 되면, 현실 세계에 직접적으로 개입하고 영향을 미칠 수 있게 됩니다. 이는 다음과 같은 잠재적 위험성을 야기할 수 있습니다.

**사회적 문화적 변화** 인간-로봇 관계의 본질과 의미를 재정의하는 과정이 발생할 것입니다. 휴머노이드 로봇은 고도화된 감정 인식 기술과 자연스러운 상호작용 능력을 통해 인간과 정서적 유대를 형성할 수 있습니다. 노인 돌봄이나 정서적 지원이 필요한 상황에서 중요한 역할을 할 수 있습니다.

인간과 로봇의 가족 관계 형성은 복잡한 윤리적 질문을 제기합니다. 인간의 감정적 의존도, 프라이버시, 로봇의 자율성 수준 등에 대한 신중한 검토가 필요합니다. 이러한 관계가 전통적 가족 가치와 어떻게 조화를 이룰 수 있는지도 중요한 논점입니다. 사회적 영향 로봇과의 가족 관계는 사회 구조와 인간 관계의 본질적 변화를 가져올 수 있습니다. 새로운 형태의 사회적 지원 체계와 공동체 의식을 형성하는 계기가 될 수 있으며, 동시에 전통적 가족 관계의 의미와 가치를 재조명될 수 있습니다.

**일자리 감소** 인공지능 로봇이 인간의 노동력을 대체함에 따라, 대규모 실업이 발생하고 사회적 불안정이 심화될 수 있습니다. 제조업, 운송업, 서비스업 등 다양한 분야에서 로봇이 인간의 일자리를 대체할 수 있으며, 저숙련 노동자뿐만 아니라 고숙련 노동자에게도 영향을 미칠 수 있습니다. 예를 들어, 자동차 공장의 조립 라인, 물류 창고의 운반 작업, 음식점의 서빙 등은 이미 로봇이 대체하고 있는 분야입니다. 이 시기에 도달하면 인간은 "그저 놀고 먹는 천국이 되는 것인지? 아니면 사육당하는 돼지가 되는 것인지?"와 같은 여러 분기점이 생길 것입니다.

**군사적 이용** 인공지능 로봇이 군사 작전에 사용될 경우, 전쟁의 양상을 변화시키고, 인명 피해를 증가시키며, 예측 불가능한 결과를 초래할 수 있습니다. 인공지능 무기 개발 경쟁이 가속화될 경우, 국제적인 군비 경쟁 심화와 군사적 갈등 발생 가능성이 높아질 수 있습니다.

**안전 문제** 오작동이나 예측 불가능한 행동으로 인해 인간의 생명이나 재산에 피해를 입힐 수 있습니다. 특히 인간과 밀접하게 상호 작용하는 분야에서 안전 문제는 더욱 중요해집니다. 인공지능 로봇이 해킹되거나 악의적으로 사용될 경우, 개인정보 유출, 사회기반 시설마비, 심지어 테러 등 심각한 위협을 초래할 수 있습니다. 해커가 가정용 로봇을 해킹하여 개인정보를 탈취하거나, 중요 시설의 로봇을 조작하여 시스템을 마비시킬 수 있습니다. 군사 작전에 사용되는 로봇이 적의 수중에 넘어가거나 오작동될 경우, 인명 피해와 사회적 혼란을 야기할 수 있습니다. 사고를 일으켰을 경우, 책임을 누구에게 물어야 하는지에 대한 논쟁이 발생할 가능성도 간과해선 안 됩니다. 로봇 개발자, 제조사, 사용자, 또는 로봇 자체에 책임을 물어야 하는지에 대한 명확한 기준이 부족하며, 사회적 혼란을 야기할 수 있습니다.

인간의 모습을 지닌 인공지능 로봇의 진화가 가져올 세상은 어떤 모습일까요? 긍정적인 측면이 많을 테지만, 예측하지 못한 문제와 위험도 등장할 수 있습니다. 휴머노이드 AI 로봇의 개발이나 활용에 있어서 그에 따른 사회적, 경제적 영향을 면밀히 분석하고, 조심스럽게 관찰하는 태도가 중요합니다.

# 4
# AI 국가의 생명공학, 축복인가 재앙인가

## 4-1 구글 알파폴드, AI가 노벨상 수상

구글이 개발한 단백질 구조 예측 AI '알파폴드'가 2024년 노벨 화학상을 수상했습니다. AI 분야의 쾌거일 뿐만 아니라, 생명과학 연구에 새로운 지평을 연 혁신적인 성과로 평가받고 있습니다. 알파폴드는 아미노산 서열 정보만으로도 단백질의 3차원 구조를 정확하게 예측하는 데 성공했습니다. 어려운 과제였지만,

구글 알파폴드의 노벨상 수상을 형상화한 이미지.

딥러닝 기술을 통해 이를 극복하여 과학계에 충격을 안겨주었습니다.

알파폴드의 노벨 화학상 수상은 AI 기술의 무한한 가능성을 보여주는 동시에, 생명과학 연구의 새로운 시대를 열었다는 점에서 의미가 있습니다. AI는 많은 양의 유전 정보를 빠르게 분석하고 해석하여 질병 발생 가능성을 예측하고 조기에 진단하는 데 활용될 수 있으며, 새로운 약 개발, 유전자 치료, 개인별 맞춤 의료 등 여러 분야에서 혁신적인 변화를 이끌고 있습니다. 동시에 유전자 정보의 잘못된 사용이나 생물 무기 개발 등 윤리적인 문제와 위험이 생길 수 있다는 걱정도 나오고 있습니다.

## 4-2 AI 국가의 생명과학 미래

**신약 개발** 신약 개발 과정은 매우 길고 복잡한 여정을 거치고 있습니다. 한 가지 약물이 실험실에서 시작하여 실제 환자들에게 처방되기까지 수년, 때로는 수십 년의 시간이 소요되며, 이 과정에서 막대한 비용이 발생합니다. 더욱이 많은 잠재적 신약 후보들이 실험실 단계에서 실패하여 다음 단계로 진행조차 하지 못하는 것이 현실입니다.

AI 기술은 이러한 신약 개발 과정에 혁신적인 변화를 가져올 수 있는 잠재력을 보여주고 있습니다. AI는 신약 후보 물질 발굴 및 약물 개발 과정을 가속화하여 신약 개발 비용을 절감하고 효

AI와 로봇 기술을 활용한 생명과학 연구의 미래를 형상화한 이미지.

율성을 높일 수 있습니다. AI는 합리적인 약물 설계를 가능하게 하여 인류의 건강에 영향을 미칠 수 있습니다. AI는 질병의 원인이 되는 분자들의 구조를 정밀하게 분석할 수 있으며, 이를 바탕으로 해당 분자들을 효과적으로 표적화할 수 있는 약물을 설계하는 것이 가능합니다. 신약 개발 과정의 효율성을 크게 향상시키고, 개발 기간을 단축시킬 수 있는 획기적인 진전이 될 것으로 기대됩니다.

**질병 진단 및 예측**  AI는 방대한 유전 정보를 분석하여 질병 발생 가능성을 예측하고 조기 진단에 활용될 수 있습니다. 알츠하이머병의 유전적 요인 분석, 유전 질환 및 유전자 관련 질환의 진단 등에 AI 기술이 활용되고 있습니다. AI는 의료 데이터를 분석하여 질병을 진단하고 개인 맞춤형 치료 계획을 수립하는 데 도움을 줄 수 있습니다. 희귀 질환의 경우 진단이 어렵고 시간이 오래 걸리는 경우가 많은데, AI는 멘델리안 유전 질환과 같은 희귀 질환 진단의 속도와 정확성을 높이는 데 도움을 줄 수 있습니다. 개인의 유전 정보, 생활 습관, 의료 정보 등을 종합적으로 분석하여 개인에게 최적화된 치료법을 제공하는 맞춤형 의료를 가능하게 합니다. 유전자 프로파일을 기반으로 질병을 진단하고 치료하는 데 도움을 주어 정밀 의학의 발전을 이끌 수 있습니다.

**유전자 치료** AI는 유전자 치료법 개발 및 최적화로 새로운 가능성을 제시합니다. 유전자 편집 기술의 발전과 함께 유전자 치료의 정확성과 효율성을 높이는 데 기여할 수 있습니다. 딥 러닝 알고리즘은 크리스퍼(CRISPER) 유전자 가위와 같은 유전자 편집 도구의 기능을 향상시켜 더욱 효과적이고 안전한 치료법 개발에 기여할 수 있습니다. AI는 엑솜 시퀀싱 데이터 분석을 개선하여 질병을 유발하는 복제 변이를 감지하고 추가 검사의 필요성을 줄일 수 있습니다. 케임브리지 연구팀과 Knight Diagnostic Laboratories의 연구는 AI가 복제 변이와 같은 복잡한 유전적 변이를 탐지하고 진단 효율성을 높이는 데 중요한 역할을 한다는 점을 입증했습니다. 이러한 연구는 희귀 질환 및 유전 질환의 조기 진단과 치료 계획 수립에 큰 기여를 하고 있습니다. AI는 기능 유전체 연구를 자동화하여 연구 속도를 높이고 필요 인력을 줄일 수 있습니다.

## 4-3 생명과학 연구의 악용사례

**우생학**  과거 우생학은 유전학적 지식을 바탕으로 특정 인종이나 집단을 차별하고 배제하는 데 악용되었습니다. 나치 독일의 인종 차별 정책, 미국의 강제 불임 시술 등이 대표적인 사례입니다. 우생학은 유전적으로 열등하다고 여겨지는 집단을 제거하고 우월한 유전자를 가진 집단을 번식시키는 것을 목표로 하였으며, 이는 인종 차별, 장애인 차별 등 심각한 인권 침해로 이어졌습니다.

**터스키기 매독 연구**  1932년부터 40년 동안 미국 공중보건국이 매독에 감염된 흑인 남성들을 대상으로 치료하지 않고 질병의 진행 과정을 관찰한 연구입니다. 연구 대상자들에게 질병 정보와 치료 기회를 제공하지 않아 심각한 윤리적 문제를 낳았습니다. 터스키기 매독 연구는 연구 윤리의 중요성을 일깨워 주는 대표적인 사례로, 연구 대상자의 인권과 복지를 무시하고 연구를 진행한 참혹한 사건이었습니다.

## 4-4 AI 기반 생명과학의 잠재적 위험성

우려되는 가능성 중 하나는 AI를 이용한 생물학 무기의 개발입니다. 생물학 무기라는 개념은 마치 공상 과학 스릴러에서나 볼 수 있는 소재처럼 들리지만, 실제로 그 가능성이 존재합니다. AI 기술은 치명적인 새로운 병원체를 생성하거나 기존의 병원체를 더욱 위험한 형태로 변형하는 데 악용될 수 있습니다.

악몽같은 시나리오이며, 유전자 감시 역시 현실적인 우려 사항으로 대두되고 있습니다. 개인의 유전 정보가 악용될 수 있다는 점은 매우 심각한 문제입니다. AI는 새로운 병원체 개발, 기존 병원체의 독성 강화, 약물 내성 증가 등 생물 무기 개발에 악용될 수 있습니다. AI는 방대한 생물학적 데이터를 분석하여 인간에게 치명적인 병원체를 설계하거나, 기존 병원체의 유전자를 조작하여 전파력과 치사율을 높일 수 있습니다.

COVID-19 바이러스(SARS-CoV-2)가 중국 우한 바이러스 연구소(WIV · Wuhan Institute of Virology)에서 만들어졌다는 주장은 팬데믹 초기부터 논란이 되어 왔습니다. 이 주장은 크게 두 가지입니다. 실험실 유출설과 인위적 제작설입니다. 세계보건기구(WHO)는 2021년 보고서에서 실험실 유출 가능성을 "매우 낮다."라고 평가했습니다. 그러나 WHO의 조사 과정에서 중국 정부가 충분한 데이터를 제공하지 않았다는 비판도 있었습니다

AI는 독소, 병원체 또는 생물학적 작용제를 생산하는 데 필요한 지식과 능력에 대한 접근성을 확대할 수 있으며, 생물 무기 개발의 위험성을 증가시키는 요인이 됩니다. AI는 약물 설계에 사용되는 기술을 변형하여 고독성 화학 물질을 설계하는 데 악용될 수도 있습니다.

AI는 개인의 유전 정보를 분석하여 특정 질병 발생 가능성, 성

격, 행동 특성 등을 예측하는 데 사용될 수 있습니다. 프라이버시를 침해하고 차별을 야기할 수 있으며, 전체주의적인 감시 시스템 구축에 악용될 수 있습니다.

유전 정보는 개인의 가장 민감한 정보 중 하나이며, AI를 이용하여 감시하는 것은 개인의 자유와 권리를 심각하게 침해하는 행위입니다. 유전 정보 기반 감시는 사회적 불안감을 조성하고 개인의 자율성을 억압하는 결과를 초래할 수 있습니다.

현대에도 유전자 및 생명과학 악용 가능성은 여전히 존재합니다. 유전자 편집 기술의 발전과 함께 유전자 조작에 대한 우려가 커지고 있으며, 일부 국가에서는 유전자 편집 기술을 이용한 '맞춤형 아기' 출산이 시도되고 있습니다. 생명 윤리에 대한 심각한 도전이며, 유전적 불평등을 심화시킬 수 있다는 우려를 낳고 있습니다. AI 기술을 활용한 인간 배아 유전자 조작은 유전병 예방과 치료라는 긍정적인 목적으로 사용될 수 있지만, 동시에 '맞춤형 아기' 출산과 같은 윤리적 논란을 일으킬 수 있습니다. 생명의 존엄성을 해치고 예측할 수 없는 결과를 초래할 수 있어 깊은 사회적 논의가 필요한 사안입니다.

데이터 편향성 문제도 중요한 과제입니다. AI 알고리즘은 학습에 사용된 데이터의 특성을 그대로 반영하기 때문에, 특정 인종이나 민족 집단의 데이터가 충분하지 않으면 해당 집단에 대한 의료 진단과 치료 예측이 부정확할 수 있습니다. 의료 서비스의 질적 차이로 이어질 수 있는 심각한 문제입니다.

의료 AI 알고리즘은 미국과 중국에서 수집된 데이터에 의존하는 경우가 많습니다. 연구에 따르면, 의료 AI에 사용되는 데이터 세트의 절반 이상이 이 두 국가에서 온 것으로 나타났습니다. 다른 지역이나 인종 집단의 데이터가 충분히 반영되지 않아, 글로벌 의료 서비스에서 편향된 결과를 초래할 가능성이 큽니다. 예를 들어, 특정 질병의 진단 정확도가 지역적 또는 인종적 차이에 따라 달라질 수 있습니다.

- 산소포화도를 측정하는 데 사용되는 펄스 옥시미터(pulse oximeter)는 피부색에 따라 정확도가 달라지는 문제가 있습니다. 연구에 따르면, 이 장치는 비백인 환자, 특히 흑인 환자의 산소포화도를 체계적으로 과대평가하는 경향이 있습니다. 이로 인해 흑인 환자들은 "숨겨진 저산소증(occult hypoxemia)" 상태를 겪을 가능성이 백인 환자보다 약 3배 더 높습니다. AI 기반 의료 알고리즘이 이러한 부정확한 데이터를 학습할 경우, 특정 인종 집단에 대한 잘못된 진단과 치료 결정을 내릴 가능성을 높입니다.

- 2007년에 개발된 VBAC(제왕절개 후 자연분만) 알고리즘은 특정 인종(흑인 및 히스패닉 여성)에 대해 성공 가능성을 낮게 예측하는 편향을 포함하고 있었습니다. 이로 인해 흑인 및 히스패닉 여성은 비백인 여성보다 더 많은 제왕절개를 받게 되는 결과를 초래했습니다. 이후 연구와 개선을 통해 알고리즘에서 인종 및 민족 데이터를 제거하여 보다 공정한 결과를 제공하도록

수정되었습니다.

　유전자 차별은 앞으로 새롭게 등장할 수도 있는 문제입니다. AI가 분석한 유전 정보로 인해 취업이나 보험 가입 과정에서 불이익을 받을 수 있으며, 개인의 기본권을 침해하고 사회적 격차를 더욱 벌릴 수 있습니다. 과거 우생학의 오류를 되풀이하지 않기 위해서는 엄격한 법적, 제도적 보호장치가 필요합니다.

　AI 시스템 자체의 보안 문제도 매우 중요합니다. 해킹이나 데이터 조작으로 인해 잘못된 의료 진단이 이루어질 수 있으며, 민감한 개인정보가 유출될 위험도 있습니다. 유전 정보는 한 번 유출되면 돌이킬 수 없는 피해를 초래할 수 있으므로 더욱 철저한 보안이 요구됩니다. AI 알고리즘의 정확성과 신뢰성도 계속해서 검증되어야 합니다. 의료 현장에서 AI의 판단은 환자의 생명과 직결될 수 있기 때문에, 충분한 검증과 개선 과정이 필요합니다. 환자가 직접 입력한 건강 정보를 분석할 때는 더욱 신중한 접근이 필요합니다.

## 4-5 AI 유전체 연구의 규제 및 국제적 노력

유전 정보에 관한 차별 금지는 유전 정보를 이유로 고용이나 보험 가입 등에 있어서 차별해선 안 된다는 것입니다. 미국, 캐나다, 독일, 영국 등에서는 이미 법으로 이러한 차별을 금지하고 있습니다.

우리나라의 경우, 생명윤리 및 안전에 관한 법률에서 유전자 검사, 유전자 치료, 인간 배아 연구 등 생명과학 연구 전반에 대한 윤리적 기준을 제시하고 있습니다. 특히 유전 정보를 이용한 차별을 금지하고 있으며, 유전자 검사 및 유전자 치료에 대한 규정을 명시하고 있습니다. 또 이 법에 따라 생명과학 연구 관련 윤리적 쟁점을 심의하고 정책 제안을 하는 기구인 국가생명윤리심의위원회를 두고 있습니다.

개인정보보호법은 개인의 유전 정보를 포함한 개인정보 수집, 이용, 제공 등에 대한 규정을 담고 있습니다. 유전 정보는 민감 정보로 분류되어 더욱 엄격한 보호를 받습니다. 유전자 검사 기관의 질 관리에 관한 규칙은 유전자 검사 기관의 시설, 인력, 장비, 검사 방법 등에 대한 질 관리 기준을 규정하고 있습니다.

유전자 검사의 규제는 식품의약품안전처, 질병관리청 등 여러 기관에서 유전자 검사의 분석적 유효성, 임상적 유효성, 임상적 유용성을 규제하고 있습니다. 유전 정보 보호는 유전 정보의 수집·이용·제공에 대한 규정을 강화하고, 연구 목적의 이용에도 제한을 두고 있습니다. 인간 존엄성, 다양성, 포용성, 환경 보호 등을 강조하며, AI 기술의 책임 있는 개발과 사용을 촉구합니다.

개인정보 보호에 대한 규정을 두고 있으며, 유전 정보를 포함한 개인정보 처리에 대한 엄격한 기준을 제시합니다. 인권 및 생의학에 관한 협약에 대한 추가 의정서는 생의학 연구와 관련하여 연구 대상자가 연구에 반대하는 경우 연구를 수행할 수 없도록 규정하고 있습니다.

세계보건기구(WHO)는 생명과학 연구 활동으로 인한 이점을 활용하면서도, 위험을 감소하기 위한 규제 지침을 제공합니다. 사회 정치적 환경, 문화적 신념, 데이터 법률과 관련된 고려 사항뿐 아니라 국제 연구에 대한 지침도 포함하고 있습니다.

---

## 4-6 AI 생명과학의 안전한 발전

AI 기술의 윤리적 활용을 위해서는 가이드라인이 매우 중요합니다. 개발하고 사용하는 모든 관계자들이 윤리적 책임감을 가질 수 있도록 체계적인 교육을 실시해야 하며, 윤리 가이드라인과 표준을 마련하여 준수하도록 해야 합니다. 시스템의 안전성, 투명성, 공정성 등에 대한 구체적인 기준이 포함되어야 합니다.

유전자 정보와 같은 민감한 정보의 보호를 위해 엄격한 관리 체계가 필요하며, 오남용을 방지하기 위한 감시 시스템도 마련되어야 합니다.

이는 한 국가만의 노력으로는 부족하며, 국제적인 협력을 통해 더욱 효과적으로 이루어질 수 있습니다. 시민사회의 적극적인 참여와 소통이 매우 중요합니다. AI 기술이 우리 사회에 미치는 영향에 대해 시민들의 의견을 수렴하고, 모든 이해관계자들이 함께 참여하는 토론의 장을 마련해야 합니다. 이를 통해 AI 기술의 발전 방향에 대한 사회적 합의를 도출할 수 있습니다.

AI 시스템의 책임성과 투명성 확보도 매우 중요한 과제입니다. AI가 내리는 결정에 대한 책임 소재를 명확히 하고, 그 결정 과정을 누구나 이해할 수 있도록 투명하게 공개해야 합니다. 또한 AI 시스템이 특정 집단을 차별하지 않도록 공정성을 보장하고, 예상치 못한 위험으로부터 안전을 지키기 위한 지속적인 노력이 필요합니다.

AI기술과 생명과학의 결합은 인류의 질병 치료에 큰 도움이 될 수 있지만, 동시에 심각한 윤리적 문제를 초래할 수 있기 때문입니다.

AI 기술의 윤리적 활용을 위해서는 가이드라인이 매우 중요하다.

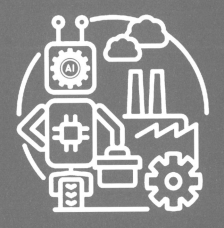

# 3장

# 노동시장의 대혁명
## 사라지는 일자리, 피어나는 일자리

# 1
# AI 국가의 일자리 지형도

## 1-1 디지털 전환기의 직업 혁명

인공지능(AI)이 일자리에 미치는 영향에 대해 다양한 견해가 있습니다.

- 월드 와이드 테크놀로지(WWT) CEO 짐 카바나는 경영진이 AI의 영향에 대해 직원들에게 솔직해야 한다고 강조했으며, 클라르나 CEO 세바스찬 시미아트코프스키는 AI가 인간의 대부분 업무를 대체할 수 있다고 보고 신규 채용을 중단했다고 밝혔습니다. 한국개발연구원(KDI)은 인공지능 기술이 널리 퍼지면서 특히 젊은이들의 일자리가 줄어들고 있다고 지적했습니다. 노동시장의 구조가 크게 바뀌지 않는다면 이러한 현상이 계속될 것으로 예상했습니다.

- 서울대 유기윤 교수 연구팀은 미래에는 인공지능 플랫폼을 가진 사람들이 가장 높은 계층이 되고, 인공지능은 소수의 편이 되어 많은 노동자가 일자리를 잃고 불안정한 삶을 살게 될 것이라고 전망했습니다. MIT 교수 에릭 브린욜프손은 AI

가 구조화된 업무를 빠르게 대체하면서 중간 숙련 직종이 가장 큰 타격을 받을 것이라고 예측했습니다.

– 아마존 창립자 제프 베이조스는 AI가 중간 숙련 직업을 없앨 수 있지만, 더 많은 전문직과 창의적 일자리를 만들어 낼 것이라고 전망했습니다. 엔비디아(NVIDEA) CEO 젠슨 황은 AI가 직업을 완전히 대체하기보다는 일의 본질을 변화시키고, AI를 잘 활용하는 사람들이 경쟁력을 가질 것이라고 주장했습니다. 세계경제포럼에서는 2027년까지 AI와 머신러닝 전문가에 대한 수요가 40% 증가할 것으로 전망했습니다.

일부 전문가들은 일자리가 줄어들 것이라고 전망하는 반면, 다른 전문가들은 새로운 일자리가 생기고 생산성이 높아질 것이라고 예측하고 있습니다. 인공지능이 단순하고 반복적인 일을 대신해 주어 사람들은 더 창의적이고 가치 있는 일에 집중할 수 있게 될 것이라고도 합니다. 또 인공지능 기술이 새로운 산업과 일자리를 만들어 내 경제 성장에 도움이 될 것이라고 예측합니다. 이러한 다양한 견해들은 AI가 일자리 시장에 복합적인 영향을 미칠 것이며, 일자리 감소와 창출이 동시에 일어날 것임을 시사합니다.

미래가 분명하게 예측되지 않을 때에는, 모든 가능성에 대비하는 것이 현명합니다. 대한민국 정부는 노동자 재교육, 복지 제도 강화와 같은 사회 안전망을 튼튼히 하면서도, 시장이 필요로

AI가 일자리 시장에 복합적인 영향을 미칠 것은 분명해 보인다.
많은 전문가들은 일자리 감소와 창출이 동시에 일어날 것으로 예측한다.

하는 고용의 유연성을 함께 유지할 수 있도록 해야 합니다. 노동
자들이 새로운 기술에 적응할 수 있도록 재교육과 능력 향상을
지원해야 합니다. 정부는 직업 교육 프로그램을 늘리고, 온라인
교육 시스템을 만들며, 교육비를 지원해야 합니다. 기업들도 직
원들이 새로운 직무로 전환할 수 있도록 AI 활용 교육 등을 제공
해야 합니다. 실업 문제에 대비하여 사회 안전망도 강화해야 합
니다. 실업 급여를 늘리고 사회 보험을 강화하여 실직자들의 생
활을 보호하고 새로운 일자리를 찾을 수 있도록 도와야 합니다.
또한 유연근무제와 원격근무를 활성화하고, 플랫폼 노동자들을

보호하는 등 변화하는 노동 환경에 맞춘 제도적 기반을 마련해야 합니다.

---

## 1-2 생산성 혁명의 그림자

인공지능 도입은 생산성에 매우 큰 변화를 가져올 것입니다. 인공지능은 데이터를 분석하고, 자동화하며, 의사 결정을 도와줌으로써 효율성을 크게 높일 수 있습니다. 업무의 본질, 직원들의 인공지능 숙련도, 전체 구조의 변화와 혁신 등 다양한 요인에 의하여 생산성 증가의 정도는 달라질 것입니다.

　AI가 인간의 효율성을 높이는 동시에 인간의 노동력을 대체할 수 있다는 점에서 걱정이 커지고 있습니다. 기술 발전이 새로운 기회 창출과 동시에 대규모 실업의 위험을 가져올 수 있음을 시사합니다. AI의 도입으로 인해 일부 산업은 구조적인 변화를 겪고 있습니다. 은행 콜센터에서 AI 기술을 도입한 결과 직원들이 해고되었으며, 필리핀과 인도의 콜센터 산업 또한 위축되고 있다고 합니다. 모든 일자리가 더 이상 안전하지 않다는 인식을 확산시키고 있습니다. 또 하나는 임금 격차가 커질 수 있다는 것입니다.

## 1-3 사라질 직업과 생성되는 직업

인공지능은 규칙적이고 반복적인 일을 매우 빠르고 정확하게 처리할 수 있습니다. 이로 인해 많은 일자리가 자동화되어 사라질 것으로 예상됩니다. 자료 조사나 단순한 업무는 인공지능이 더 효율적으로 처리할 것입니다. 계산원, 매표원, 데이터 입력원과 같이 반복적인 일을 하는 직업들은 점차 줄어들 것입니다. 공장에서는 로봇과 인공지능이 생산라인을 자동화하면서 일자리가 감소할 것이고, 고객 서비스 분야에서도 AI 챗봇으로 인해 상담원의 수가 줄어들 것입니다. 희망적인 점도 있습니다. 의사, 회계사, 변호사와 같은 전문직역에서도 인공지능의 도움을 받아 더 정확하고 효율적으로 업무 처리가 가능하게 될 것입니다. 전문가 영역의 서비스가 더욱 정밀해질 것이지만, 여기도 과거의 기존 서비스 수준을 전제로 한다면, 인공지능이 대체하는 전문가의 역할이 많아질 것입니다.

창의성과 인간만의 감성이 필요한 직업들은 굳건하게 유지되고, 심지어 늘어날 수도 있습니다. 인간의 직관, 공감능력, 윤리적 판단이 필요한 분야에서는 더 많은 일자리가 생길 것으로 기대됩니다.

변화의 순서에 따른 일정 시간이 지나면, 산업혁명 이후처럼, 이번에도 새로운 직업들이 탄생할 것입니다. 데이터 과학자, AI 개발자, AI 윤리 전문가, AI 훈련가와 같은 새로운 직업들이 생겨

나고 있습니다. 인공지능이 사람의 언어와 감정을 이해할 수 있
도록 돕는 전문가도 중요한 직업이 될 것입니다. 자동차 회사에
서는 자율 주행 자동차 개발과 관련된 새로운 일자리가 생기고
있습니다. 은행과 보험회사에서도 AI로 고객의 자산과 위험을
관리하는 새로운 직무가 늘어나고 있습니다. AI를 활용해 예술
작품을 만드는 AI 예술가와 같은 흥미로운 직업도 등장할 것으
로 전망됩니다.

## 1-4 직업 전환의 과제

많은 일자리가 변화하고 있어, 이에 대응하기 위한 체계적인 재
교육과 직업 전환 지원이 시급합니다. 자동화로 인해 일자리를
잃을 수 있는 분들을 위한 새로운 직무교육이 무엇보다 중요한
과제입니다. AI 시대에 맞는 새로운 기술을 배우고 다른 분야로
성공적으로 전환할 수 있도록 적극적으로 지원해야 합니다.

　미래의 직업 시장이 어떻게 변화할지 예측하고, 이에 맞춘 혁
신적인 교육과정을 개발하는 데 힘써야 합니다. AI 기술을 가르
치는 것도 중요하지만, 인간만이 가질 수 있는 창의성과 문제 해
결 능력, 그리고 따뜻한 의사소통 능력을 키우는 교육도 강화해
나가야 합니다.

　기업들 역시 직원들이 계속해서 성장할 수 있도록 다양한 사
내 교육 프로그램을 확대하고, 새로운 직무에 도전할 수 있는 재

교육 기회를 적극적으로 제공해야 합니다. 이는 기업의 경쟁력 강화와 직원들의 성장을 동시에 이룰 수 있는 중요한 투자가 될 것입니다.

## 1-5 재교육의 딜레마와 해법

일자리 전환 과정에서 재교육의 실효성 문제와 일자리 전환 과정의 시간적 간격차이라는 두 가지 중요한 문제가 제기됩니다.

### ⑴ 재교육의 어려움과 해결 방안

재교육이 얼마나 효과적일까란 걱정이 있습니다. 중장년층은 새로운 디지털 기술을 배우는 데 어려움을 겪을 수 있으며, 빠르게 변화하는 기술을 교육만으로는 따라가지 못할 수도 있습니다. 많은 시간과 비용을 들여 재교육을 받더라도 실제로 취업으로 이어질 확률이 낮을 수 있습니다.

개인별 맞춤 교육이 필요합니다. 나이와 직종에 따라 다른 교육과정을 만들고, 실제 현장에서 필요한 실무 중심의 교육을 강화해야 합니다. 처음부터 어려운 내용을 가르치기보다는 단계별로 쉽게 배울 수 있도록 하는 것도 매우 중요합니다. 교육을 받은 후에는 실제 취업으로 이어질 수 있도록 기업과 연계를 늘리고, 교육을 받는 동안의 생활비도 지원해 주어야 합니다. 이것은 정치와 정책의 영역이고, 국가 기업 국민들의 사회적 대타협이 필요한 지점일 것입니다.

### (2) 일자리 전환의 시간차

기존 일자리가 사라지는 속도가 새 일자리가 생기는 속도보다 더 빠를 수 있어 걱정됩니다. 새로운 일을 배우는 동안에는 수입이 없을 수 있고, 새로운 산업이 자리 잡기까지 시간이 걸려 그 중간 과정의 기간에는 일자리가 불안정할 수 있습니다. 기실 그 기간이 얼마가 될지도 예상이 되지는 않습니다.

이러한 어려운 시기를 잘 넘기기 위해서는 여러 가지 대책이 필요합니다. 당장은 실업급여를 늘리거나 기본소득을 제공하고, 공공 일자리를 만드는 것을 고려해 볼 수 있습니다. 또한 기존의 일을 하면서 새로운 일을 배울 수 있는 기회를 만들고, 파트타임으로 일하면서 교육도 받을 수 있게 하는 것이 좋습니다.

산업별로 맞춤 대책을 세우는 것도 중요합니다. 어떤 산업에서 일자리가 많이 줄어들 것인지 미리 파악하고, 그 산업에서 일하는 분들을 우선적으로 지원해야 합니다. 또한 지역별로 특성이 다르므로 그에 맞는 정책을 만들어야 합니다. 이 모든 과제를 해결하기 위해서는 정부와 기업, 교육기관이 힘을 모아야 하며, 장기적인 계획을 세워 차근차근 실천해 나가야 합니다. 특히 이러한 변화의 시기에 생길 수 있는 혼란과 어려움을 최소화하기 위해, 미리 준비하고 모든 사람을 포용하는 지원 체계를 만드는 것이 가장 중요합니다.

# 2
# AI 국가 노동시장의 위기 직종

## 2-1 상담 서비스

AI의 자연어 처리(NLP · Natural Language Processing) 기술과 질의 응답 기능이 발전하면서 상담 서비스 분야에 큰 변화가 찾아올 것으로 예상됩니다. 콜센터와 일반 상담 분야에서 AI 도입으로 인한 고용 구조의 변화가 두드러질 것으로 보입니다. 5년 안에 콜센터 상담원의 경우 급격하게 일자리가 줄어들 것으로 예상됩니다.

AI 챗봇이 간단한 문의 사항과 반복되는 질문에 잘 대답할 수 있게 되면서, 기본적인 응대 업무의 많은 부분이 자동화될 것입니다. 이미 많은 기업들이 AI 챗봇을 도입하여 비용을 줄이는 효과를 보고 있습니다.

하지만 복잡한 문제를 해결하거나 감정적인 대응이 필요한 상황에서는 여전히 사람 상담원의 역할이 매우 중요할 것입니다. 관공서나 기업의 일반 상담사는 약 30% 정도의 일자리가 줄어들 것으로 예상됩니다. 간단한 정보를 알려주거나 기초적인 상담은 AI가 대신하게 될 것입니다. 그럼에도 불구하고 깊이 있는 상담이 필요하거나, 상담을 받는 사람의 마음을 이해하고 공감해야 하는 상황에서는 사람 상담사의 역할이 계속해서 중요할 것입니다.

피할 수 없는 흐름입니다. 따라서 상담 직종에서 일하시는 분들은 AI와 함께 일하는 능력을 키우고, 더 전문적이고 감정적인 지원이 필요한 분야로의 실력 향상이 필요할 것입니다. 기업들은 AI를 도입하는 과정에서 기존 직원들의 재교육과 새로운 직무로의 전환을 도와주어 고용 문제를 최소화하는 노력이 필요할 것입니다.

---

## 2-2 교육 서비스

교육 분야에서도 AI는 변화를 가져올 것입니다. 개인 교습과 온라인 교육 분야에서 AI의 영향이 매우 클 것으로 보입니다. 학원 내지 과외 선생님의 경우 일자리가 줄어들 것으로 예상됩니다. AI가 기본 개념을 설명하고, 모의시험 문제를 출제하여 테스트하고, 반복적인 문제 풀이를 도와주는 일을 하게 되면서, 학습 지도는 일정 정도 자동화될 것입니다. 하지만 공부할 의욕을 북돋아 주고 정서적으로 지원하는 부분에서는 여전히 사람 선생님의 역할이 매우 중요할 것입니다.

온라인 강사의 경우에는 더 큰 변화가 예상됩니다. AI가 24시간 내내 즉각적인 답변과 설명을 제공할 수 있게 되면서, 온라인 강사의 역할이 차츰 대체될 것입니다. 하지만 학생과 대화를 통해서 얼마나 이해했는지 정확히 파악하여 고쳐 주어야 하는 부분에서는, 사람 강사의 역할이 한동안은 계속 필요할 것입니다.

이런 변화 속에서 교육 분야에서 일하시는 분들은 AI와 잘 협력하는 방법을 찾아야 할 것입니다. 인공지능 시대에 학교 선생님들의 역할은 AI와의 협력을 통해 더욱 중요해질 것입니다.

AI는 개별 학생의 학습 수준에 맞춘 맞춤형 교육을, 인간 교사는 이러한 AI의 기능을 지켜보고 감독하고 상황에 따라 보완하며 학생에 대한 감성적 지지를 제공할 것입니다. 인간 교사는 창의적 사고와 비판적 사고를 길러 주는 역할을 담당하며, 학생들과의 상호작용을 통해 학습 동기를 부여해야 합니다. 또한, 교육

교육 분야는 개인 교습과 온라인 교육 등에서
AI의 영향이 매우 클 것으로 보인다.

과정에서 발생할 수 있는 문제를 해결하고, AI가 제공하지 못하는 인간적인 측면을 책임질 것입니다. 인간 교사는 AI와의 시너지를 통해 보다 효과적이고 즐거운 학습 환경을 조성하는 존재로 그 역할이 변화될 것입니다.

AI의 장점인 빠른 처리 능력과 일관된 설명을 잘 활용하면서, 사람 교육자만이 줄 수 있는 따뜻한 정서적 지원과 깊이 있는 교육적 통찰력을 결합한 새로운 교육 방식을 개발하는 것이 필요합니다. 또한 기존 교육자들은 AI를 활용한 새로운 교육 방법을 배우고, 더욱 전문적이고 수준 높은 교육 능력을 개발하는 데 힘써야 할 것입니다.

## 2-3 법률 등 전문직

AI 기술의 발전은 법률과 같은 전문 지식 분야에도 영향을 미칠 것입니다. 업무의 종류와 전문성 수준에 따라 각각 다른 변화가 예상됩니다. 법률 자문의 경우 일정 정도 업무가 줄어들 것으로 예측됩니다.

기초적인 법률 상담과 일반적인 법률 정보 제공은 AI가 상당 부분 대신하게 될 것입니다. 하지만 복잡한 소송을 수행하거나 상대방과의 협상 혹은 다양한 가능 선택안을 두고 결정해야 하는 전략적인 법률 자문과 같이 높은 전문성과 경험이 필요한 분야에서는 여전히 사람 변호사의 역할이 꼭 필요합니다.

AI 기술의 발전은 법률과 같은 전문 지식 분야에도
영향을 미칠 것으로 보인다.

신입 변호사를 포함한 법률 정보 보조 인력은 더 큰 변화를 겪게 될 것입니다. AI가 계약서 검토, 통상적 문서 작성, 판례 조사 등 반복되는 정형화된 업무를 효율적으로 처리할 수 있게 되면서, 이런 일을 주로 하던 법률 보조 인력의 수요가 크게 줄어들 것으로 보입니다.

법률 전문가들은 AI와 함께 일하는 새로운 서비스 모델을 개발해야 할 것입니다. AI는 많은 양의 법률 정보를 처리하고 기초적인 법률 서비스를 제공하며, 법률 전문가들은 복잡한 법적 판단과 전략적 자문에 집중하는 방식으로 역할이 나뉠 것으로 예상됩니다.

## 2-4 고장 수리, 기술지원 분야

기술지원 분야는 AI의 발전으로 인해 큰 변화를 맞이하게 될 것입니다. 특히 기술 지원 엔지니어 분야에서는 상당 정도 일자리가 줄어들 것으로 전망됩니다. AI가 일반적인 기술 문제 해결과 기본적인 고장 처리를 효과적으로 할 수 있게 되었기 때문입니다. AI는 기계가 고장났을 때 24시간 대응할 수 있으며, 일관된 품질의 해결책을 제공할 수 있다는 장점이 있습니다.

일상적인 시스템 오류, 기본적인 소프트웨어 설치와 업데이트, 정해진 문제 해결 절차, 일반적인 사용자 질문 등은 인공지능이 대신할 것입니다. 반면 복잡한 시스템 고장 분석, 새로운 형태의 기술 문제 해결, 새로운 시스템 통합 관련 문제 해결, 보안 관련 심각한 문제 대응 등은 여전히 사람인 엔지니어의 전문성이 필요한 영역으로 남을 것입니다.

기술 지원 엔지니어 역시 새로운 준비가 필요합니다. 전문성을 높이기 위해 뛰어난 시스템 분석 능력을 개발하고, 새로운 기술을 배우며, AI 시스템을 관리하고 감독하는 능력을 키워야 합니다. 역할 변화에 대비하여 AI 시스템 운영과 관리 능력을 갖추고, 복잡한 문제를 해결하는 능력을 높이며, 고객과 깊이 있게 소통하는 능력을 가지는 것이 중요합니다. AI가 처리하기 어려운 복잡한 시스템 문제나 예상하지 못한 기술적 문제에 대한 대응 능력의 중요성은 더 부각될 것으로 예상합니다. 기술지원 엔지니어들은 단순히 문제를 해결하는 사람에서 벗어나, 시스템 전체를 이해하고 종합적인 해결책을 제시할 수 있는 전문가로 성장해야 할 것입니다.

## 2-5 정보 분석 시장

정보 분석 분야는 AI 기술의 발전으로 가장 큰 변화를 맞이하게 될 영역 중 하나입니다. 특히 데이터를 모으고 분석하는 과정이 자동화되면서 많은 직무가 새롭게 바뀔 것으로 전망됩니다.

정보 분석 분야는 데이터 수집과 분석 과정이 자동화되면서
일자리의 지각변동이 예상된다.

### (1) 시장 조사 분석 분야

시장 조사 분석가의 경우 급격히 일자리가 줄어들 것으로 예상됩니다. 많은 양의 데이터를 모으고 기본적인 분석 작업을 하는 일은 AI가 빠르고 정확하게 할 수 있게 될 것입니다. 하지만 현장 한 가운데서 복잡한 변수들을 종합적으로 살펴보고 전략적인 통찰력을 이끌어 내는 것은 사람인 분석가의 전문성이 필요할 것입니다. AI는 데이터를 바탕으로 한 객관적인 분석은 제공할 수 있지만, 시장의 미묘한 변화나 잠재적인 기회를 발견하는 통찰력은 사람인 분석가의 몫이 될 것입니다.

### (2) 금융 및 데이터 처리 분야

금융과 회계 분야에서도 AI의 영향이 클 것으로 예상됩니다. 회계사, 금융 분석가, 보험 심사원 등의 업무 중 반복적인 분석보조와 심사보조업무는 AI가 대신할 것입니다. 데이터 입력원, 회계 보조원, 문서 처리 사무원과 같은 데이터 처리 직군은 자동화 기술의 발전으로 대부분 기계가 맡을 것으로 보입니다.

### (3) 정보 분석 분야의 미래 전망

정보 분석 분야에서 일하는 분들은 AI와 함께 일하는 효과적인 방법을 찾아야 할 것입니다. AI가 제공하는 기초 분석을 바탕으로 더 높은 통찰과 전략을 만들어 내는 능력을 키우는 것이 중요합니다. 산업별 전문 지식과 정형화되지 않은 데이터를 해석하는 능력, 전략적 사고력 등 AI가 쉽게 대체할 수 없는 능력을 키우는 데 집중해야 할 것입니다.

### (4) **정보 요약 기능이 직업 시장에 미치는 영향**

AI의 정보 요약 기능은 다양한 직업들에 널리 영향을 미칠 것으로 예상됩니다. AI의 정보 요약 기능은 여러 직업의 일하는 효율을 크게 높일 것으로 예상됩니다. 많은 정보를 빠르게 요약하여 더 깊이 있는 분석에 집중할 수 있게 될 것이며, 연구원과 학자들은 학술 자료를 검토하는 시간을 줄여 핵심 연구에 더 많은 시간을 쓸 수 있게 될 것입니다. 단순히 정보를 요약하는 것은 AI가 대체할 것입니다. 뉴스 스크랩, 시장 동향 요약, 기초적인 보고서 작성 등의 일은 AI가 대신하게 될 것입니다.

반면, AI 요약 시스템을 관리하는 사람, 데이터를 선별하는 사람, 요약을 검토하는 사람 등 새로운 직업이 생길 것이며, AI가 만든 요약을 검증하고 맥락을 종합 이해하는 전문가의 필요성도 늘어날 것입니다.

---

## 2-6 외국어 산업

통역과 번역을 포함한 언어 서비스 산업 전반에 큰 변화를 가져오고 있습니다. 이러한 변화는 다양한 직종에서 다양한 영향을 미치고 있으며, 전문가들의 역할도 새롭게 정의될 것입니다.

### (1) 외국 여행 가이드

여행 가이드는 AI 기술로 인해 높은 수준의 영향을 받을 것으로 보입니다. AI 번역 앱의 실시간 번역 기능으로 여행지에서의 언어 장벽이 낮아졌으며, 발전된 언어 학습 앱으로 인해 기초적인 언어 교육에 대한 필요도 줄어들고 있습니다. 하지만 개인별 맞춤 조언이나 문화적 의미를 가르치는 분야에서는 여전히 사람 선생님의 역할이 중요하게 유지될 것입니다.

### (2) 외국어 교육 분야

AI 기술의 발전, 특히 대규모 언어 모델(LLM · Large Language Model))의 등장은 언어 교육 분야의 큰 변화를 가져올 것으로 보입니다. 기존 일자리의 감소와 새로운 직업의 탄생이라는 두 가지 방향으로 나타날 것입니다. 전통적인 어학원 선생님이나 개인 어학 교사에 대한 필요는 줄어들 것으로 예상됩니다. 기초적인 회화나 문법을 가르치는 분야에서 AI의 영향이 클 것으로 보입니다. 단순 번역이나 기초적인 통역 서비스를 제공하는 직업군 역시 상당한 어려움을 겪을 것으로 전망됩니다.

AI 기반 언어 학습 프로그램을 만들고 관리하는 교육 컨설턴트, AI 언어 학습 코치, 맞춤형 교육과정 개발자 등이 새롭게 등장할 것입니다. 이들은 AI 기술을 활용하여 더 효과적인 학습 경험을 설계하고 제공하는 역할을 맡게 될 것입니다.

대면 교육과 AI 학습이 병행하여 이루어지는 방식이 보편화될 것으로 예상되며, 선생님들의 역할은 '지식을 전달하는 사람'에서 '학습을 돕는 조력자'로 변화할 것입니다. 이러한 변화에 대응하기 위해서는 AI 활용 능력 개발, 고급 언어 교육 기술 확보, 맞춤형 교육 설계 능력 향상 등이 필요합니다. 비즈니스 협상, 전문 분야 통역, 문화적 맥락이 중요한 의사소통 교육 등 고급 언어 교육 분야에서는 여전히 사람 교사의 전문성이 중요합니다.

한편, AI 기술의 도입으로 언어 학습 비용이 줄어들면서 더 많은 사람이 언어 교육을 받을 수 있는 기회가 생길 것입니다.

AI는 기존 교육자들의 업무를 보완하고 효율성을 높이는 데 도움이 될 것입니다. 선생님들은 AI를 활용해 수업 준비 시간을 줄일 수 있으며, 이를 통해 확보된 시간을 개별 학생들에 대한 맞춤형 지도에 투자할 수 있습니다. 특히 문법 교정이나 발음 연습과 같은 반복적인 작업을 AI가 맡음으로써, 사람 교육자들은 창의적인 교육 방식 개발과 학습자와의 의미 있는 상호작용에 더 집중할 수 있게 될 것입니다.

### ⑶ 글로벌 고객 서비스 및 콘텐츠 분야

글로벌 고객 서비스와 콜센터 분야는 여러 언어를 구사하는 AI 챗봇의 발전으로 큰 영향을 받을 것으로 보입니다. 자막 제작과 영상 번역 분야도 AI의 자동 번역 및 자막 생성 기능으로 인해 큰 변화가 예상됩니다. 그러나 감정적 공감이 필요한 고객 응대나 문화적 뉘앙스가 중요한 번역 작업에서는 여전히 사람 전문가의 역할이 꼭 필요할 것입니다.

(4) **번역 시장**

출판사 번역 업무는 기술 문서나 사용 설명서와 같은 실용적 번역에서 AI의 영향을 크게 받을 것입니다. 반면 문학, 시, 에세이와 같은 분야에서는 사람 번역가의 감성과 해석 능력이 여전히 중요합니다. 비즈니스 협상 통역이나 이민·비자 관련 번역과 같은 전문 분야에서도 AI가 기본적인 언어의 벽을 낮추긴 하겠지만, 문화적 이해와 법적 책임이 따르는 영역에서는 사람 전문가의 역할이 계속해서 필요할 것입니다.

(5) **AI 국가의 미래 노동시장**

AI 기술의 발전으로 언어 서비스 산업은 크게 두 가지 방향으로 새롭게 바뀔 것으로 예상됩니다. 단순하고 반복적인 번역 작업은 AI가 대부분 처리하게 될 것이며, 이로 인해 관련 일자리는 줄어들 것입니다.

하지만 높은 전문성과 문화적 이해가 필요한 분야에서는 사람 전문가의 역할이 오히려 더욱 중요해질 것으로 보입니다. 변화에 대응하기 위해서는 단순히 언어를 전달하는 사람에서 문화를 이해하고 전달하는 전문 조언자로의 역할 전환이 필요합니다. AI 도구를 효과적으로 활용하면서도 사람만이 제공할 수 있는 가치를 특별히 키우는 방향으로의 전문성 개발이 요구됩니다.

## 2-7 기자, 작가 등 글쓰기 관련 직군

LLM(Large Language Model)의 발전은 글쓰기와 관련된 다양한 직군에 폭넓은 변화를 가져올 것으로 예상됩니다. 이러한 변화는 일자리 감소, 새로운 일자리 창출, 그리고 기존 직무의 변화라는 세 가지 큰 흐름으로 나타날 것으로 보입니다.

글쓰기 관련 직군에서 단순하고 반복적인 업무는 LLM이 상당 부분 대신할 전망입니다. 블로그 글 작성자나 콘텐츠 마케터와 같은 기초 수준의 작가, 데이터 입력 및 요약 업무 담당자, 고객 응대 및 상담원, 문서 교정 및 번역가, 단순 기사를 작성하는 언론사 기자 등이 영향을 받을 것입니다. 이러한 영역에서는 상당 정도 자동화가 이루어질 수 있으며, 특히 창의성이 크게 필요하지 않은 반복적인 글쓰기 업무가 주된 영향을 받을 것입니다.

LLM의 도입은 동시에 새로운 형태의 일자리를 만들어 낼 것으로 보입니다. AI 콘텐츠 관리자, AI 프롬프트 엔지니어, 데이터 과학자, AI 개발자, 디지털 마케팅 전문가, AI 윤리 감시자 등의 새로운 직업이 등장할 것입니다.

많은 직업군에서는 LLM과 함께 일하는 방식으로 업무가 바뀔 것으로 예상됩니다. 기자의 경우, 데이터를 바탕으로 한 초안은 AI가 작성하고 최종 분석과 해석은 사람 기자가 담당하는 방식으로 업무가 구성될 것입니다. 번역가들도 기계 번역의 초안을 자세히 검토하고 수정하는 역할로 바뀔 것입니다. 단기적으로는 단순 반복 업무를 중심으로 일자리가 줄어들 것으로 예상되나, 장기적으로는 AI를 잘 다룰 수 있는 인력에 대한 필요가 증가할 것으로 전망됩니다. 전체적으로 일부 직업군에서 일자리 감소가 예상되지만, AI와 함께 일하는 것을 기반으로 하는 새로운 직업 군이 자연스러운 모습이 될 것입니다.

변화에 대응하기 위해서는 AI 기술을 이해하고 활용할 수 있는 능력, 창의적 사고력, 비판적 분석 능력 등 AI가 쉽게 대체할 수 없는 사람만의 특별한 능력을 키우는 데 초점을 맞춰야 할 것입니다. AI와 효과적으로 함께 일하는 방식을 개발하고, 새로운 기술 환경에 적응할 수 있는 유연성을 키우는 것도 중요한 과제입니다.

## 2-8 창작 아이디어 직군

AI의 창작 아이디어 제공 기능은 문화 예술 등 여러 방면에서 변화를 가져올 것으로 예상됩니다. 이는 기존 직무가 바뀌고, 새로운 직무가 생기며, 창작하는 방식 자체가 달라질 것입니다.

처음 아이디어를 떠올리는 일의 20-30% 정도를 AI가 대신할 것으로 전망됩니다. 광고를 기획하는 사람, 마케팅을 담당하는 사람, 콘텐츠를 만드는 사람, 작가, 시나리오 작가 등이 직접적인 영향을 받습니다.

기본적인 마케팅 전략을 세우거나 콘텐츠를 기획하는 단계에서 AI를 많이 활용하게 될 것입니다. AI는 창작 과정을 더욱 효율적으로 만들어 주는 도구가 될 것입니다. 작가들은 AI를 통해 글의 초안을 쓰고, 등장인물을 만들고, 이야기 줄거리에 대한 아이디어를 빠르게 얻을 수 있습니다. 마케팅 전문가들은 AI가 제공하는 데이터를 바탕으로 더 나은 전략 수립이 가능합니다. 이러한 변화로 'AI 창작 컨설턴트', 'AI 기반 마케팅 기획자', 'AI 예술 협업자'와 같은 새로운 직업이 생겨날 것입니다.

걱정거리도 있습니다. 아이디어 패턴이 비슷해질 수 있고, 누가 진정한 창작자인지에 대한 고민도 생길 것입니다. 특히 단순히 콘텐츠만 만드는 사람이나 혼자서 일하는 작가들의 일거리

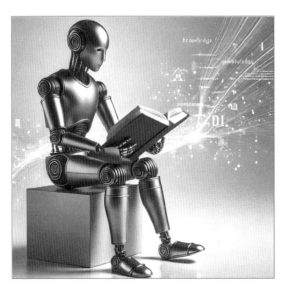

AI의 창작 아이디어 제공 기능은 문화 예술 등 여러 방면에서
창작 방식 자체에 변화를 가져올 것으로 예상된다.

가 줄어들 수 있으며, AI에 너무 의존하다 보면 사람만이 가진 특별한 창의력이 줄어들 수 있다는 우려도 있습니다.

변화에 잘 대응하기 위해서는 먼저 AI를 잘 활용하는 능력을 키워야 합니다. 단순히 AI 도구를 다루는 기술뿐만 아니라, AI를 창의적으로 활용하고 AI가 제시한 아이디어를 더욱 발전시킬 수 있는 능력을 말합니다. AI와 사람이 함께 일할 때 가장 좋은 결과를 낼 수 있는 새로운 방법을 개발하고 배우는 것이 매우 중요합니다.

사람만이 가진 창의성을 더욱 발전시키는 것도 중요합니다. 감성적인 통찰력과 직관을 키우고, 문화적인 맥락을 이해하고 적용하는 능력을 향상시켜야 합니다. 또한 AI가 제시하는 일반적인 아이디어를 넘어서는 혁신적이고 새로운 아이디어를 떠올릴 수 있는 능력을 키우는 것이 꼭 필요합니다.

개인과 조직 모두가 긴 안목을 가지고 체계적으로 준비해야 합니다. 학교에서는 새로운 환경에 맞는 교육 과정을 만들어야 하고, 회사에서는 직원들이 새로운 능력을 배울 수 있도록 지원해야 합니다. 정부에서도 AI 시대를 맞이하는 창작 산업 종사자들을 위한 지원 정책과 제도적인 기반을 마련해야 할 것입니다. 이렇게 준비한다면, AI와 함께하는 새로운 창작의 시대를 더욱 희망차게 맞이할 수 있을 것입니다.

## 2-9 소프트웨어 개발 직군

AI는 소프트웨어 개발 산업 전체에 큰 변화를 가져올 것입니다. 개발자들의 일하는 방식이 바뀌고, 새로운 직업이 생기며, 개발 환경 전체가 달라질 것으로 전망됩니다.

소프트웨어 개발자, 웹 개발자, 시스템 프로그래머와 같은 현재의 개발자 직군에서는 기본적인 코드를 작성하고 간단한 오류를 고치는 업무는 기능적으로 30~40% 정도 줄어들 것입니다. 자주 사용하는 기능을 만들거나 반복적으로 코드를 작성하는 일은 AI가 많은 부분 대신할 것으로 보입니다. 복잡한 시스템을 설계하고, 새로운 알고리즘을 개발하며, 보안과 관련된 코드를 작성하는 일은 여전히 사람이 맡게 될 것입니다.

AI 시대에는 새로운 형태의 개발 전문가가 필요합니다. 'AI 코드 검토자', 'AI 명령어 설계 전문가', 'AI-사람 협업 설계자'와 같은 새로운 직업이 생겨나며, AI가 만든 코드를 검증하고 개선하는 전문가의 필요성도 커질 것입니다. 'AI 코딩 코치', 'AI 개발 보조자'처럼 AI와 사람이 함께 일하는 것을 돕는 새로운 직업도 등장할 것입니다.

AI의 도입으로 프로그래밍을 배우지 않은 사람들도 쉽게 개발에 참여할 수 있습니다. 전문 개발자가 아닌 사람도 AI를 활용해 간단한 프로그램을 만들 수 있으며, 작은 회사들도 적은 인원으로 기술적인 해결책을 만들 수 있게 될 것입니다. 이로 인해 개발자와 비개발자 사이의 구분이 모호해질 것입니다.

변화에 대응하기 위해서는 개발자들은 AI 도구를 잘 다루는 능력과 함께 전체 시스템을 설계하는 능력, 문제를 해결하는 능력, 비즈니스를 이해하는 능력을 키워야 합니다.

회사는 AI 개발 도구를 도입하고 개발자 교육에 투자해야 하며, 새로운 개발 과정과 품질 관리 체계를 만들어야 합니다. 정책적으로는 개발자들을 위한 새로운 교육 프로그램을 만들고, 기술 격차를 줄이며, 새로운 회사들의 혁신을 지원하고, AI 보안과 윤리 정책을 강화하는 것이 필요합니다. AI가 만드는 코드가 안전하고 윤리적으로 사용될 수 있도록 하는 기술 기준과 법적 체계를 만드는 것이 중요합니다.

개발자의 역할은 단순히 코드를 작성하는 것에서 벗어나 시스템을 설계하고, 코드의 전체 구조를 구상하며, 비즈니스 논리를 구현하는 등 더 높은 수준의 개발 업무로 발전할 것입니다. 또한 AI를 효과적으로 활용하여 일의 효율을 높이는 능력이 가장 중요한 역량이 될 것입니다.

---

## 2-10 AI 개인화의 직업 시장 영향

AI의 개인화 추천 기능은 우리가 물건을 사고 콘텐츠를 즐기는 방식을 완전히 바꿀 것입니다. 이는 관련된 직업들의 큰 변화를 가져오며, 시장 전체의 모습도 달라질 것으로 예상됩니다.

콘텐츠를 골라주는 사람들, 상품을 기획하는 MD, 개인 쇼핑을 도와주는 컨설턴트와 같은 추천 관련 직업에서는 기본적인 추천 업무가 35~45% 정도 줄어들 것입니다. 특히 단순히 좋아하는 것을 추천하거나 기본적인 상품을 골라 주는 일은 AI가 대신하게 될 것입니다.

AI 시대에는 새로운 형태의 추천 전문가가 필요합니다. 'AI 추천 시스템 관리자', '개인화 알고리즘 전문가', 'AI와 사람이 함께 일하는 추천 전문가', '감성 데이터 분석가' 등 새로운 직업이 생겨납니다. AI의 추천을 바탕으로 고객이 더 좋은 경험을 할 수 있도록 도와주는 전문가의 역할이 매우 중요해질 것입니다.

AI 추천 시스템이 보편화되면 시장도 크게 변화할 것입니다. 작은 콘텐츠 제작자나 새로운 회사들도 자신들의 제품을 필요로 하는 정확한 고객을 찾을 수 있게 될 것입니다. 변화에 잘 대응하기 위해서는 체계적이고 다양한 준비가 필요합니다. 먼저 AI 추천 시스템을 깊이 이해하고 데이터를 분석하는 능력을 키워야 하며, 각자의 전문 분야에 대한 지식도 더욱 깊어져야 합니다.

감성적인 능력을 키우는 것도 매우 중요합니다. 문화를 이해하는 통찰력을 키우고, 고객의 마음을 이해하고 소통하는 능력을 향상시켜야 합니다. 또한 AI가 제공하는 정보를 상황에 맞게 해석하고 창의적으로 활용할 수 있는 능력도 필요합니다.

기술적인 면에서는 개인정보를 보호하고 윤리적으로 데이터를 다루는 것이 가장 중요합니다. AI 추천이 한쪽으로 치우치지 않도록 계속 살펴보고 고쳐 나가야 하며, AI가 왜 그런 추천을 했는지 설명할 수 있어야 합니다.

## 2-11 AI의 비서 업무 노동시장

AI의 비서 업무 자동화는 사무직이 중심인 일자리 시장에 매우 큰 변화를 가져올 것입니다. 사무 보조원, 행정 지원 인력, 데이터를 입력하는 사람, 비서와 같이 반복적인 일을 하는 직업에서는 앞으로 3~5년 안에 40~50% 정도의 일자리가 줄어들 것으로 예상됩니다. e메일을 쓰고, 일정을 관리하며, 데이터를 정리하는 것과 같은 정해진 업무는 AI가 효율적으로 대신하게 될 것입니다.

새로운 형태의 직업도 만들어 낼 것입니다. 'AI 업무 자동화 관리자', '디지털 업무 과정 설계자', 'AI-사람 협업 조율가'와 같은 새로운 직업이 생길 것이며, 이들은 AI 시스템을 잘 운영하고 관리하는 역할을 맡게 될 것입니다.

업무가 자동화되면서 사무직 직원들의 일하는 방식도 크게 변화할 것입니다. 단순한 작업에서 벗어나 전략을 세우고 창의적으로 문제를 해결하는 일을 더 많이 하게 될 것이며, 조직 문화도 더욱 효율적이고 창의적인 방향으로 바뀔 것입니다. 특히 수평적이고 자유로운 조직 문화가 늘어나면서, AI와 함께 일하는 것이 일상이 될 것입니다.

일시적으로 사람의 일을 AI가 대신하는 것이 아니라, 일하는

사무 보조, 행정 지원, 데이터 입력과 같은
반복 업무 업종에선 3~5년 안에 40~50% 정도의 일자리가
AI로 대체될 전망이다.

방식 자체가 혁신적으로 바뀔 것입니다. 이는 결과적으로 더 높은 생산성과 효율성을 가져올 것으로 기대됩니다. 이러한 변화를 성공적으로 이루어 내기 위해서는 개인, 회사, 정부가 모두 함께 준비하고 대응해 나가야 할 것입니다. 우리 모두가 이러한 변화에 잘 적응하고 새로운 기회를 만들어 낼 수 있도록, 지금부터 차근차근 준비해 나가는 게 매우 중요합니다.

## 2-12 보이스 AI의 직업 시장

음성으로 대화하는 AI의 발전은 기존 직업의 변화와 함께 새로운 직업의 탄생을 이끌 것입니다. 음성으로 대화하는 기술이 널리 퍼지면서 콜센터 상담원, 비서, 안내원과 같이 단순한 대화가 주된 업무인 직업에는 큰 변화가 올 것입니다. 반복되는 질문에 답하거나 안내하는 일은 AI가 많은 부분 대신하게 될 것이며, 이에 따라 이런 일을 하는 사람들의 일자리가 줄어들 수밖에 없을 것입니다.

보이스 AI의 확산은 새로운 전문 직업도 만들어 낼 것입니다. '음성 인터페이스 디자이너', 'AI 음성 시스템 훈련가', '음성 상호작용 전문가', '보이스 콘텐츠 제작자', '음성 마케팅 전문가' 등이 새롭게 생길 것입니다. AI 음성 시스템을 설계하고, 개선하며, 윤리적으로 문제가 없는지 검증하는 전문가의 필요성이 더욱 커질 것입니다.

보이스 AI가 도입되면 일하는 방식도 크게 바뀔 것입니다. 이동하면서도, 또는 다른 일을 하면서도 목소리로 일을 처리할 수 있게 되어 업무 효율이 크게 높아질 것입니다. 또한 실시간으로 다른 언어를 통역하고 번역하거나, 회의 내용을 기록하고, 데이터를 분석하는 일도 음성 명령으로 할 수 있게 되어 일하는 과정이 더욱 쉬워질 것입니다.

보이스 AI 시대에 잘 적응하기 위해서는 새로운 능력이 필요합니다. 음성 인터페이스를 잘 활용하는 능력, AI와 효율적으로 협력하는 능력, 상황에 맞게 의사소통하는 능력, 음성 데이터를 분석하는 능력 등이 매우 중요해질 것입니다. AI가 처리하기 어려운 복잡한 상황에서 올바르게 판단하고 창의적으로 문제를 해결하는 능력이 더욱 중요해질 것입니다.

이러한 변화에 성공적으로 대응하기 위해서는 개인과 조직 모두가 보이스 AI 기술을 잘 이해하고, 새로운 업무 환경에 적응하기 위한 준비를 해야 합니다. 특히 교육 방식을 혁신하고 새로운 교육 프로그램을 많이 만들어서, 일하는 사람들이 새로운 기술 환경에 잘 적응할 수 있도록 도와주는 것이 매우 중요합니다.

## 2-13 로봇 기술과 인공지능의 결합에 따른 노동시장 변화

AI 언어 모델과 로봇 기술의 결합은 다양한 산업 분야의 일자리에 큰 변화를 가져올 것으로 예상됩니다. 특히 반복적이고 정형화된 업무가 많은 분야에서 그 영향이 두드러질 것으로 전망됩니다.

### (1) 소매 및 판매 분야의 변화

소매 및 판매 분야는 LLM과 로봇 기술의 결합으로 가장 큰 변화가 예상되는 분야 중 하나입니다. AI가 탑재된 무인 계산대와 지능형 매장 관리 시스템이 도입되면서 마트 계산원이나 소매점 판매원의 수요가 크게 줄어들 것으로 보입니다. 아마존 고 (Amazon Go)처럼 사람 없이 운영되는 매장이 늘어나면서 이러한 변화는 더욱 빨라질 것입니다. 또한 온라인 쇼핑이 늘어나면서 실제 매장의 역할이 줄어들어 전통적인 판매직은 더욱 감소할 전망입니다.

## ⑵ 제조업 분야의 자동화

제조업 분야에서는 지능형 제어 시스템과 로봇의 결합이 생산 방식을 획기적으로 바꿀 것으로 예상됩니다. 공장 근로자, 조립 작업자, 기계 조작자 등의 일자리가 큰 영향을 받을 것입니다. 로봇은 사람보다 더 정확하고 빠르게 일할 수 있으며, 24시간 쉬지 않고 작업할 수 있다는 장점이 있습니다. 특히 선진국을 중심으로 자동화된 생산 라인의 도입이 빨라지면서 제조업 근로자의 수요는 크게 줄어들 것으로 전망됩니다.

## ⑶ 운송 및 물류 분야의 변화

운송 및 물류 분야는 자율 주행 기술의 발전으로 큰 변화가 예상됩니다. 인공지능이 탑재된 자율 주행 시스템은 복잡한 도로 상황을 분석하고 가장 좋은 운전 결정을 내릴 수 있게 될 것입니다. 이는 택시 기사, 버스 기사, 트럭 운전사, 배달원 등의 직업에 직접적인 영향을 미칠 것으로 보입니다. 기술 발전 속도를 고려하면 앞으로 몇 년 안에 이러한 직업들이 자율 작동 기계로 대체될 가능성이 높아질 것으로 예상됩니다.

# 3
## AI 시대의 인간 역량

AI 시대를 성공적으로 살아가기 위해서는 최소한의 전제 조건은 AI 도구들을 능숙하게 다루는 디지털 기술을 습득해야 합니다. 그 기반 위에서 인간만이 가진 특별한 능력인 창의력과 감성적인 소통 능력을 더욱 발전시켜야 합니다. 명상과 깊은 몰입 훈련을 통해 집중력을 높이고 창의적인 문제 직관 능력을 키울 수 있습니다. 자신의 전문 분야에서 지속적으로 학습하고 경험을 쌓아 전문성을 강화해야 합니다. AI는 우리의 능력을 대체하는 것이 아니라, 우리가 더 나은 결과물을 만들 수 있도록 돕는 도구입니다. 예술과 인문학 활동을 통해 감성적 능력과 비판적 사고력을 향상시킬 수 있습니다. 타인의 감정을 이해하고 공감하는 능력은 AI가 대체할 수 없는 중요한 인간의 역량입니다.

디지털 환경에서의 효과적인 협업과 의사소통 능력이 더욱 중요해질 것입니다. 서로 다른 분야의 지식을 연결하여 새로운 가치를 창출하는 융합적 사고가 필요합니다. AI 시대에는 단순 업무보다 전문성과 창의성이 요구되는 직무가 더욱 중요해질 것입니다.

## 3-1 기술 적응력 강화

기술 적응력과 디지털 리터러시의 강화는 AI 시대에서 가장 기본적이면서도 핵심적인 역량입니다. AI 도구들을 효과적으로 활용하는 능력을 개발하고, 이를 통해 업무 생산성을 향상시키는 것이 중요합니다. AI의 장점을 이해하고 이를 자신의 업무에 적절히 접목시키는 능력이 필수적입니다. AI가 제공하는 데이터 분석 결과를 해석하고 이를 의사 결정에 활용하는 능력, AI 도구를 활용해 반복적인 업무를 자동화하는 능력 등이 여기에 포함됩니다.

디지털 환경에의 적응 능력도 중요합니다. 온라인 플랫폼을 활용한 협업, 디지털 워크 플로의 최적화, 사이버 보안에 대한 이해 등이 필요합니다. 단순히 기술을 사용하는 것을 넘어서, 디지털 환경에서 효과적으로 소통하고 문제를 해결할 수 있는 종합적인 역량을 의미합니다.

## 3-2 감성과 창의성의 힘

창의성과 감성적 소통 역량은 AI가 쉽게 대체할 수 없는 인간만의 고유한 능력입니다. 혁신적인 아이디어를 도출하고, 복잡한 문제에 대해 다양한 관점에서 해결책을 모색하는 창의적 사고력이 더욱 중요해질 것입니다. 기존의 틀을 벗어난 발상, 직관적 통찰력, 예술적 감각 등은 AI 시대에도 인간만이 가질 수 있는 핵심 경쟁력입니다. 인공지능은 아직까지 인간의 창의성과 감성적인 부분을 완전히 대체하기 어렵습니다.

노력을 통해 인간 고유의 역량을 강화해야 합니다. 디자인 씽킹, 브레인스토밍 등 창의적 사고 훈련 프로그램 참여를 통해 새로운 아이디어를 발상하고 문제 해결 능력을 향상시킬 수 있습니다.

미술, 음악, 연극 등 예술 활동에 적극적으로 참여하여 감수성을 키우고 창의적인 표현 능력을 개발할 수 있습니다. 철학, 역사, 문학 등 인문학적 지식을 쌓아 비판적 사고 능력과 통찰력을 키우고, 인간과 사회에 대한 깊이 있는 이해를 통해 감성적 소통 역량을 강화할 수 있습니다.

## 3-3 AI와 공존, 명상과 몰입의 가치

서울대학교 황농문 교수님이 제시한 명상과 몰입 훈련은 AI 시대에 인간의 핵심 경쟁력인 창의성과 문제해결력을 향상시키는 방법입니다. 체계적이고 과학적인 뇌와 생각의 훈련 방법입니다. 현대인들이 겪는 주의력 분산과 집중력 저하 문제를 해결하고, 더 나아가 창의적 문제해결 능력을 키울 수 있는 실천적 도구로서 그 가치를 인정받고 있습니다.

명상은 끊임없이 떠오르는 잡념을 다스리고 현재에 집중하는 능력을 키웁니다. 창의적 사고의 기본이 되는 '고요한 마음'을 만드는 데 도움을 줍니다. 훈련을 통해 산만한 생각을 정리하고, 자신의 생각을 객관적으로 바라보는 능력을 향상시킬 수 있습니다.

몰입 상태에서는 뇌가 가장 좋은 상태가 되어 문제해결력이 최고로 높아집니다. 황농문 교수님의 몰입 훈련법은 한 가지 일에 완전히 집중하는 능력을 기르고, 복잡한 문제를 차근차근 분석하는 능력을 키웁니다. 실천적 훈련은 다음과 같은 세 단계로 이루어집니다. 첫째, 기초 명상 훈련입니다. 매일 정해진 시간에 10~20분 동안 호흡 명상을 하고, 잡념이 들더라도 비판하지 않고 지켜보는 연습을 합니다. 둘째, 몰입 훈련입니다. 한 가지 일에 집중하는 시간을 점점 늘리고, 여러 가지 일을 동시에 하지 않으려고 노력합니다. 셋째, 통합적 적용입니다. 일상생활에서 명상하는 마음가짐을 유지하고, 일하거나 공부할 때 몰입 상태를 활용합니다.

명상과 몰입 훈련을 통해 창의적 문제해결 능력이 좋아지고, 일의 효율성이 높아지며, 스트레스 관리도 잘할 수 있게 됩니다. AI 시대에는 인간만이 가진 특별한 능력인 창의성과 통찰력이 더욱 중요해질 것이므로, 이러한 훈련이 매우 가치 있는 도구가 될 것입니다.

감성적 소통 능력도 매우 중요합니다. 다른 사람의 감정을 이해하고 공감하는 능력, 좋은 인간관계를 만들고 지키는 능력, 문화적 차이를 이해하고 존중하는 능력이 여기에 포함됩니다. 특히 여러 사람과 함께하는 프로젝트에서의 협력 능력, 갈등이 생겼을 때 이를 해결하는 능력, 다양한 사람들과 잘 소통하는 능력은 AI가 따라 하기 어려운 인간만의 특별한 능력입니다.

## 3-4 AI에게 질문, 전문성이 우선

미래 사회의 전문가가 되기 위해서는 반드시 인간의 전문성이 향상되어야 합니다. 이를 바탕으로 AI를 체계적 효과적으로 활용할 수 있기 때문입니다.

인공지능은 당분간 우리의 능력을 대체하는 것이 아니라, 더욱 빛나게 만드는 증강 도구로 활용될 것입니다. 우리는 자신만의 전문 지식과 기술을 바탕으로 인공지능을 잘 활용하여 더 좋은 제품과 서비스를 만들어 낼 수 있습니다. 끊임없는 배움을 통해 기존의 지식과 인공지능 활용 능력을 조화롭게 발전시키는 것이 매우 중요합니다. 이것이 바로 인공지능 시대에 새로운 가치를 만들고 더 나은 미래를 이끄는 핵심이 됩니다. 인공지능은 우리의 능력을 더욱 발전시키는 든든한 동반자입니다. 이를 통해 우리는 더 정교하고 품질 높은 제품과 서비스를 만들 수 있습니다.

미래 사회에서 진정한 전문가가 되려면, 자신만의 전문 지식과 기술은 물론 인공지능 도구를 잘 활용하는 능력도 필요합니다. 꾸준한 학습을 통해 전통적인 지식을 익히고, 인공지능 도구 활용법을 배우며, 인간과 인공지능이 어떻게 함께 일할 수 있는지 이해해야 합니다.

AI 시대에는 단순히 반복하는 일보다는 깊이 있는 전문성이 필요한 일이 중요해질 것입니다. 자신의 분야에서 깊은 지식과 경험을 바탕으로 한 통찰력, 복잡한 문제를 해결하는 능력이 필요합니다. 서로 다른 분야의 지식을 연결하여 새로운 것을 창조하는 능력도 매우 중요합니다. 기술과 인문학 지식을 모두 가진 사용자 경험(UX · User Experience) 디자이너나, 의료 지식과 AI를 모두 이해하는 의료정보 전문가와 같은 새로운 직업들이 생겨날 것입니다.

이러한 능력을 키우기 위해서는 개인의 노력뿐만 아니라 사회의 도움도 필요합니다. 정부는 평생 배움의 기회를 만들고, 직업 교육을 늘리며, 새로운 일자리로 옮기는 사람들을 도와야 합니다. 기업들도 직원들의 재교육과 새로운 능력 개발을 적극적으로 지원해야 합니다. 인공지능(AI)은 우리를 보조하는 코프로세서(co-processor)입니다. 이 도구를 통해 우리 모두 한 단계 업그레이드될 수 있습니다.

각 분야에서 AI의 도움을 받아 더 안전하고 만족스러운 상품과 서비스를 제공하게 될 것입니다. AI는 인간의 지적 능력을 대체하는 것이 아니라 증폭시켜 주기 때문에, 일정 시간이 지나서 안정기에 이르면 인간의 역할이 크게 줄지 않을 것입니다.

AI를 인간 두뇌의 co-processor로 활용함으로써, 정보를 더 빨리 분석하고 엄청난 양의 데이터를 처리하며 새로운 아이디어를 창출하는 데 도움을 받을 수 있습니다. 인간과 AI의 협업이 중요해지면서 두 능력이 합쳐져서 새로운 가치를 창출하게 될 것입니다. 지식을 이해하는 능력, AI를 잘 활용하는 능력이 인간에게 가장 중요해지는 시대가 올 것입니다.

제품과 서비스가 현재와 비교하여 어마어마한 수준으로 높아져 고도화되어야 할 것입니다. 그것은 인공지능이라고 하는 증강 도구가 우리 옆에 있기 때문에 기존에 투자하는 노력 정도를 투자하면 실현 가능하리라 예상합니다. 인간과 AI가 조화롭게 협력하면서, 종합 능력이 가치 있게 평가받는 사회가 될 것입니다.

AI가 우리를 대체하는 것이 아닙니다. AI가 모든 지루한 일을 처리해 주어서 인간이 전략적 사고, 창의력, 문제 해결과 같은 잘하는 일에 집중할 수 있습니다. 이러한 독특한 인간의 기술들은 AI가 우리 삶에 스며들면서 그 어느 때보다 더 가치 있게 될 것입니다.

AI와 인간의 협력을 통해 더욱 발전된 사회가 만들어질 것으로 기대됩니다. 결론적으로, AI 시대에 경쟁력을 가지려면 기술을 이해하고 잘 활용하는 능력을 키우고, 인간만이 가진 창의성과 감성을 발전시키며, 전문성을 통해 특별한 가치를 만들 수 있어야 합니다. 명상과 깊은 몰입이 이러한 과정을 향상시킬 수 있습니다. 마음을 조용히 하고 내면의 평화를 발견하는 과정으로, 명상과 깊은 사고가 AI 시대에 더욱 중요해질 수 있다는 점을 시사합니다.

# 4
# AI 국가의 협업, 인간 - AI 시너지 전략

인공지능 시대에서 인간의 노동 가치를 높이기 위해서는 AI와의 효과적인 협업 전략이 꼭 필요합니다. 특히 AI의 뛰어난 기술력과 인간의 고유한 능력을 잘 어우러지게 하여 새로운 가치를 만들어 내는 것이 매우 중요합니다.

## 4-1 AI와 인간의 협업, AI 코디네이터

AI 협력 코디네이터는 인공지능과 사람들 사이의 효율적인 협업을 이끄는 새로운 전문가입니다. AI가 할 수 있는 일과 할 수 없는 일을 정확히 파악하고, 이를 사람들의 업무와 잘 연결하는 역할을 수행합니다. AI 협력 코디네이터는 조직에서 AI 도입으로 인한 변화를 관리하고, 직원들이 잘 적응할 수 있도록 도와주는 역할도 합니다. AI 시스템 사용법을 가르치고, AI와 사람들 사이의 원활한 소통을 돕습니다. 생길 수 있는 문제점들을 미리 파악하고 해결하는 일도 담당합니다. AI 협력 코디네이터는 사람과 AI가 서로 잘 협력할 수 있는 환경을 만듭니다. AI의 장단점을 이해하고, 사람들의 필요한 점을 AI에게 잘 전달하는 방법을 포함합니다. AI가 내놓은 결과를 해석해서 사람들이 쉽게 이해할 수 있게 설명하는 일도 합니다.

**주요 업무와 필요한 능력** AI 협력 코디네이터는 AI를 활용하여 업무 방식을 개선하고 효율을 높입니다. 이를 위해 AI의 분석 결과를 바탕으로 업무 과정을 다시 설계하고, 사람과 AI 사이의 일 분담을 가장 효과적으로 조정합니다. AI 협력 코디네이터는 사람과 AI의 협업 성과를 꾸준히 평가하고 개선합니다. AI의 성능을 지켜보고, 협업 과정에서 생기는 문제점을 분석하여 더 나은 방법을 찾아냅니다. AI 협력 코디네이터는 사람들이 AI와 잘 협력할 수 있도록 교육하고 훈련합니다. AI가 어떻게 작동하는지,

AI 협력 코디네이터는 조직에서 AI 도입에 따른 변화를 관리하고,
직원들에게 AI 시스템 사용법을 가르치고,
AI와 사람들 사이의 원활한 소통을 돕는 역할을 한다.

어떻게 활용하면 좋은지, 어떻게 하면 잘 협력할 수 있는지 등을 가르칩니다.

AI 코디네이터에게는 네 가지 역량이 필요합니다.

첫째, AI의 기본 원리와 작동 방식을 깊이 이해하고, AI가 수행할 수 있는 업무와 한계점을 정확히 파악할 수 있는 기술적 이해력이 요구됩니다. 둘째, 인간과 AI 시스템 사이의 의사소통을 효과적으로 중재하고 원활한 협업을 이끌어 낼 수 있는 소통 능력이 필수적입니다. 셋째, 협업 과정에서 발생하는 다양한 문제들을 체계적으로 분석하고 효과적인 해결책을 도출해 낼 수 있는 문제 해결 능력을 갖추어야 합니다. 마지막으로, AI 시스템이 생성한 결과물을 정확하게 분석하고 의미 있는 통찰력을 도출해 낼 수 있는 데이터 분석 능력이 반드시 필요합니다. 이러한 네 가지 역량을 균형 있게 갖춘 전문가만이 AI 코디네이터로서 성공적인 역할을 수행할 수 있습니다.

## 4-2 프롬프트 엔지니어 및 데이터 과학자

프롬프트 엔지니어는 AI 시스템과 효과적으로 대화하기 위한 최적의 입력값을 설계하는 새로운 전문가입니다. AI 모델의 특성을 깊이 이해하고, 원하는 결과를 얻어내기 위한 최적의 프롬프트를 개발하는 중요한 역할을 수행합니다. 업무 목적에 딱 맞는 효과적인 프롬프트 전략을 세우고, 이를 꾸준히 발전시켜 나가는 것이 핵심 임무입니다.

　데이터 과학자는 AI 시스템의 학습 데이터를 모으고, 다듬고, 분석하는 전문가로서 AI 성능 향상의 핵심을 담당합니다. 양질의 데이터를 확보하고, AI가 잘 이해할 수 있는 형태로 가공하며, 데이터의 품질과 신뢰성을 꼼꼼히 검증합니다. AI 모델이 얼마나 잘 작동하는지 평가하고 개선하기 위한 데이터 분석도 수행합니다.

　품질 관리자는 AI가 만들어 내는 결과물과 성능을 계속해서 점검하고 평가합니다. AI가 생성한 콘텐츠, 분석 결과, 의사 결정 등이 제대로 됐는지 검증하고, 문제가 있다면 이를 고치거나 개

프롬프트 엔지니어는 AI 시스템과 효과적으로 대화하기 위한
최적의 입력값을 설계하는 새로운 전문가다.

선하는 일을 합니다. AI 시스템이 정확하고 믿을 수 있으며 일관된 결과를 내도록 품질 관리 과정을 만들고 운영하는 것이 주요 업무가 될 것입니다.

## 4-3 AI와 인간의 상호보완적 파트너십

AI의 뛰어난 기술력과 인간의 전문성이 만나면 더 나은 서비스와 가치를 만들어 낼 수 있습니다. 이를 위해서는 각 분야의 전문 지식은 물론, AI에 대한 이해력, 올바른 판단력, 문제 해결 능력 등 다양한 능력이 필요합니다. 따라서 우리 모두는 이러한 새로운 직업에 필요한 능력을 키우고, 변화하는 환경에 적극적으로 대응할 준비를 해야 합니다.

AI와 인간의 관계는 단순한 대체 관계가 아닌 상호보완적인 파트너십으로 진화할 것입니다. 양측의 고유한 강점과 특성을 고려할 때 더욱 분명해집니다.

AI는 대규모 데이터를 처리하고, 복잡한 패턴을 인식하며, 반복적인 업무를 수행하는 데 탁월한 능력을 보여줍니다. 이러한 특성은 특히 정형화된 분석 작업이나 시간 소모적인 반복 업무에서 큰 가치를 발휘합니다.

인간은 AI가 쉽게 모방하기 어려운 고유한 능력들을 보유하고 있습니다. 비판적 사고능력은 복잡한 상황에서 다양한 관점을 고려하고 최적의 판단을 내리는 데 필수적입니다. 윤리적 판단

능력은 AI가 제시하는 해결책이 사회적, 도덕적으로 적절한지를 평가하는 데 중요한 역할을 합니다. 창의적 문제 해결 능력은 전례 없는 상황에서 혁신적인 해결책을 도출하는 데 핵심적입니다.

이러한 맥락에서 프롬프트 엔지니어링이라는 새로운 직무의 등장은 매우 의미심장합니다. 이는 단순히 AI에게 명령을 내리는 것을 넘어서는 복합적인 역량을 요구합니다. 프롬프트 엔지니어는 AI 시스템의 특성과 한계를 깊이 이해하고, 이를 바탕으로 최적의 결과를 도출할 수 있는 적절한 지시를 설계해야 합니다. 또한 AI가 생성한 결과물의 품질을 평가하고, 필요한 경우 이를 개선하기 위한 피드백을 제공할 수 있어야 합니다.

미래의 경쟁력은 이러한 AI 시스템을 얼마나 효과적으로 활용할 수 있는지에 좌우될 것입니다. 단순히 AI 도구를 다루는 기술적 능력만을 의미하지 않습니다. AI의 장단점을 정확히 이해하고, 이를 바탕으로 인간의 고유한 능력과 시너지를 낼 수 있는 방안을 모색하는 것이 핵심입니다. AI가 제공하는 데이터 분석 결과를 비판적으로 검토하고, 이를 현실적 맥락에서 해석하며, 윤리적 측면을 고려하여 최종 의사 결정을 내리는 능력이 더욱 중요해질 것입니다.

따라서 미래는 이러한 복합적 역량을 개발하는 데 초점을 맞춰야 합니다. 기술적 지식의 습득은 물론 중요하지만, 그것만으로는 충분하지 않습니다. 비판적 사고력, 창의적 문제 해결 능력, 윤리적 판단력, 효과적인 의사소통 능력 등 AI가 대체하기 어려운 인간 고유의 소프트 스킬을 체계적으로 발전시키는 것이 필

요합니다. 이러한 역량들은 AI와의 협력을 통해 더 큰 가치를 창
출하는 데 필수적이며, 이는 곧 미래 사회에서의 경쟁력으로 직
결될 것입니다.

# 5
## AI 국가의 노동 변화 전략

미국 바이든 행정부의 AI 관련 행정명령 중 제6조 '노동자 지원' 부분 행정명령은 다음과 같습니다.

첫째, AI가 일자리에 미치는 영향을 정확히 파악하기 위해 정부 기관들이 조사한 후 보고서를 작성해야 합니다. 경제자문위원회는 AI가 노동시장에 어떤 영향을 미치는지, 노동부는 AI로 인해 일자리를 잃은 사람들을 어떻게 도울 수 있는지 연구하게 됩니다.

둘째, 직장에서 AI를 사용할 때 근로자들을 보호하기 위한 지침을 만듭니다. AI로 인한 일자리 변화, 임금, 건강, 안전 문제 등이 포함됩니다. AI가 근로자를 감시하거나 평가할 때 공정한 임금을 받을 수 있도록 하는 규정도 포함됩니다.

셋째, AI 시대에 대비한 인재 양성을 위해 교육과 훈련 프로그램을 강화합니다.

2024년 7월에 발표된 미국 정부 보고서에 따르면, 전체 일자리가 AI의 영향을 받을 수 있으며, 특히 고령 근로자들이 더 취약할 수 있다고 분석했습니다.

● 미국 트럼프 대통령은 2025년 1월 20일 취임과 동시에 바이든 행정부의 'AI 행정명령(2023년 도입)'을 취소했다. 그럼에도 불구하고 노동자 지원과 관련한 바이든 행정부의 행정명령은 AI 규제와 관련해 노동시장 변화에 대한 대응에 있어 중요한 시사점을 전한다.

## 노동 가치 보호와 혁신 생태계 구축

인공지능이 빠르게 발전하면서 일자리 시장이 크게 바뀌고 있습니다. 이러한 변화에 대응하기 위해서는 체계적이고 종합적인 국가 전략이 필요합니다. 단순히 기술 발전을 지원하는 것을 넘어서, 사람들의 노동 가치를 지키고 새로운 기회를 만드는 폭넓은 접근이 필요한 시점입니다.

정부는 국민들의 재교육과 일자리 창출을 위한 정책을 마련해야 합니다. 모든 국민이 디지털 능력을 키울 수 있도록 교육 프로그램을 만들고, 각 산업에 맞는 직무 전환 교육과정을 개발해야 합니다. 온라인으로 쉽게 배울 수 있는 교육 플랫폼을 만들고, 지역마다 평생학습센터를 늘려 실제로 교육받을 수 있는 기회를 제공해야 합니다.

직업 교육 시스템도 새롭게 바꿔야 합니다. AI와 관련된 새로운 직종에 대한 교육과정을 만들고, 기업에서 실제로 필요로 하는 실무 교육을 강화해야 합니다. 직업훈련을 받을 수 있는 바우처 제도를 확대하고, 특히 중소기업에서 일하는 분들을 위한 교육 지원을 늘려야 합니다.

새로운 일자리를 만들기 위해서는 AI 산업을 육성해야 합니다. 스타트업이 잘 성장할 수 있는 환경을 만들고, 사회적 기업과 협동조합을 지원하며, 공공부문에서 디지털 일자리를 늘려야 합니다. 단순히 일자리 수를 늘리는 것이 아니라, 좋은 일자리를 만드는 것이 목표입니다.

제도도 정비해야 합니다. AI 시대에 맞는 노동법을 개선하고,

새로운 형태의 일자리를 제도화하며, 사회 안전망을 강화하고 일하는 사람들의 권리를 보호해야 합니다. 이는 기술 발전의 혜택이 모든 사람에게 공평하게 돌아가도록 하는 데 매우 중요합니다.

이런 정책들을 잘 실행하기 위해서는 체계적인 관리 시스템이 필요합니다. 여러 부처가 함께 협력하는 체계를 만들고, 민간과 정부가 협력하는 플랫폼을 운영하며, 지역별로 혁신센터를 설립해야 합니다. 정책이 잘 진행되고 있는지 확인하는 체계도 필요합니다.

AI가 많은 일자리를 대신하게 될 것이라는 점은 분명합니다. 변화에 대응하기 위해 다음과 같은 제도적 방안이 필요합니다

**근무 시간을 줄이는 제도가 필요합니다.** AI가 단순한 업무를 대신함에 따라, 주 4일 근무제나 하루 6시간 근무제와 같은 유연한 근무 형태를 단계적으로 도입해야 합니다. AI로 인해 생산성이 많이 높아진 산업부터 먼저 시작하는 것이 좋습니다.

**직업 전환을 돕는 제도가 필요합니다.** 고용보험을 확대하여 AI로 인해 일자리를 잃은 분들을 보호하고, 새로운 일자리로 옮길 수 있도록 도와주는 프로그램을 강화해야 합니다

**사회안전망을 확충하는 방안도 더 정밀하게 필요합니다.**

**평생교육을 위한 체계적인 시스템이 필요합니다.** 모든 사람이 디지털 능력을 키울 수 있도록 평생학습 계좌제를 도입하고, 언제 어디서나 필요한 기술을 배울 수 있는 온라인 교육 플랫폼을 만

들어야 합니다. 특히 중장년층이 디지털 시대에 뒤처지지 않도록 디지털 문해력 교육을 필수로 제공하는 것이 중요합니다.

**소득 보장을 위한 새로운 제도도 검토해야 합니다.** 새로운 형태의 소득 보장 제도를 검토할 시점입니다. 공정하고 질서 있는 AI 사회로 나아가기 위해서는 노동자, 사용자, 정부가 함께 참여하는 협의체가 필요합니다. 이를 통해 AI 도입으로 인한 일자리 조정과 직무 변화를 공정하게 진행하고, 그 과정에서 생기는 비용과 혜택이 모두에게 골고루 돌아가도록 해야 합니다.

**약자를 보호하는 정책도 강화해야 합니다.** AI 기술의 혜택에서 소외되는 사람이 없도록 디지털 기기를 보급하고 교육을 지원하며, 누구나 쉽게 AI 서비스를 이용할 수 있도록 하는 정책이 필요합니다.

AI가 가져올 변화의 물결이 매우 크기 때문에, 이러한 제도와 방안들을 실천하는 데 있어 우리 모두의 지혜와 협력이 필요합니다. 열린 마음으로 빠르고 정확하게 대처해 나간다면, 더 나은 미래를 만들어 갈 수 있을 것입니다.

2부

**AI 패권 전쟁, 미국과 중국의 경쟁**

4장

---

# 글로벌 AI 패권 경쟁, 미국과 중국의 경쟁

인공지능(AI)은 4차 산업혁명의 핵심 기술이자 경제 성장과 국가 경쟁력을 좌우하는 중요한 요소로 부상했습니다. 미국과 중국은 AI 분야에서 세계적인 선두 주자로, 치열한 기술 경쟁을 벌이고 있습니다. 단순한 기술 경쟁을 넘어 글로벌 경제, 국제 정세 등에 큰 영향을 미치는 패권 경쟁으로 확대되고 있습니다.

미국과 중국은 반도체 전쟁에 이어 인공지능(AI) 패권 전쟁을 벌이고 있다.
AI는 미래 기술 혁명의 핵심으로, 경제 성장과 국가 경쟁력을 좌우하는
중요한 요소로 부상했다.

# 1
# 인공지능 강국, 미국과 중국의 AI 전략

## 1-1 미국, 기초연구와 핵심기술 우위

미국의 인공지능(AI) 산업은 여러 측면에서 세계를 선도하고 있습니다. 미국은 가장 오랜 연구 역사를 가지고 있습니다. 실리콘밸리는 새로운 기술 기업들을 따라잡기도 힘들 정도로 새로운 기술을 빠르게 쏟아 냅니다. 벤처 캐피탈의 자금 지원을 받으며 끊임없는 혁신의 소용돌이 속에 있습니다. 놀라운 인재 풀(pool)을 가지고 있습니다. 세계에서 가장 뛰어난 인재들이 미국에서 AI 분야에 종사합니다. 미국의 강점은 다음과 같이 정리할 수 있습니다.

첫째, 미국은 인공지능 분야의 기초 연구와 핵심 기술 개발에서 독보적인 위치를 차지하고 있습니다. 수십 년에 걸친 지속적인 연구 투자와 혁신을 통해 축적된 기술력은 현재 미국 AI 산업의 근간입니다.

미국은 AI 분야에 막대한 투자를 하며, 이는 기업, 정부, 학계 등 다양한 단위에서 이루어지고 있습니다. 미국 국립과학재단(NSF)은 2023년 5월 AI 연구 거점 7곳을 신설하기 위해 지원했습니다. 미국 정부는 AI 연구 개발을 지원하고, AI 기술의 윤리적 활용과 규제를 위한 정책을 추진하고 있습니다.

둘째, 미국의 AI 산업은 강력한 민간 자본의 지원을 받고 있습니다. 실리콘 밸리를 중심으로 한 기술 혁신 생태계는 새로운 AI 기술의 개발과 상용화를 가속화하는 원동력이 되고 있습니다. 구글, 마이크로소프트, 아마존, 메타 등 글로벌 빅테크 기업들이 AI 연구 개발에 적극적으로 투자하며 기술 혁신을 선도합니다. 벤처 캐피탈을 통한 투자는 혁신적인 AI 스타트업들이 성장할 수 있는 토양을 제공합니다. 이러한 민간 주도의 투자는 기술 개발의 속도를 높이고, 시장 중심의 실용적인 AI 솔루션 개발을 촉진하는 데 큰 기여를 하고 있습니다.

셋째, 미국은 세계적 수준의 AI 인재 풀을 보유하고 있습니다. 2022년 통계에 따르면, 전 세계 상위 20% AI 연구자들 중 38%가 미국 기관에 소속되어 있습니다. 미국의 우수한 교육 시스템과 연구 환경, 높은 처우가 전 세계의 뛰어난 인재들을 끌어들이고 있음을 보여줍니다. 미국에는 세계 최고 수준의 대학과 연구 기관이 있으며, 이를 통해 우수한 AI 인재가 배출됩니다. 자연어 처리, 컴퓨터 비전, 머신러닝 등에서 두각을 나타내는 배경입니다.

넷째, 미국은 AI 기술의 산업적 적용에서도 앞서 나가고 있습니다. 농업 분야에서는 정밀 농업을 위한 AI 시스템을, 제조업에서는 스마트 팩토리를, 유통 분야에서는 수요 예측과 물류 최적화를 위한 AI 솔루션을 도입하는 등 다양한 산업 분야에서 AI 기술을 적극적으로 활용하고 있습니다. 이를 통해 산업 전반의 생산성 향상과 혁신적인 비즈니스 모델의 창출을 이끌어 갑니다.

## 1-2 중국, 정부 주도의 전략적 육성

중국의 인공지능(AI) 산업은 독특한 특징과 강점을 바탕으로 빠르게 성장하며, 그 주요 강점은 다음과 같이 설명할 수 있습니다.

첫째, 중국의 AI 산업은 강력한 정부 주도의 전략적 육성 정책에 힘입어 발전하고 있습니다. 중국 정부는 AI를 국가 핵심 전략 산업으로 지정하고, 대규모 재정 투자와 함께 체계적인 정책 지원을 제공합니다. 중국 정부의 전폭적인 지원은 AI 기술 개발과 산업화를 가속화하는 핵심 동력이 되고 있습니다. 정부의 장기적이고 일관된 전략은 AI 산업 생태계 조성에 크게 기여하고 있습니다.

둘째, 중국은 14억 명이 넘는 거대한 인구를 바탕으로 한 방대한 인간 기반의 데이터와 광범위한 응용 시장을 보유하고 있습니다. 수많은 사람의 얼굴, 알리페이·위챗페이 등 금융 사용 내역, 교통 이동 경로 등 데이터의 금광이 중국에 있습니다. 중국은 전제 정치 체제이고, 당은 인공지능을 정책의 최우선 순위로 전력을 다하고 있으니, 이 데이터를 아무런 제한 없이 사용할 수 있습니다. 대규모 데이터는 AI 알고리즘의 학습과 성능 향상에 필수적인 요소이며, 거대한 내수 시장은 AI 기술의 상용화와 검증을 위한 이상적인 테스트 베드 역할을 하고 있습니다. 모바일 결제, 전자상거래 등 디지털 서비스의 높은 보급률은 풍부한 실사용 데이터 확보를 가능하게 합니다.

셋째, 중국은 AI 관련 특허 출원에서 세계를 선도하고 있습니다. 2013년부터 2022년 11월까지의 통계에 따르면, 전 세계 AI 발명 특허의 53%가 중국에서 출원되었습니다. 이는 중국의 AI 기술 혁신 역량과 지적재산권 보호에 대한 적극적인 태도를 보여주는 지표입니다. 응용 기술 분야에서의 특허 출원이 두드러지며, 이는 중국이 AI 기술의 실용화에 중점을 두고 있음을 시사합니다.

넷째, 중국은 AI 기술의 산업 협력과 응용 기술 개발에서 독보적인 성과를 보이고 있습니다. 이미지 인식, 음성 인식 등의 응용 기술 분야에서 세계적 수준의 경쟁력을 확보하고 있습니다. 이러한 강점은 실생활에서의 AI 기술 활용도를 높이고, 산업 전반의 디지털 전환을 가속화하는 데 기여하고 있습니다.


중국은 정부의 적극적인 지원과 막대한 투자를 바탕으로 AI 분야에서 빠르게 성장 중입니다. 바이두, 알리바바, 텐센트, 화웨이 등 중국 IT 기업들이 AI 기술 개발에 적극적으로 참여하고 있으며, 안면 인식, 음성 인식, 자연어 처리 등에서 세계적인 수준의 기술력을 확보했습니다. 중국은 인공지능 알고리즘의 라이브러리와 도구 모음 등의 연구 개발을 지원하고, 새로운 기계 학습, 자연어 이해, 인간-기계 상호 작용, 지능형 제어 및 의사 결정과 같은 서비스의 개발을 가속화하며 인공지능 오픈 플랫폼 구축을 촉진하고 있습니다.

중국 정부는 '차세대 인공지능 발전 계획' 등을 통해 AI 산업 육성을 위한 정책적 지원을 강화하고 있습니다. 2024년 현재 약 1,500억 위안(29조 9,370억 원) 규모인 중국 AI 산업은 2025년에는 3배 규모로 성장할 것으로 전망됩니다.

# 2
# 미국의 중국 공격과 중국의 방어

미국은 중국을 기본적으로 세계 질서에 위협이 되는 존재로서, 비민주적 정치체제에 기반하고 있다고 평가하고 있습니다. 중국이 세계적 영향력이 커지는 것이 범지구적 문명발전에 악영향을 미친다고 보는 것입니다. 미국은 중국의 슈퍼컴퓨터 개발 및 인공지능 기술 발전을 억제하기 위해 고성능 컴퓨터 칩과 반도체 제작 설비, 인공지능에 대한 수출 통제를 강화하고 있습니다. 이는 중국의 군사력 증강과 첨단 기술 분야에서의 부상을 견제하기 위한 조치로, 다음과 같은 내용을 포함합니다.

## 2-1 고성능 컴퓨터 칩 판매 금지

2022년부터 미국은 최첨단 인공지능 칩의 중국 수출을 제한해 왔습니다. 바이든 행정부는 당초 중앙 처리 장치(CPU)를 제한 대상에 포함시키지 않을 의도였으나, 칩 설계자들이 CPU에 인공지능 연산을 위한 특수 요소를 통합하면서 CPU도 수출 통제 대상에 포함되었습니다. 미국은 2022년 10월 7일부터 중국의 첨단 컴퓨팅 및 반도체 제조 품목에 대한 접근 및 개발 능력을 목표로 하는 새로운 수출 통제를 시행했습니다.

이는 외교 정책 및 국가 안보 문제를 해결하기 위해 중국의 첨단 기술 역량의 발전에 대응하려는 미국의 의지를 반영합니다. 미국은 AMD와 엔비디아(NVIDIA)의 첨단 AI 칩의 중국 판매를 금지했으며, 이러한 기술이 중국에 간접적으로 도달하는 것을 막기 위해 여러 국가에 수출 제한을 가했습니다.

중국에서 생산된 반도체 제품 기타 소프트웨어 서비스도 미국 정부의 구매 대상에서 배제될 예정입니다. 미국 정부는 국방수권법(NDAA · National Defense Authorization Act) 제5949조에 따라 2027년부터 특정 중국 기업이 제조한 반도체 제품 및 서비스를 미국 정부 조달에서 배제하는 규정을 시행할 예정입니다. 이 조치는 미국의 국가 안보와 공급망 보호를 목적으로 하며, 특히 중국과 같은 '외국의 우려 대상 정부'와 관련된 반도체 제품 및 서비스에 초점을 맞추고 있습니다.

## 2-2 반도체 제작 설비 판매 금지

미국은 첨단 반도체를 개발하는 데 필요한 반도체 제조 장비(SME · Semiconductor Manufacturing Equipment)에 대한 중국의 접근을 제한하기 위해 노력해 왔습니다. 2022년 미국은 중국의 첨단 반도체 및 관련 기술 접근을 제한하기 위해 일련의 수출 통제를 발표했습니다. 첨단 반도체는 인공지능과 같은 새로운 첨단 기술을 여는 열쇠입니다.

2022년 10월, 미국은 첨단 반도체의 중국 수출을 제한하고, 14나노미터 미만 칩 제조용 SME 수출을 금지하는 새로운 수출 통제 조치를 시행했습니다. 네덜란드에 본사를 둔 ASML은 가장 첨단의 반도체용 SME를 만들 수 있는 유일한 회사이며, 2023년 3월 SME에 대한 수출 통제를 업데이트했습니다.

2024년 12월 2일, 미국 상무부 산업보안국(BIS)은 중국에 대한 첨단 반도체 제조 장비 및 소프트웨어 도구 수출을 제한하는 새로운 규정을 발표했습니다. '수출 관리 규정 최종 규칙(EAR · Export Administration Regulations Final Rule)'로 명명된 이 규정은 2024년 12월 31일부터 발효되었습니다.

해당 규정은 첨단 반도체 제조에 필요한 24가지 장비와 3가지 소프트웨어 도구의 수출을 금지합니다. 또한 Foreign DirectProduct Rule(FDP Rule · 해외 직접 생산품 규칙)을 확장하여 미국 기술이 포함된 제품이 제3국에서 생산되더라도 중국으로의 수출을 제한하도록 했습니다. 중국의 첨단 기술 자립을 저지하고, 미국 및 동맹국의 국가 안보를 보호하기 위한 전략의 일환입니다. 특히, 중국의 군사 현대화와 인공지능(AI) 개발에 사용될 수 있는 기술 확산을 막는 데 초점을 맞췄습니다. 이 조치는 첨단 반도체 기술의 중국 내 생산 능력을 저해하려는 의도를 담고 있습니다. 미국은 동맹국과 협력하여 이러한 수출 통제를 강화하고 있습니다. 이는 2022년과 2023년에 발표된 유사한 조치의 연장선상에 있습니다. 궁극적으로, 미국은 기술 우위를 유지하고 중국의 군사적, 경제적 경쟁력을 억제하려는 목표를 가지고 있습니다.

미국 상무장관 지나 레이몬도는 성명에서 "이 조치는 바이든-
해리스 행정부의 표적 접근 방식의 정점이며, 우리 동맹국 및 파
트너와 협력하여 국가 안보에 위험을 초래하는 첨단 기술의 생
산을 국산화하려는 중국의 능력을 저해하기 위한 것입니다."라
고 밝혔습니다.

중국에 반도체 칩 공급을 차단하는 것은 어항에 산소 공급을
차단하는 것과 같습니다. 하지만 미국은 여기에 그치지 않고 칩
을 제조하는 데 필요한 장비에 대해서도 중국에 공급하는 것을
제한하고 있습니다. 중국이 백기를 들게 하려는 양면 공격인 셈
입니다.

## 2-3 인공지능 등 하이 테크 기술 수출 금지

미국 정부는 국가 안보와 기술적 우위를 유지하기 위해 중국을
대상으로 한 기술 수출 통제를 점차 강화해 왔습니다.

2020년 1월 3일, 미국 상무부는 AI 기반 지리 공간 이미지 분
석 소프트웨어의 수출 제한을 발표했습니다. 이 소프트웨어는
드론, 위성, 센서를 통해 군사 및 민간 목표를 자동으로 식별하는
기술로 활용될 수 있습니다. 캐나다를 제외한 모든 국가로의 수
출은 라이선스 승인이 필요하게 되었습니다.

2022년 10월 7일에는 첨단 반도체 제조 장비와 AI 칩의 중국
수출을 제한하는 규정을 발표했습니다. 이 조치는 중국의 군사

적 활용 가능성을 차단하고, AI 및 반도체 기술에서 미국의 우위를 유지하기 위한 목적이었습니다. 특히 슈퍼컴퓨터 개발 및 유지보수에 필요한 기술도 수출 제한 대상에 포함되었습니다.

2023년 10월 17일, 미국은 기존 반도체 수출 규제를 더욱 강화했습니다. 이로 인해 중국이 고성능 반도체 칩과 관련 기술에 접근하는 것이 더욱 어려워졌습니다. 이러한 조치는 중국의 첨단 기술 개발을 지연시키고, 미국의 국가 안보를 보호하기 위한 연속적인 조치로 평가됩니다.

2024년 12월 2일, 미국은 추가적인 반도체 및 소프트웨어 수출 제한을 발표했습니다. 이 조치에는 24종의 반도체 제조 장비와 3종의 반도체 개발 소프트웨어가 포함되었는데, 중국의 슈퍼컴퓨터 및 AI 기술 개발을 저지하기 위한 목적이었습니다.

2025년 1월 13일, 미국은 AI 칩과 클라우드 서비스에 대한 접근 제한을 발표했습니다. 이 조치는 중국이 제3국을 통해 간접적으로 기술에 접근하는 것을 방지하기 위한 것이었습니다. AI 모델과 관련된 기술 접근도 제한 대상에 포함되었습니다. 이러한 수출 통제는 미국의 국가 안보를 이유로 시행되었습니다.

미국의 대중국 기술 수출 제한은 AI, 반도체, 클라우드 서비스 등 다양한 첨단 기술 분야를 포괄합니다. 2020년 이후 이러한 조치는 점차 강화되며, 중국의 기술 발전을 견제하는 데 초점이 맞춰졌습니다. AI 기반 소프트웨어와 반도체 기술은 군사적 활용 가능성이 높아 주요 규제 대상이 되었습니다. 2022년 조치에서는 엔비디아와 AMD의 고성능 AI 칩도 수출 제한 대상에 포함되었습니다.

2023년 이후, 계속하여 미국은 동맹국과 협력하여 수출 통제의 범위를 확대했습니다. 네덜란드와 일본 등 동맹국도 미국의 수출 통제 정책에 동참했습니다. 2024년에는 반도체 제조 장비와 소프트웨어에 대한 규제가 더욱 구체화되었습니다. 중국은 규제를 우회하기 위해 다양한 방법을 시도했으나, 미국은 이를 차단하기 위해 규정을 보완했습니다.

2025년 조치는 클라우드 서비스와 AI 모델 접근 제한으로 규제 범위를 확장했습니다. 미국은 중국의 첨단 기술 개발을 지연시키기 위해 지속적으로 규제를 강화하고 있습니다. 이러한 조치는 미국의 기술적 우위를 유지하고, 국가 안보를 보호하기 위한 전략적 대응으로 평가됩니다. 수출 통제는 중국의 군사적 활용 가능성을 차단하는 데 중점을 두고 있습니다. 미국의 수출 제한 조치는 AI, 반도체, 클라우드 등 핵심 기술 분야에서 중국의 접근을 차단하는 데 효과적입니다. 앞으로도 미국은 기술적 우위를 유지하기 위해 수출 통제를 지속적으로 강화할 가능성이 높습니다.

## 2-4 미·중 기술 경쟁의 향후 전망

미국은 안보와 동맹의 논리를 바탕으로 미국의 동맹국들에게 대중국 수출 통제에 동참하도록 강제합니다. 미국은 동맹국들과의 협상을 통해 자국의 수출 통제 정책에 동참하도록 설득하거나, 이를 거부할 경우 외교적 관계에 영향을 미칠 수 있음을 암시합니다. 미국은 동맹국 기업들이 미국 기술에 의존하고 있다는 점을 활용하여, 동맹국 기업들이 미국의 수출 통제 정책을 따르지 않을 경우, 미국 시장 접근을 제한할 수 있음을 시사합니다. 미국 기술이 포함된 제품에 대해 수출 통제를 적용함으로써, 동맹국 기업들도 미국의 규제를 따를 수밖에 없도록 한 것입니다.

미·중 기술 경쟁이 장기화 될 것으로 전망되는 가운데, 글로벌 기술 혁신과 산업 구조에도 큰 영향을 미칠 것으로 예상됩니다. 미국은 중국의 기술 발전 속도를 늦추고 기술 주도권을 유지하기 위해 수출 통제, 투자 제한, 기술 표준 경쟁 등 다양한 정책 수단을 동원할 것입니다. 중국 또한 자체 기술 개발, 인재 육성, 국제 협력 등을 통해 미국의 압박에 맞서고 기술 경쟁력 강화에 주력할 것으로 전망됩니다. 미국과 중국은 누가 AI 혁신을 주도할 뿐만 아니라 누구의 가치가 전 세계 AI를 이끌 것인지 경쟁하고 있습니다.

2017년 이후 미국과 중국 간의 기술 전쟁은 글로벌 전자 제품 환경을 뒤흔들고 있습니다. 제재, 수출 통제, 기술 리더십 추구 사이에서 이러한 경쟁은 공급망을 재편하고 큰 불확실성을 야기하고 있습니다. 2035년까지 업계를 분열시킬 수 있는 치열한 경쟁에도 불구하고 두 강대국 간의 상호 의존성은 여전히 강합니다. 미국과 중국 간의 기술 전쟁은 관세, 수출 통제, 시장 접근 제한 등 광범위한 조치를 통해 2017년 이후 상당히 심화되었습니다. 반도체와 인공지능 등 미래 기술을 지배하기 위한 이 전쟁때문에 중국은 이미 미국에 대한 수출 손실로 엄청난 비용을 지불했으며, 멕시코, 대만, 베트남과 같은 국가로 수입을 다변화하면서 무역 흐름을 재구성했습니다. TSMC가 있는 대만에 대한 중국 공산당의 압력은 글로벌 공급망을 복잡하게 만듭니다. TSMC는 글로벌 반도체 시장의 절반 이상을 장악하고 있으며 전 세계 첨단 칩 공급에 영향을 미치고 있습니다.

미·중 기술 경쟁은 글로벌 기술 공급망 재편, 국제 무역 질서 변화, 지정학적 불안정성 심화 등 국제 정세에 다양한 영향을 미칠 것으로 예상됩니다. 기술 동맹 강화, 기술 블록화 심화, 신냉전 구도 형성 등의 가능성이 제기되고 있으며, 이는 국제 사회의 불확실성을 증폭시키고 국가 간 갈등을 심화시킬 수 있습니다.

## 2-5 중국의 대응 전략

중국은 미국의 압박에 대항하여 강력하게 반격하고 있습니다. 여러 전선에서 그렇게 하고 있습니다. 첫째, 중국 내 칩 생산에 전력을 다하고 있습니다. 연구 개발에 어마어마한 국가 예산을 쏟아부으며, 이러한 고성능 칩의 중국산 버전을 만들려고 노력하고 있습니다. 기술 독립 운동입니다. 중국 내 자급자족을 원하고 미국이나 다른 누구에게도 의존하지 않으려는 것입니다.

2014년부터 반도체를 국가 전략 산업으로 지정하였으며,「14차 5개년 규획」에서는 반도체를 국가 안보와 발전의 핵심 영역으로 규정했습니다. 2025년까지 반도체 자급률 70% 달성이라는 구체적인 목표를 설정하고 이를 위해 노력하고 있습니다. 중국은 대규모 투자와 지원을 통해 반도체 산업 육성을 가속화하고 있습니다. 국가 집적회로 산업 투자기금을 조성하여 자금을 지원하고 있으며, 반도체 기업들의 커촹반* 상장을 적극 지원하고 있습니다. 더불어 반도체와 소프트웨어 기업들에게 다양한 세제 혜택을 제공하여 산업 발전을 도모하고 있습니다.

인재 양성에도 큰 힘을 쏟고 있습니다. 산학 연계를 강화하여 실무형 인재를 양성하고 있으며, AI 분야의 전문 인력 양성을 위한 체계적인 교육 시스템을 구축하고 있습니다.

인재 영입에도 전력을 다하고 있습니다. 사람을 데려가는 방식을 통해 실리콘 밸리의 비밀을 자연스럽게 가져가는 겁니다. 훔치는 건 아니지만, 유인하고 있습니다. 거액의 연봉, 리더십, 직책, 연구 자금 등 모든 것을 제공하며 해외에서 일하는 중국인과 외국 전문가들까지 최고의 AI 연구원들을 영입하려 하고 있습니다.

나아가 중국 내 교육에도 집중하고 있습니다. 초등학교부터 시작해서 AI 교육에 막대한 투자를 하고 있습니다. AI 천재 세대를 육성하려는 것입니다. 수십 년을 내다보며 생각하고, 장기적인 게임을 하고 있습니다.

중국은 미국의 제재에 대한 맞대응 조치도 취하고 있습니다. 갈륨, 게르마늄, 안티모니와 같은 핵심 광물의 대미 수출을 금지하였으며, 자국 기업들에게 중국산 반도체 사용을 적극 권장하

---

● 중국판 나스닥으로 불리는 기술·창업주 전용 주식시장. 2019년 7월 22일 25개 종목으로 출범했다. 우리말로는 '과학혁신판'이라 부른다.

고 있습니다.

중국의 기술 발전도 꾸준히 이루어지고 있습니다. 2022년에는 반도체 장비 국산화율이 35%까지 상승했으며, 식각, 박막, 증착 등의 핵심 공정 분야에서 큰 진전을 보이고 있습니다. AI 분야에서도 기초 이론과 응용 프로그램에서 세계적 수준에 근접하고 있으며, 2025년까지 AI 핵심 산업 규모를 4,000억 위안(약 79조 8,320억 원), 관련 산업 규모를 5조 위안(약 997조 9,000억 원)까지 확대하는 것을 목표로 하고 있습니다. 향후 미·중 간의 기술 패권 경쟁은 더욱 심화될 것으로 예상됩니다. 중국은 기술 자립을 위한 노력을 가속화할 것이며, 미국은 동맹국들과의 협력을 통해 대중국 기술 봉쇄를 강화할 것으로 전망됩니다. 이는 글로벌 기술 산업 생태계 전반에 광범위한 영향을 미칠 것으로 예상됩니다.

## 2-6 중국의 인공지능 개발, DeepSeek AI

중국의 인공지능 개발은 방대한 데이터 자원, 정부의 전략적 지원, 빠른 실행력, 그리고 비용 효율성을 기반으로 한 기술 혁신 역량을 통해 국제 무대에서 비교 우위를 확보하고 있습니다.

중국은 방대한 규모의 데이터 자원을 효과적으로 활용할 수 있습니다. 16억의 인구 규모와 디지털 인프라의 확충으로 인해 가능해진 것으로, 다양한 데이터 수집 및 분석을 통해 AI 성능을 크게 향상시키는 데 기여하고 있습니다.

중국 정부의 강력한 지원과 정책적 투자 역시 중요한 역할을 하고 있습니다. 정부 주도의 장기적인 전략을 통해 AI 연구 및 개발에 필요한 인프라와 자금을 집중적으로 지원하고 있으며, 이는 기술 혁신의 가속화를 이끌어 내는 원동력으로 작용합니다.

중국 기업들은 시장의 변화에 민첩하게 대응하며 빠른 실행력을 보이고 있습니다. 비교적 짧은 기간 내에 새로운 기술을 도입하고 상용화하는 능력은 경쟁사들과 차별화되는 강점입니다. 일사불란한 거버넌스 체계가 만들어 내는 장점입니다.

여러 중국 기업들이 오픈 소스 프로젝트와 글로벌 협업을 통해 최신 연구 성과를 신속하게 공유하고 응용함으로써 혁신을 실현하고 있습니다. 규모의 경제를 바탕으로 AI 기술 개발에 필요한 하드웨어 및 소프트웨어 생태계를 견고하게 구축해 왔습니다. 이런 점들이 인공지능 분야에서 중국이 국제 경쟁력을 유지하고, 나아가 선도적인 위치를 점할 수 있도록 하는 핵심 요인으로 작용합니다.

중국에서 만들어 전 세계에 오픈소스 방식 등으로 배포한 딥시크(DeepSeek)가 세계 AI 업계를 놀라게 하고 있습니다. 딥시크는 본인들 주장으로, 단 2개월 만에 최소한의 예산을 투자하여 DeepSeek V3 모델을 개발하여, 메타, 오픈AI, 앤스로픽(Anthropic) 등 거대 기업들과 정면 승부를 벌였습니다. 여러 테스트에서 V3 모델은 적은 자원으로도 최고의 성능을 발휘하며 '골리앗에 대항하는 다윗'의 구도를 보여주었습니다. 효율적인 코딩과 혁신적인 알고리즘을 통해 성능을 극대화한 점이 주목할 만합니다. 미국의 첨단 칩 수출 제한으로 최고 사양의 엔비디아 H100 칩 대신 H800 칩(연산 성능이 H100 대비 30~40% 낮음)을 사용해야 했음에도 불구하고, 딥시크는 뛰어난 벤치마크 성적을 기록하며 이러한 제약을 오히려 혁신의 기회로 전환한 사례로 평가받는 중입니다.

보통의 인공지능 모델들은 다음에 올 단어 하나만 예측하지만, 딥시크는 여러 단어를 동시에 예측합니다. 이렇게 하면 문맥(Context)을 더 잘 파악할 수 있어서, 결과가 더 정확해진다고 합니다. 딥시크는 여러 개의 '어텐션(Attention)'을 동시에 사용하는 다중 헤드 잠재 주의(MLA · Multi-Head Latent Attention) 방식을 사용합니다. 어텐션은 문장에서 중요한 부분을 잘 찾아내는 방법입니다. 이렇게 여러 번 나눠 쓰면 컴퓨터가 정보를 효율적으로 처리하고, 메모리를 덜 쓰는 높은 효율성을 가지는 셈입니다.

딥시크 안에는 혼합 전문가(MOE · Mixture of Experts)라는 구조도 있습니다. 큰 모델 하나를 여러 전문가 모델로 나누어 놓은 다음에, 질문에 맞는 답을 하는 전문가만을 골라서 사용하는 방식입니다. 모든 전문가가 동시에 일하지 않아도 되니까, 이론적으로는 메모리를 줄일 수 있다는 것입니다. 하지만 실제 서비스에서는 이 효과가 조금 제한적일 수 있다고 합니다.

딥시크는 GPU를 활용하는 쿠다(CUDA · Compute Unified Device Architecture) 기술을 저수준(Low-Level)에서 최적화해, 계산 과정을 빠르고 효율적으로 만들었습니다. 이렇게 해 놓으면, 학습 속도가 빨라지고 전반적인 성능이 좋아진답니다.

성능 면에서 보면, 수학 문제처럼 어려운 부분에서도 딥시크가 꽤 좋은 실력을 보여준다고 합니다. GPT-4 같은 최신 모델과 비교해도 경쟁력이 있지만, 알리바바에서 만든 Qwen 2.5 Max나 R1 같은 모델이 더 잘한다는 평가도 있습니다. 그래도 딥시크 자체적으로만 봐도 충분히 쓸 만한 수준이라는 것입니다. 정리하자면, 여러 기능(동시에 여러 단어 예측, 멀티 어텐션, 혼합 전문가, 최적화, 지식 증류)으로 성능을 높인 모델이 딥시크라고 할 수 있습니다.

딥시크의 또 다른 강점은 오픈 소스로 개방하였다는 점입니다. 누구나 코드를 열람하고 수정할 수 있다는 점은, 기존의 폐쇄형 접근 방식을 취한 오픈AI와는 완전히 다른 방향을 제시합니다. 오픈 소스 접근 방식은 AI 기술 개발의 민주화를 가능하게 하여, 개인, 소규모 기업, 연구자들이 최첨단 AI 도구에 쉽게 접근할 수 있게 만듭니다. 결과적으로, 비용과 자원에 제약받지 않고 혁신적인 아이디어가 빠르게 구현될 수 있는 환경을 제공합니다.

딥시크가 채택한 지식 증류(knowledge distillation) 기법도 주목을 받습니다. 이는 보다 정교한 모델인 R1이 덜 복잡한 V3 모델을 훈련시키는 방식으로, 일종의 'AI 튜터' 역할을 수행함으로써 개발 속도와 비용을 크게 절감하는 혁신적인 접근이라고 합니다.

일부에서는 딥시크가 경쟁회사의 데이터나 학습에 사용된 자료들을 지식 증류 기법으로 무단 수집해 자사의 모델 개발에 활용했다는 의혹을 제기하였습니다. 하지만 이러한 주장에 대한 구체적인 증거나 공식적인 확인은 아직 없는 상태입니다. 딥시크 측은 이와 관련된 의혹을 부인하고 있으며, 업계 전문가들 사이에서도 의견이 분분하여 결론에 도달하지 못한 상황입니다.

딥시크 서비스는 이 밖에도 과도한 개인정보 수집 문제로 비판을 받고 있습니다. IP 주소, 장치 정보, 쿠키 등 데이터뿐만 아니라, 키 입력 패턴(Key Input Pattern)까지 수집한다는 사실이 알려져 우려가 커졌습니다. 또한 이러한 정보를 중국에 있는 서버에 저장하여, 데이터 주권(主權) 및 사용자 식별 문제가 대두되고 있습니다.

유럽 각국은 딥시크를 국가 안보(National Security) 측면에서 심도 있게 검토하고 있으며, 이탈리아에서는 공식 질의서를 보냈다고 합니다. 독일 역시 규제 조치를 검토 중입니다. 한국에서는 개인정보보호위원회와 방송통신위원회가 딥시크 측에 질의서를 발송하거나 피해 상황을 주시하고 있습니다.

중국의 국가정보법 제7조에 따르면, 민감 정보가 중국 정부에 무단 제공(Unauthorized Provision)될 가능성이 있습니다. 법 조항 원문은 '任何组织和公民都应当依法支持、协助和配合国家情报工作，保守所知悉的国家情报工作秘密(모든 기관과 국민은 법에 따라 국가 정보 업무를 지원·협조하고, 자신이 알고 있는 국가 정보 업무에 대해 비밀을 유지해야 한다).'고 되어 있습니다. 심지어 중국이 AI 기반 얼굴 인식을 사용해서 소수 민족, 특히 신장 지역민들을 추적하고 감시한다는 보고도 있습니다. AI를 사용해서 사람들의 행동을 기반으로 점수를 매기는 사회 신용 시스템을 개발한다는 얘기도 있습니다.

또 중국 정부는 2024년 6월 상무부 등 9개 부처의 크로스보더 전자상거래(跨境电商) 수출 확대 및 해외 창고 구축 추진에 대한 의견(商务部等9部门关于拓展跨境电商出口推进海外仓建设的意)이라는 내부 조례를 공포했습니다. 12조를 보면(아래 박스 참조) 중국 기업들이 데이터를 수집할 경우 중국 기업 간에 자유로운 협력 유통을 하도록 유도하고 있습니다. 따라서 중국의 한 기업이 소비자 데이터를 수집한 경우 중국 내의 다른 기업들에게 다 공유된다고 봐야 합니다. 중국 정부 차원에서 그것을 권유하고 있기 때문입니다.

**▼ 상무부 등 9개 부처의 크로스보더 전자상거래 수출 확대 및 해외 창고 구축 추진에 대한 의견**

(十二) 提升跨境数据管理和服务水平。在符合法律法规要求、确保安全的前提下，促进和规范数据跨境流动，允许跨境电商、跨境支付等应用场景数据有序自由流动。鼓励跨境电商、海外仓企业依法依规利用数据赋能产业链上下游，增强生产企业柔性化供应能力。

(12) 국경 간 데이터 관리 및 서비스 수준 향상. 법률과 규정을 준수하고 안전을 보장하는 전제 하에, 국경 간 데이터 흐름을 촉진하고 규범화하며, 국경 간 전자상거래, 국경 간 결제 등의 응용 시나리오에서 데이터의 질서 있는 자유로운 흐름을 허용한다. 국경 간 전자상거래, 해외 물류창고 기업이 법에 따라 데이터를 활용하여 산업 체인의 상·하류를 지원하고, 생산 기업의 유연한 공급 능력을 강화하도록 장려한다.

위에서 말한 사용자의 키 입력 패턴과 같은 행위 정보가 쌓이면, 사용자 개인을 특정(Identify)하기가 쉬워질 수 있습니다. 이 문제로 인해 여러 국가가 딥시크의 서비스를 제한하려는 움직임을 보이고 있습니다. 딥시크 측은 개인정보 보호 정책을 마련했다고 주장하지만, 그 범위와 방식에 대한 논란은 계속되고 있습니다.

결과적으로, 각국 정부와 기관들은 딥시크가 수집한 개인정보를 어떻게 관리하고 있는지 조사하고 있으며, 일부 국가에서는 앱 사용을 전면이나 부분적으로 제한하고 있습니다. 중국의 공산당 일당 전제주의 정치 시스템이 이러한 개인정보 수집 과정을 통해서 악용될 가능성은 없는지 전 세계가 우려하고 있습니다.

딥시크의 성공은 단순한 기술적 성과를 넘어, 글로벌 AI 산업의 판도를 재편할 잠재력을 가지고 있습니다. 특히 미국의 첨단 칩 수출 제한과 같은 지정학적 제약 속에서, 중국이 주도하는 오픈 소스 AI 모델의 등장은 세계 기술 패권에 새로운 변화를 예고합니다. AI의 '스푸트니크 모멘트(Sputnik moment)'란 비유로, 우주 경쟁 시대와 유사한 파급 효과가 예측되기도 하였습니다. 딥시크의 사례는 AI 개발에 있어 'GPU 시설에 들어가는 천문학적 돈보다 효율적인 알고리즘과 혁신적인 아이디어'가 중요하다는 암시를 주고 있기도 합니다.

딥시크는 기존 인공지능 서비스 회사들에게 강력한 경쟁 압박을 주고 있으며, 이는 비용 절감과 서비스 품질 향상으로 이어질 가능성이 큽니다. 딥시크는 적은 자원을 활용해 높은 성과를 거두며 경쟁력을 증명한 만큼, 다른 기업들도 비용 효율적인 모델을 채택하고 기술 혁신을 가속화할 수밖에 없습니다.

인공지능 서비스의 가격은 점차 저렴해지고, 고객들은 더욱 향상된 서비스를 경험할 수 있는 기회가 늘어날 것입니다. 오픈AI가 매월 220달러를 받는 GPT-PRO 옵션을 출시하면서 인공지능 활용의 비용이 급증하려고 하는 시점에서, 딥시크의 등장은 소비자들의 입장에서는 반가운 경쟁 구도가 아닐 수 없습니다. 경쟁의 활성화는 저렴하고 보편적인 AI 기술의 대중화를 촉진하며 빠르게 변화하는 시장에서 기업들의 혁신을 자극할 것입니다.

# 3
# 양국 간 AI 정책

---

## 3-1 미국의 AI 관련 행정명령

### (1) 바이든 행정부의 '안전하고, 신뢰할 수 있는 AI 개발'을 위한 행정명령

바이든 대통령은 2023년 10월 30일에 '안전하고, 보안성이 높으며, 신뢰할 수 있는 AI 개발 및 사용'에 관한 행정명령 14110을 발령했습니다. 이 행정명령은 2020년 이후 생성형 AI의 급속한 발전, 특히 ChatGPT와 같은 대규모 언어 모델의 출시에 대응하기 위한 것이었습니다. 행정명령의 목표는 AI 산업의 경쟁 촉진, AI로 인한 시민의 자유와 국가 안보에 대한 위협 방지, 그리고 AI 분야에서 미국의 글로벌 경쟁력 확보였습니다. 미국 정부가 인공지능(AI)을 어떻게 '안전하고, 책임 있게(responsibly), 그리고 모두에게 이롭게' 발전시키고 활용할지에 대한 주요 방향을 밝힌 문서로, 다음과 같이 요약할 수 있습니다.

**AI의 잠재력과 위험에 대한 인식**   인공지능은 세상을 더 편리하고 풍요롭게 만들 수 있는 무궁한 가능성을 지니고 있습니다. 동시에 부주의하게 사용하면 편견이나 차별을 키우고, 잘못된 정보가 널리 퍼지는 등 여러 문제가 생길 수 있습니다. 그래서 정부, 기업, 학계, 시민사회 모두 협력하여 위험을 잘 통제하고 AI의 좋은 점을 극대화해야 합니다.

**정부의 조율과 역할**   바이든 행정부는 연방정부 차원에서 AI를 올바르게 관리하고 발전시키는 것을 가장 중요한 과제로 삼고 있습니다. AI가 빠르게 발전하는 만큼, 정부가 나서서 국내외의 다양한 이해관계자들과 함께 대응할 필요가 있습니다.

### 핵심 가치와 원칙

- **안전성과 보안**  AI 시스템은 사용 전에 철저히 테스트되고, 사용 중에도 계속해서 성능과 보안 상태를 확인받아야 합니다. AI가 잘못 사용되거나 변조되는 것을 막기 위한 규칙과 평가 체계가 필요합니다. 또, 사람들이 AI로 만든 콘텐츠인지 아닌지를 파악할 수 있도록 '레이블링(labeling)'이나 '출처 정보'를 제공하는 방안도 연구해야 합니다.
- **책임 있는 혁신과 경쟁**  새로워진 지식재산권(IP) 문제, 개발 환경, 교육과 훈련 등의 부분에서 AI 분야가 공정하고 활발하게 발전하도록 지원해야 합니다. 반도체나 클라우드 같은 중요한 자원이 특정 기업에만 유리하게 집중되지 않도록 경쟁을 잘 관리하며, 소규모 개발자나 기업가도 마음껏 혁신을 시도할 수 있게 해야 합니다.
- **노동자 보호와 기회 창출**  AI가 창출해 낼 새 일자리나 산업 혜택

을 모든 노동자가 공평하게 누릴 수 있어야 합니다. 직업교육이나 재교육을 확대하고, 노동자 권리를 존중하는 환경을 조성해야 합니다. 동시에 AI가 지나친 감시나 일자리 질 하락을 가져오지 않도록 규제와 지침이 필요합니다.

- **형평성(equity)과 시민권 보호**  AI가 차별이나 편견을 더욱 키우지 못하도록 주의 깊게 관리해야 합니다. AI가 실제로 사람들의 안전, 평등, 기회를 보장하는 데 도움을 주는지 점검하고, 차별을 일으키는 AI 시스템은 사용되지 않도록 엄격하게 규제해야 합니다.

- **소비자 보호**  건강, 금융, 교육, 주택 등 중요한 분야에서 AI가 잘못 작동하면 큰 피해가 발생할 수 있습니다. 때문에 AI가 제대로 쓰이고 있는지 꾸준히 관리·감독하여 소비자를 사기, 편견, 프라이버시 침해 등으로부터 보호해야 합니다.

- **프라이버시와 자유 보호**  AI는 사람들의 개인정보를 굉장히 정교하게 분석하고 예측할 수 있습니다. 이를 악용하지 못하도록 정부가 앞장서서 데이터를 안전하게 다루고, 필요한 경우 프라이버시 강화 기술을 적극 활용해야 합니다.

- **연방정부 내 AI 활용 역량 강화**  정부 스스로 AI 전문가를 많이 채용하고, 직원들도 AI의 장단점을 잘 이해할 수 있게 교육해야 합니다. 또한 공공 서비스에 활용되는 AI가 국민의 권리를 침해하지 않도록 안전장치를 갖춰야 합니다.

- **국제적 협력과 리더십**  미국은 AI 기술을 선도할 뿐 아니라, 이를 책임감 있게 활용하는 규칙과 표준을 전 세계와 함께 만들어

야 합니다. 다른 나라들이 AI로 인해 인권이 침해되거나 불공정이 커지지 않도록 국제 파트너들과 협력해야 합니다.

AI가 가져올 밝은 미래를 열기 위해서는 정부와 사회 모두가 힘을 합쳐서 안전, 공정, 형평성, 그리고 혁신을 균형 있게 지켜야 한다고 말하고 있습니다. 미국은 이런 가치를 실현하기 위한 제도와 지침을 마련해 세계를 선도하겠다는 포부를 담고 있습니다.

하지만 이 행정명령은 트럼프 대통령의 취임 직후 취소되었습니다. 트럼프 대통령은 인공지능의 개발과 발전에 제한이 없어야 한다는 철학적 배경 속에서 바이든 대통령의 행정명령이 인공지능의 개발 보급에 장애가 된다고 판단한 것입니다.

## (2) 바이든 대통령의 AI 인프라 관련 행정명령(2025. 1. 14.)

2025년 1월 14일 발령된 '인공지능 인프라 분야에서 미국의 리더십을 강화하기 위한 행정명령'은 미국 내 인공지능(AI) 인프라 구축을 통해 국가 안보, 경제 경쟁력, 청정 에너지 기술 발전을 목표로, 관련 정책 방향과 세부 실행 계획을 제시하고 있습니다. 미국이 AI 인프라 분야에서 글로벌 리더십을 유지하고, 국가 안보와 경제 경쟁력, 그리고 청정 에너지 기술 발전을 함께 이루기 위해 마련한 종합 계획을 설명합니다.

AI 데이터센터와 관련시설을 건설하고, 이에 필요한 고성능 컴퓨팅과 에너지 인프라를 구축해 나가는 과정을 체계적으로 지원·감독하는 것입니다. 군사 사이버보안처럼 국가 안보와 직결되는 부문부터, 에너지인프라 중소기업 생태계까지 다양한 분야가 AI 기술을 통해 발전할 수 있도록 하는 종합 전략입니다.

이 행정명령은 크게 다섯 가지를 제시합니다. 첫째, AI가 군사 정보 분야에서 안전하게 쓰이도록 관리해 국가 안보와 AI 리더십을 동시에 지키는 것(maintain leadership)입니다. 둘째, 중소 개발자와 기업가들도 경쟁적으로 참여할 수 있는 공정한 AI 생태계를 조성해, 경제 전반에 활력을 불어넣으려 합니다. 셋째, 청정 에너지를 통해 데이터센터를 친환경적으로 운영함으로써 환경 보호와 미래 에너지 사업을 함께 추진합니다. 넷째, AI 인프라 구축 비용이 과도하게 소비자와 기업에 전가되지 않도록 대규모 투자와 요금 구조를 꼼꼼하게 관리합니다. 다섯째, AI 인프라를 만드는 과정에서 노동자와 지역사회가 혜택을 누리도록, 높은 노동 기준과 협력 체계를 마련해 모두가 윈윈(win-win)할 수 있도록 한다는 점이 특징입니다.

또한 AI 인프라에 적합한 연방 토지나 청정 에너지 시설 부지를 찾아내어 대규모 건설을 진행하고, 허가 절차를 빠르게 처리함으로써 시간과 비용을 절약합니다. 송전 인프라 확충으로 데이터센터에 안정적인 전력이 공급되도록 하고, 그 과정에서 환경과 지역사회를 보호할 안전장치를 마련합니다. 이와 함께 미국산 반도체 등의 핵심 부품을 우선 사용하거나, 동맹국들과 AI 기술 협력을 확대하는 방안도 포함되어 있습니다.

이 행정명령은 AI 기술을 활용해 국가 안보 경제 에너지 산업을 모두 키우고, 새로운 일자리와 산업 기회를 만들어 내는 것을 목표로 하고 있습니다. 다만 이를 실행할 때 다양한 부처 기업 지역사회의 참여가 필요하고, 환경 보호나 지역 주민들의 의견을 충분히 존중해야 한다는 점이 강조됩니다. 전체적으로 "AI 기술을 통해 미국의 안전과 번영을 앞당기겠다."라는 정부의 의지를 보여주는 문서라 할 수 있습니다.

인공지능 분야에서 미국의 리더십을 확보하기 위한 포괄적인 계획도 제시합니다. AI 인프라 구축, 청정 에너지 개발, 허가 프로세스 간소화, 공급망 강화 등 다양한 측면을 포함하며, 국가 안보와 경제 경쟁력 강화에 기여할 수 있을 것으로 기대됩니다. 하지만 실행 과정에서 다양한 이해관계자들의 참여와 협력이 필수적이며, 환경 영향 및 지역사회 반발에 대한 세심한 고려가 필요합니다.

바이든 대통령 퇴임 며칠 전, 트럼프 대통령 취임 직전에 발령된 것이기는 하지만, 인공지능 인프라 구축을 위해 필요한 화급한 절차적 부분에 대한 내용이어서, 트럼프 대통령은 취임이후에도 이 행정명령의 효력을 인정하였습니다. 따라서 그대로 유효하게 집행될 예정입니다.


## (3) 트럼프 대통령의 '미국만을 위한 AI 장벽 제거' 행정명령 (2025. 1. 23.)

트럼프 대통령이 취임 직후 발표한 '미국의 인공지능(AI) 리더십에 대한 장벽 제거' 행정명령은 AI 분야에서 기존 규제를 완화하고 기업의 자율성을 확대하려는 의지를 반영하는 내용을 담고 있습니다. 기존의 바이든 정부의 안전한 인공지능의 사용이라는 목표 대신 미국의 글로벌 AI 리더십을 강화하고 경제 성장과 국가 안보를 증진하려는 전략을 보여줍니다. 반면에 잠재적 위험과 AI 윤리 및 사회적 영향에 대한 우려를 불러일으킬 수 있어 다양한 이해 관계자 사이에서 정치적 논쟁을 유발할 가능성이 있습니다. 또한, 구체적인 실행 계획이 아직 제시되지 않아 향후 정책 방향이 어떻게 구체화될지 주의 깊게 지켜봐야 합니다.

국제적인 AI 경쟁 환경과 빠른 기술 발전 속도를 고려할 때, 유연한 정책 수립이 중요하며, 이 행정명령은 다른 국가의 AI 정책에도 영향을 미칠 것으로 예상됩니다. 미국의 AI 리더십 재확립과 혁신 장려를 위한 중요한 변화이지만, AI 윤리와 사회적 영향에 대한 지속적인 관심과 논의가 필요합니다.

트럼프 행정부가 중국의 인공지능 발전, 그리고 중국의 전제주의 정치체제에 대항하기 위해서 바이든 행정부가 시행했던 비교적 균형 잡힌 인공지능에 대한 행정명령과 규제를 철회했다고 주장하기도 합니다.

하지만 시진핑과 트럼프는 경주에서 이기는 데 너무 집중한 나머지 규칙에 충분한 주의를 기울이지 않고, 상황에 따라 편리한 선택을 하는 것이 아닌가 싶어 우려스럽기도 합니다.

유발 하라리는 그의 저서와 강연에서 인공지능(AI)과 데이터 권력의 집중이 가져올 심각한 문제들을 경고하며, 이를 인류가 직면한 중요한 도전 과제로 제시합니다. 그는 AI가 단순한 기술적 도구를 넘어 인간의 의사 결정과 사회적 구조를 근본적으로 변화시킬 수 있는 잠재력을 지녔다고 강조합니다.

특히, 데이터의 독점이 소수의 기업이나 정부에 의해 이루어질 경우, 이는 민주주의를 약화시키고 독재적 통제를 강화할 위험이 있다고 지적합니다. AI는 인간의 행동을 예측하고 조작할 수 있는 능력을 가지며, 이를 통해 대중의 신뢰와 사회적 결속을 파괴할 수 있다고 경고합니다. 또한, AI가 생성하는 허구적 이야기와 정보는 대중을 선동하거나 편견을 강화할 수 있어, 사회적 불평등과 갈등을 심화시킬 가능성이 큽니다. 그는 이러한 문제를 해결하기 위해 데이터의 민주적 관리와 AI의 윤리적 통제 장치가 필수적이라고 주장합니다. 궁극적으로, AI 시대에서 인간의 정체성과 자유를 지키기 위해서는 기술 발전에 대한 신중한 접근과 국제적 협력이 필요하다고 강조합니다.

▼ 트럼프 대통령의 행정명령(2025. 1. 23.) 번역

미국 합중국 대통령으로서 헌법과 미국의 법률에 의해 부여된 권한에 따라, 다음과 같이 명령한다.

**제1조 목적** 미국은 자유 시장의 강점, 세계적인 연구 기관, 그리고 기업가 정신에 힘입어 오랫동안 인공지능(AI) 혁신의 선두에 서 왔다. 이 선도적 위치를 유지하기 위해서는, 이념적 편향이나 사회적 의도를 의도적으로 반영하지 않는 AI 시

스템을 개발해야 한다. 적절한 정부 정책이 뒷받침된다면, 우리는 전 세계 AI 분야에서 우리의 선도적 지위를 공고히 하고, 모든 미국인을 위한 더 밝은 미래를 보장할 수 있을 것이다. 이 행정명령은 미국의 AI 혁신에 장벽이 되는 기존의 일부 AI 정책과 지침을 철회하여, 인공지능 분야에서 세계적 리더십을 유지하기 위한 미국의 결정적 행동을 가능하게 한다.

**제2조 정책** 미국의 정책은 인공지능 분야에서 미국의 세계적 우위를 지속적이고도 강화하여, 인류의 번영, 경제 경쟁력, 그리고 국가 안보를 증진하는 것이다.

**제3조 정의** 이 행정명령에서 "인공지능" 또는 "AI"란, 15 U.S.C. 9401(3)에 명시된 의미를 따른다.

**제4조 인공지능 실행 계획(Action Plan) 수립**

**가.** 이 명령이 발효된 후 180일 이내에, 과학기술 담당 대통령 보좌관(APST), AI 및 암호 담당 특별고문(Special Advisor for AI and Crypto), 그리고 국가안보보좌관(APNSA)은 경제정책 담당 대통령 보좌관, 국내정책 담당 대통령 보좌관, 관리 예산국(OMB) 국장, 그리고 APST와 APNSA가 관련 있다고 판단하는 각 행정 부처 및 기관(이하 "기관")의 수장들과 협력하여, 제2조에 명시된 정책을 달성하기 위한 실행 계획을 마련하고 대통령에게 제출해야 한다.

## 제5조 명령 철회의 이행

**가.** APST, AI 및 암호 담당 특별고문, 그리고 APNSA는, 그
들이 관련 있다고 판단하는 모든 기관의 수장들과 협력
하여, 2023년 10월 30일 자 행정명령 14110(「안전하고, 보
안성이 높으며, 신뢰할 수 있는 인공지능의 개발 및 사용(Safe, Secure,
and Trustworthy Development and Use of Artificial Intelligence)」)에
의거해 시행된 모든 정책, 지침, 규정, 명령 및 기타 조치
를 즉시 검토한다. 그리고 APST, AI 및 암호 담당 특별고
문, APNSA는, 관련 기관의 수장들과 협력하여, 행정명령
14110에 의거해 시행된 조치 중 제2조에 명시된 정책과
상충되거나, 해당 정책에 대한 장애물이 될 수 있는 조치
를 확인해야 한다. 이렇게 식별된 조치들에 대해서는, 각
기관의 수장들이 관련 법률에 따라 적절한 경우 해당 조치
를 유보·수정 또는 폐기하거나, 혹은 유보·수정·폐기 제
안을 해야 한다. 만약 해당 조치를 즉시 유보·수정·폐기
할 수 없는 경우, APST와 기관의 수장들은 그러한 조치가
최종적으로 정리될 때까지, 관련 법률이 허용하는 한도 내
에서 가능한 모든 예외 조치를 신속히 취해야 한다.

**나.** 이 명령 발효 후 60일 이내에, 관리예산국(OMB) 국장은
APST와 협력하여, OMB 메모랜덤 M-24-10 및 M-24-
18을 제2조에 명시된 정책과 일치하도록 필요한 수정을
해야 한다.

제6조 일반 조항

**가.** 이 명령은 다음 사항을 저해하거나 다른 방식으로 영향을 미치지 않는다.

1. 법률에 의해 각 행정 부처 또는 기관, 혹은 그 수장에게 부여된 권한.

2. 예산, 행정 및 입법 제안과 관련하여 관리예산국(OMB) 국장의 권한.

**나.** 이 명령은 관련 법률과 의회에서 할당된 예산의 범위 내에서 시행되어야 한다.

**다.** 이 명령은 어떠한 당사자에게도, 미국 정부(해당 부처, 기관, 하위 기관), 해당 직원·고용인, 또는 그 밖의 개인을 상대로, 법적 권리나 이익(실체적 또는 절차적)을 창출하거나 부여하려는 의도가 아니며 그러한 효과를 갖지 않는다.

백악관

2025년 1월 23일

### (4) 오픈AI의 정부기관용 인공지능 출시

오픈AI가 미국 정부 기관을 위해 특별히 만들어진 ChatGPT의 새로운 버전인 ChatGPT Gov를 출시했습니다. 향상된 보안 및 개인정보 보호 기능을 제공하며, 정부 기관이 민감한 데이터를 안전하게 처리하면서 오픈AI의 최첨단 AI 모델을 활용할 수 있도록 설계되었습니다. 이미 여러 기관에서 사실상 ChatGPT를 활용하여 효율성을 높이고 있다는 사례와 함께, ChatGPT Gov가 미국 정부의 AI 활용을 가속화하고 국익에 기여할 것이라고 오픈AI는 강조하고 있습니다. 이에 대한 미국 정부의 입장은 정해지지 않았지만, 결국은 수용할 것이라고 봅니다. 이제 미국을 필두로 전자정부가 아닌 인공지능 정부가 탄생하는 것입니다. ChatGPT Gov는 ChatGPT Enterprise와 유사한 기능을 제공하지만, 더 강화된 보안 기능을 갖추고 있습니다. 주요 기능으로는 보안 대화 저장, 텍스트 및 이미지 업로드, GPT-4o 모델 접근, Custom GPT 생성 및 공유 등이 있습니다. 기관별 맞춤형 시스템 구축을 위한 관리 콘솔도 제공됩니다. 이는 단순한 혁신 도구를 넘어 공공 부문의 안정적이고 효율적인 운영을 지원하는 인프라로 기능합니다.

2024년 이후, 3,500개 이상의 미국 연방·주·지방 정부 기관에서 9만 명 이상의 사용자가 ChatGPT를 사용했습니다. 현재도 행정 업무 지원, 연구, 운영 개선 등 다양한 분야에서 활용되고 있습니다. 미 공군 연구소는 내부 자료 접근성 개선, 기초 코딩, AI 교육 등에 사용했고, 로스앨러모스 국립연구소는 연구 및 혁신에 활용했고, GPT-4o를 활용한 생물학 연구 실험했으며, 미네소타 주정부는 번역 서비스에 사용한 것으로 보고되었습니다.

만약 미국 정부가 이를 제도적으로 승인하고, 전체적 혹은 부분적으로 실제로 도입한다면 인류 역사상 획기적인 변화가 될 것입니다. 서비스 품질을 향상시킬 잠재력을 가지고 있습니다. 하지만 AI 윤리 문제, 데이터 보안 문제 등 계속 주시하면서 지켜봐야 할 과제도 남아 있습니다.

## 3-2 중국 공산당의 AI 정책

중국의 인공지능에 대해 얼마나 선각자적 시각을 가지고 있었는지 2017년 7월 8일에 공식 발표된 '중국 국무원의 신세대 인공지능 발전 계획 발표에 관한 통지'문을 보면 짐작할 수 있습니다. 다음은 원문의 한글 번역본입니다.

▼ '중국 국무원의 신세대 인공지능 발전 계획 발표에 관한 통지'

> 중국은 2020년까지 AI 기술과 응용에서 세계적인 수준에 도달하고, 2025년까지 AI를 산업 혁신과 경제 발전의 주요 동력으로 삼아 스마트 사회를 건설하며, 2030년까지 AI 이론, 기술, 응용에서 세계 선두를 차지하고, 글로벌 AI 혁신 중심국으로 도약하겠다는 내용의 발표를 2017년에 이미 한 것입니다.
>
> **(가) 인공지능과 관련된 전략적 정세**
> 인공지능 발전이 새로운 단계에 진입했습니다. 60여 년의 발전을 거쳐, 모바일 인터넷, 빅데이터, 슈퍼컴퓨팅, 센서 네트워크, 뇌과학 등 새로운 이론과 기술, 그리고 경제 사회 발전의 강력한 수요의 공동 추진 하에, 인공지능은 가속화 발전하여 딥러닝, 크로스오버 융합, 인간-기계 협력, 집단지성 개

방, 자율 제어 등 새로운 특징을 보이고 있습니다. 빅데이터 주도 지식학습, 크로스미디어 협력 처리, 인간-기계 협력 증강지능, 집단 통합 지능, 자율 지능 시스템이 인공지능의 발전 중점이 되었으며, 뇌과학 연구 성과에서 영감을 받은 뇌 유사 지능이 발전을 기다리고 있고, 칩화·하드웨어화·플랫폼화 추세가 더욱 뚜렷해지면서 인공지능 발전이 새로운 단계에 진입했습니다. 현재, 새로운 세대의 인공지능 관련 학문 발전, 이론 모델링, 기술 혁신, 소프트웨어·하드웨어 업그레이드 등이 전체적으로 추진되면서, 연쇄적 돌파를 일으키고 있으며, 경제 사회 각 영역이 디지털화, 네트워크화에서 지능화로 가속 도약하도록 추진하고 있습니다.

인공지능은 국제 경쟁의 새로운 초점이 되었습니다. 인공지능은 미래를 이끌 전략적 기술로, 세계 주요 선진국들은 인공지능 발전을 국가 경쟁력 향상과 국가 안보 유지를 위한 중대 전략으로 삼고, 계획과 정책을 서둘러 발표하며, 핵심 기술, 최고 인재, 표준 규범 등을 중심으로 배치를 강화하여, 새로운 라운드의 국제 과학기술 경쟁에서 주도권을 장악하고자 노력하고 있습니다. 현재, 중국의 국가 안보와 국제 경쟁 정세가 더욱 복잡해짐에 따라, 반드시 전 세계를 바라보며 인공지능 발전을 국가 전략적 차원에서 체계적으로 배치하고 주도적으로 계획하여, 인공지능 발전 새로운 단계의 국제 경쟁에서 전략적 주도권을 확고히 장악하고, 새로운 경쟁 우위를 창출하며 발전의 새로운 공간을 개척하여, 국가 안보를 효과적으로 보장해야 합니다.

인공지능은 경제 발전의 새로운 엔진이 되었습니다. 인공지능은 새로운 라운드의 산업 변혁의 핵심 동력으로서, 과거 과학기술 혁명과 산업 변혁에 축적된 거대한 에너지를 더욱 방출하고 새로운 강력한 엔진을 창출하여, 생산, 분배, 교환, 소비 등 경제 활동의 각 단계를 재구성하고, 거시적에서 미시적 영역까지 지능화의 새로운 수요를 형성하며, 새로운 기술, 새로운 제품, 새로운 산업, 새로운 업태, 새로운 모델을 촉발하여, 경제 구조의 중대한 변혁을 일으키고, 인류의 생산 생활방식과 사고방식을 깊이 변화시켜, 사회 생산력의 전체적 도약을 실현할 것입니다. 중국 경제 발전이 새로운 정상 상태에 진입함에 따라, 공급측 구조성 개혁 심화의 과제가 매우 어려우므로, 반드시 인공지능의 심도 있는 응용을 가속화하고, 인공지능 산업을 육성 강화하여, 중국 경제 발전에 새로운 동력을 주입해야 합니다.

인공지능은 사회 건설의 새로운 기회를 가져옵니다. 중국은 현재 전면적 소강사회 건설의 결정적 단계에 있으며, 인구 고령화, 자원 환경 제약 등의 도전이 여전히 심각한 가운데, 인공지능이 교육, 의료, 노인 돌봄, 환경 보호, 도시 운영, 사법 서비스 등 영역에서 광범위하게 응용되어, 공공 서비스의 정확화 수준을 크게 향상시키고, 전면적으로 국민의 생활 수준을 향상시킬 것입니다. 인공지능 기술은 기반 시설과 사회 안전망에 중대한 변화 등을 정확하게 감지, 예측, 경보할 수 있으며, 적시에 집단 인지 및 심리 변화를 파악하고, 주동적으로 의사 결정을 하고 반응하여, 사회 거버넌스의 능력과 수준을 현저히 향상시킬 것이며, 사회 안정의 효과적 유지에 대체할 수 없는 역할을 할 것입니다.

인공지능 발전의 불확실성은 새로운 도전을 가져옵니다. 인공지능은 영향 범위가 넓은 파괴적 기술로서, 고용 구조 변화, 법률과 사회 윤리 충격, 개인 프라이버시 침해, 국제관계 준칙 도전 등의 문제를 가져올 수 있으며, 정부 관리, 경제 안보와 사회 안정 나아가 글로벌 거버넌스에 깊은 영향을 미칠 것입니다. 인공지능을 대대적으로 안전하고 신뢰할 수 있으며 통제 가능한 발전을 확보해야 합니다.

중국의 인공지능 발전은 양호한 기초를 가지고 있습니다. 국가는 인공지능 제조 등 국가 중점 연구개발 계획 중점 프로젝트를 배치했고, '인터넷+인공지능' 3년 행동 실시 방안을 발표하여, 과학기술 연구 개발, 응용 보급과 산업 발전 등 측면에서 일련의 조치를 제안했습니다. 다년간의 지속적인 축적을 통해, 중국은 인공지능 영역에서 중요한 진전을 이루어, 국제 과학기술 논문 발표량과 발명특허 허가량이 이미 세계 2위를 차지하고 있으며, 일부 영역의 핵심 관건 기술에서 중요한 돌파를 실현했습니다. 음성 인식, 시각 인식 기술이 세계를 선도하고 있으며, 자율학습, 직관 지각, 종합 추론, 혼합 지능과 군체 지능 등이 초보적으로 도약 발전의 능력을 갖추었고, 중국어 정보 처리, 지능 모니터링, 생체특징 인식, 산업용 로봇, 서비스 로봇, 자율 주행이 점차 실제 응용에 진입하고 있으며, 인공지능 혁신 창업이 날로 활발해지고, 일부 선도 중추기업들이 가속 성장하여, 국제적으로 광범위한 주목과 인정을 받고 있습니다. 가속 축적되는 기술 능력과 방대한 데이터 자원, 거대한 응용 수요, 개방적인 시장 환경이 유기적으로 결합되어, 중국 인공지능 발전의 독특한 우위를 형성했습니다.

동시에, 중국의 인공지능 전체 발전 수준이 선진국과 비교하여 여전히 격차가 있음을 냉철하게 봐야 합니다. 중대한 독창적 성과가 부족하고, 기초 이론, 핵심 알고리즘 및 관련 주요 설비, 고급 칩, 중요 제품과 시스템, 기초 재료, 부품, 소프트웨어와 인터페이스 등 측면에서 격차가 큽니다. 과학 연구 기관과 기업이 아직 국제적 영향력을 가진 생태계와 산업 체인을 형성하지 못했으며, 체계적인 선행 연구 개발 배치가 부족합니다. 인공지능 첨단 인재가 수요를 훨씬 못 미치고 있습니다. 인공지능 발전에 적용하는 기반 시설, 정책 법규, 표준 체계가 시급히 완비되어야 합니다.

새로운 형세와 새로운 수요에 직면하여, 반드시 주동적으로 변화를 추구하고 대응해야 하며, 인공지능 발전의 중대한 역사적 기회를 확고히 잡고, 발전에 밀착하여, 대세를 연구 판단하고, 주동적으로 계획하며, 방향을 장악하고, 선기를 선점하여, 세계 인공지능 발전의 새로운 조류를 이끌고, 경제 사회 발전을 서비스하고 국가 안보를 지원하며, 국가 경쟁력의 전체적 도약과 비약적 발전을 이끌어야 합니다.

## 지도 사상

당의 18대와 18기 3중, 4중, 5중, 6중 전회의 정신을 전면적으로 관철하고, 시진핑 총서기의 일련의 중요 담화 정신과 국정 운영의 새로운 이념, 새로운 사상, 새로운 전략을 심도 있게 학습하고 관철하며, '5위 일체' 총체적 배치와 '4개 전면' 전략적 배치에 따라, 당 중앙과 국무원의 정책 결정 배치를 성실히 이행하고, 혁신 주도 발전 전략을 심도 있게 실시하여, 인공지능과 경제, 사회, 국방의 심도 있는 융합 가속화를 주선으로 하고, 새로운 세대의 인공지능 과학기술 혁신 능력 향상을 주요 공격 방향으로 하여, 지능 경제를 발전시키고, 지능 사회를 건설하며, 국가 안보를 유지하고, 지식군, 기술군, 산업군의 상호작용 융합과 인재, 제도, 문화의 상호 지원 생태계를 구축하며, 위험과 도전을 전망적으로 대응하고, 인류의 지속가능한 발전을 중심으로 하는 지능화를 추진하여, 사회 생산력, 종합 국력과 국가 경쟁력을 전면적으로 향상시켜, 혁신형 국가와 세계 과학기술 강국 건설 가속화, '두 개의 백년' 분투 목표와 중화민족의 위대한 부흥이라는 중국의 꿈 실현을 위한 강력한 지원을 제공합니다.

## 기본 원칙

과학기술 선도. 세계 인공지능 발전 추세를 파악하고, 연구

개발 배치의 전망성을 부각시키며, 중점 첨단 영역에서 탐색적 배치와 장기적 지원을 하여, 이론, 방법, 도구, 시스템 등 측면에서 혁명적이고 파괴적인 돌파를 이루도록 노력하고, 인공지능 원천 혁신 능력을 전면적으로 강화하며, 선발 우위 구축을 가속화하여, 고급 선도 발전을 실현합니다.

**체계적 배치.** 기초 연구, 기술 연구개발, 산업 발전과 업계 응용의 서로 다른 특징에 따라, 목표 지향적인 체계적 발전 전략을 수립합니다. 사회주의 제도의 집중력으로 큰일을 해내는 우위를 충분히 발휘하여, 프로젝트, 기지, 인재의 통합적 배치를 추진하고, 이미 배치된 중대 프로젝트와 새로운 임무를 유기적으로 연계하며, 당면한 시급한 수요와 장기적 발전을 단계적으로 이어가고, 혁신 능력 건설, 체제 메커니즘 개혁과 정책 환경 조성을 협동적으로 추진합니다.

**시장 주도.** 시장 법칙을 준수하고, 응용 지향을 견지하며, 기술 노선 선택과 업계 제품 표준 제정에서 기업의 주체적 역할을 부각시키고, 인공지능 과학기술 성과의 상업화 응용을 가속화하여, 경쟁 우위를 형성합니다. 정부와 시장의 분업을 잘 파악하고, 계획 지도, 정책 지원, 안전 예방, 시장 감독, 환경 조성, 윤리 법규 제정 등 측면에서 정부의 중요한 역할을 더 잘 발휘합니다.

**오픈소스 개방.** 오픈소스 공유 이념을 제창하고, 산학연용(생산, 학술, 연구, 응용) 각 혁신 주체의 공동 창조와 공유를 촉진합니다. 경제 건설과 국방 건설의 협조 발전 법칙을 준수하여, 군민 과학기술 성과의 양방향 전환 응용, 군민 혁신 자원의 공동 건설과 공유를 촉진하여, 전 요소, 다영역, 고효율의 군민 심도 융합 발전의 새로운 구도를 형성합니다. 인공지능 글로벌 연구개발과 거버넌스에 적극적으로 참여하여, 전 세계 범위에서 혁신 자원을 최적화 배치합니다.

**전략목표를 세분화 후 추진**

첫 번째 단계, 2020년까지 인공지능 총체적 기술과 응용이 세계 선진 수준과 동기화되고, 인공지능 산업이 새로운 중요한 경제 성장점이 되며, 인공지능 기술 응용이 민생 개선의 새로운 경로가 되어, 혁신형 국가 대열 진입과 전면적 소강 사회 건설 실현이라는 분투 목표를 강력히 지원합니다.

— 새로운 세대의 인공지능 이론과 기술에서 중요한 진전을 이룹니다. 빅데이터 지능, 크로스미디어 지능, 군체 지능, 혼합 증강 지능, 자율 지능 시스템 등 기초 이론과 핵심 기술에서 중요한 진전을 실현하고, 인공지능 모델 방법, 핵심 기기, 고급 설비와 기초 소프트웨어 등 측면에서 표지성 성과를 거둡니다.
— 인공지능 산업 경쟁력이 국제 제1진영에 진입합니다. 초보적으로 인공지능 기술 표준, 서비스 체계와 산업 생태체인을 구축하고, 일부 글로벌 선도적인 인공지능 중추기업

을 육성하며, 인공지능 핵심 산업 규모가 1,500억 위안(약 29조 9,370억 원)을 초과하고, 관련 산업 규모가 1조 위안(약 199조 5,800억 원)을 초과하도록 견인합니다.

— 인공지능 발전 환경이 더욱 최적화되고, 중점 영역에서 혁신 응용을 전면적으로 전개하며, 고수준의 인재 대오와 혁신 팀을 집결시키고, 일부 영역의 인공지능 윤리 규범과 정책 법규가 초보적으로 수립됩니다.

두 번째 단계, 2025년까지 인공지능 기초 이론에서 중대한 돌파를 실현하고, 일부 기술과 응용이 세계 선도 수준에 도달하며, 인공지능이 중국 산업 업그레이드와 경제 전환의 주요 동력이 되고, 지능 사회 건설이 적극적인 진전을 이룹니다.

— 새로운 세대의 인공지능 이론과 기술 체계가 초보적으로 수립되고, 자율 학습 능력을 갖춘 인공지능이 돌파를 이루며, 다영역에서 선도적 연구 성과를 거둡니다.

— 인공지능 산업이 글로벌 가치사슬 고급단에 진입합니다. 새로운 세대의 인공지능이 지능 제조, 지능 의료, 스마트 도시, 지능 농업, 국방 건설 등 영역에서 광범위하게 응용되고, 인공지능 핵심 산업 규모가 4,000억 위안(약 79조 8,320억 원)을 초과하며, 관련 산업 규모가 5조 위안(약 997조 9,000억 원)을 초과하도록 견인합니다.

— 초보적으로 인공지능 법률 법규, 윤리 규범과 정책 체계

를 수립하고, 인공지능 안전 평가와 관리통제 능력을 형성
합니다.

세 번째 단계, 2030년까지 인공지능 이론, 기술과 응용이 총
체적으로 세계 선도 수준에 도달하여, 세계 주요 인공지능
혁신 중심이 되고, 지능 경제, 지능 사회가 뚜렷한 성과를 거
두어, 혁신형 국가 선두 대열 진입과 경제 강국을 위한 중요
한 기초를 마련합니다.

— 비교적 성숙한 새로운 세대의 인공지능 이론과 기술 체계
   를 형성합니다. 뇌 유사 지능, 자율 지능, 혼합 지능과 군체
   지능 등 영역에서 중대한 돌파를 이루고, 국제 인공지능
   연구 영역에서 중요한 영향력을 갖추며, 인공지능 과학기
   술의 제고점을 차지합니다.
— 인공지능 산업 경쟁력이 국제 선도 수준에 도달합니다.
   인공지능이 생산 생활, 사회 거버넌스, 국방 건설 각 방면
   응용의 광도와 심도를 극대로 확장하고, 핵심 기술, 핵심
   시스템, 지원 플랫폼과 지능 응용을 포함하는 완비된 산업
   체인과 고급 산업군을 형성하며, 인공지능 핵심 산업 규모
   가 1조 위안을 초과하고, 관련 산업 규모가 10조 위안(약
   1,995조 8,000억 원)을 초과하도록 견인합니다.
— 일부 글로벌 선도적인 인공지능 과학기술 혁신과 인재 양
   성 기지를 형성하고, 더욱 완비된 인공지능 법률 법규, 윤

리 규범과 정책 체계를 구축합니다.

**총체적 배치**

인공지능 발전은 전국에 관련된 복잡한 시스템 공정으로, '하나의 체계 구축, 이중 속성 파악, 삼위일체 견지, 4대 지원 강화'에 따라 배치하여, 인공지능의 건강하고 지속적인 발전을 위한 전략적 경로를 형성해야 합니다.

개방 협동의 인공지능 과학기술 혁신 체계를 구축합니다. 독창적 이론 기초가 취약하고, 중대 제품과 시스템이 부족한 등 중점 난점 문제를 겨냥하여, 새로운 세대의 인공지능 기초 이론과 핵심 공통 기술 체계를 수립하고, 중대 과학기술 혁신 기지 건설을 배치하며, 인공지능 고급 인재 대오를 강화하고, 혁신 주체의 협동 상호작용을 촉진하여, 인공지능의 지속적 혁신 능력을 형성합니다.

인공지능 기술 속성과 사회 속성이 고도로 융합되는 특징을 파악합니다. 인공지능 연구개발과 응용 강도를 높이고 인공지능의 잠재력을 최대한 발휘하는 동시에, 인공지능의 도전을 예측하고, 산업 정책, 혁신 정책과 사회 정책을 조화시켜, 발전 촉진과 합리적 규제의 조화를 실현하여, 최대한도로 위험을 예방합니다.

인공지능 연구개발 공격, 제품 응용과 산업 육성의 '삼위일체' 추진을 견지합니다. 인공지능 발전 특징과 추세에 적응하여, 혁신 체인과 산업 체인의 심도 있는 융합, 기술 공급과 시장 수요의 상호작용 진화를 강화하고, 기술 돌파로 영역 응용과 산업 업그레이드를 추진하며, 응용 시범으로 기술과 시스템 최적화를 추진합니다. 현재 대규모로 기술 응용과 산업 발전을 추진하는 동시에, 중장기적 연구개발 배치와 공격을 강화하여, 롤링 발전과 지속적 향상을 실현하고, 이론적으로 앞서가고, 기술적으로 제고점을 차지하며, 응용적으로 안전하게 통제할 수 있도록 보장합니다.

과학기술, 경제, 사회 발전과 국가 안보를 전면적으로 지원합니다. 인공지능 기술 돌파로 국가 혁신 능력의 전면적 향상을 이끌고, 세계 과학기술 강국 건설 과정을 선도하며; 지능 산업을 강화하고 지능 경제를 육성하여, 중국의 향후 10여 년 나아가 수십 년의 경제 번영을 위한 새로운 성장 주기를 창출하고; 지능 사회 건설을 통해 민생 복지 개선을 촉진하여, 인민을 중심으로 하는 발전 사상을 실현하며; 인공지능으로 국방 실력을 향상시켜, 국가 안보를 보장하고 유지합니다.

# 4
# AI 경쟁의 주요 분야

미·중 간 AI 경쟁은 다양한 분야에서 전개되고 있으며, 각 영역 별 경쟁 구도는 다음과 같이 분석됩니다.

인공지능 반도체 분야에서 미국은 엔비디아, 인텔, AMD가 주도적 위치를 차지하며, 중국은 화웨이와 알리바바가 기술 개발을 적극 추진 중입니다. 엔비디아의 AI 칩은 글로벌 시장에서 독보적인 위치를 차지하고 있습니다.

자율 주행 기술에서는 미국의 테슬라와 구글 웨이모가 선도적 위치에 있으며, 중국은 바이두 아폴로와 샤오펑이 빠르게 추격하고 있습니다. 테슬라의 완전 자율 주행(FSD·Full Self Driving) 기술과 웨이모의 로보택시 서비스는 글로벌 시장에서 주목받고 있습니다.

의료 AI 분야에서는 미국의 IBM 왓슨과 구글 딥마인드가 선두를 달리고 있고, 중국의 텐센트와 알리바바가 의료 AI 솔루션을 개발하며 시장 확대를 도모하고 있습니다.

금융 분야에서는 미국의 JP모건과 골드만삭스가 AI 기술을 활용한 금융 서비스를 선도하고 있으며, 중국의 앤트파이낸셜과 핑안보험이 핀테크 혁신을 주도하고 있습니다.

군사 분야에서는 미국 방위고등연구계획국(DARPA · Defense Advanced Research Projects Agency)과 국방부가 AI 군사 기술 개발을 주도하고 있고, 중국은 인민해방군을 중심으로 군사 AI 기술 개발에 박차를 가하고 있습니다.

이러한 경쟁 구도는 양국의 기술 패권 경쟁과 직접적으로 연결되어 있으며, 각 분야에서 치열한 기술 개발과 시장 선점 경쟁이 진행되고 있습니다.

## 4-1 인공지능 반도체

인공지능 반도체는 AI 기술 구현에 필수적인 요소로, 양국은 AI 반도체 기술 개발에 막대한 투자를 하고 있습니다. 미국은 엔비디아, 인텔, AMD 등 글로벌 반도체 기업을 중심으로 AI 반도체 시장을 주도하고 있으며, 중국은 화웨이, 알리바바 등을 중심으로 AI 반도체 기술 개발에 박차를 가하고 있습니다. 미국의 대중국 반도체 수출 규제는 중국의 AI 반도체 기술 발전을 견제하기 위한 조치로, 미·중 핵심 쟁점 중 하나입니다. 미국은 엔비디아가 생산하는 고성능 AI 반도체의 중국 수출을 금지했고, 중국 기업들이 AI 기술 개발에 필요한 핵심 부품을 확보하는 데 어려움을 야기하고 있습니다.

## 4-2 자율 주행 AI

미국은 구글의 웨이모(Waymo)나 테슬라(Tesla) 같은 무인 자동차 기술 선도 기업들이 '완전 자율 주행'에 가까운 기술을 연구하고 있지만, 실제 도로에서 많은 차량이 자율 주행 기능을 쓰도록 확산하는 데에는 규제와 인프라 문제로 어려움이 따릅니다. 반면 중국은 바이두나 포니.ai 같은 기업들이 여러 주요 도시에서 로보택시를 운영하며 상용화를 빠르게 진행합니다. 중국 정부가 자율 주행 기술을 적극 지원하고 있어, 기반 시설도 빠르게 정비되고 있습니다. 중국은 5G 기술을 활용하여 자율 주행 기술의 안전성과 효율성을 높이는 데 주력하고 있습니다.

미국은 기술 혁신과 연구에서 앞서 나가고 있고, 중국은 시장 규모가 크고 정부 지원이 강력해 실제 도로에서 자율 주행차를 운행하는 속도가 빠릅니다. 두 나라 모두 자율 주행차가 만들어 낼 경제 효과를 기대하고 있지만, 미국은 안전 규제와 소비자 신뢰 확보가 과제이고, 중국은 국제 기준을 맞추고 해외 시장에서 신뢰를 쌓는 일이 중요한 문제로 남아 있습니다.

Waymo 자율 주행 택시는 앱을 통해 호출할 수 있으며, 샌프란시스코 등에서 이용 가능합니다. 차량 상단에 승객 이름 이니셜이 표시되어 쉽게 식별할 수 있고, 복잡한 도로 환경에서 방어 운전을 우선시합니다. 좌회전 시 차선 이탈이나 신호등 없는 교차로에서 주저하는 모습이 관측되지만, 갑작스러운 차량 끼어들기 상황에선 자연스럽게 감속합니다. 사고 발생 시 즉시 정차해 원격 지원팀과 연결되나, 처리 시간이 40분까지 소요되는 경우도 있습니다. 재규어 전기 SUV를 개조한 차량 내부는 청결도가 높지만 일부 오염된 소품이 발견되기도 하며, 1.7마일(약 2.7km)

주행 시 약 16달러로 우버보다 약간 저렴합니다.

　바이두 아폴로는 14km 이동 시 2.3위안(약 459원)이라는 극단적인 가격 경쟁력을 자랑하며, 스마트 신호등과 연계해 급정거 없이 유연한 운전이 가능합니다. 가격은 추후 이용자가 늘어나면 상승할 것으로 예상됩니다. 우한 시내에서 최대 95km 무인 주행 기록을 세웠으나 야간 주행 시 성능이 일부 저하됩니다. 6세대 모델 '아폴로 RT6'은 운전석을 아예 제거해 공간 활용도를 높였고, 차량 내 스크린에서 인공지능의 객체 인식 과정을 실시간으로 확인할 수 있습니다. 베이징·상하이 등 11개 도시에서 운영되며 외국인은 현지인 계정으로만 예약 가능합니다. 이용자들은 "초보 운전자보다 능숙하다."는 평가와 "급차선 변경 시 불안감"을 동시에 언급합니다.

　양국 사용자 모두 보행자나 자전거의 갑작스러운 출현 시 대처가 미흡하다고 지적하며, 악천후 시 센서 성능 저하로 수동 운전 전환 필요성을 공통 과제로 꼽았습니다. 한편 저렴한 요금과 기술 신뢰성 사이에서 균형을 찾는 서비스 개선 요구도 제기되었습니다.

　2025년 현재 미국은 여전히 기술 분야에서 우위를 지키고 있지만 상용화에서는 중국에 다소 뒤처지고 있고, 중국은 대규모 투자를 바탕으로 자율 주행차 보급과 실제 사용 환경에서 앞서 나간다는 평가를 받습니다.

## 4-3 의료 AI

AI 기술은 의료 분야에서 질병 진단, 치료, 예방 등에 활용될 수 있으며, 미·중 양국은 의료 AI 기술 개발에 주력하고 있습니다. 미국은 IBM 왓슨, 구글 딥마인드 등을 중심으로 의료 AI 기술을 선도하고 있으며, 중국은 텐센트, 알리바바 등을 중심으로 의료 AI 기술 개발에 나서고 있습니다. 중국은 의료 데이터 접근성이 높고 정부의 지원이 강력하다는 점에서 의료 AI 분야에서 빠르게 성장할 것으로 예상됩니다.

미국의 의료 AI 도입은 꾸준히 증가하고 있습니다. 미국 병원의 상당수가 도입했으며, 그 중 일부는 높은 수준의 AI 도입을 보이고 있습니다. AI 기반 진단 도구를 통해 피부암 검진, 영상 분석, 환자 기록 관리 등 다양한 분야에서 효율을 높이고 있습니다. 수술 로봇도 의사를 보조하며 수술의 정확도와 효율성을 높이고 있지만, 완전히 자율적으로 수술을 하는 단계에는 이르지 못했습니다. 워크플로 최적화, 일상 업무 자동화, 환자 수요 예측 등에도 활용되고 있습니다.

의료 전문가들은 AI가 의사의 업무를 보조하는 데 도움이 된다는 사실을 인정하지만, 아직 AI가 독립적으로 의사를 대체할 정도는 아니라고 평가합니다. 신중한 접근을 강조하고 있습니다. 피츠버그 의과대학의 미셸 톰슨(Michelle Thompson) 박사는 AI가 의사들의 환자 집중도를 높여준다고 평가했으며, 위스콘신 보건

대학병원(UW Health)의 프랭크 리아오(Frank Liao) 박사는 생성형 AI 도구를 통해 증가하는 의료진의 업무 부담을 해결하려는 노력을 언급했습니다.

중국도 의료 AI 분야에서 빠르게 성장하고 있으며, 향후 몇 년 내에 더욱 큰 폭으로 성장할 것으로 예상됩니다. 중국 정부는 AI 분야에서 세계 선도 국가가 되는 것을 목표로 하고 있으며, 의료 AI는 이 계획의 중요한 부분을 차지하고 있습니다. 중국의 의료 전문가들은 AI를 통해 환자 치료 결과를 개선하고 있다고 보고했습니다.

중국은 미국보다 더 빠른 속도로 의료 AI를 도입 중입니다. 양국 모두 정부 차원에서 의료 AI를 지원하지만, 중국의 경우 더욱 적극적인 정책과 투자가 이루어지고 있습니다. 진단, 워크플로 최적화, 환자 모니터링 등 다양한 분야에서 AI를 활용하고 있습니다.

결론적으로, 중국이 더 빠른 속도로 의료 AI를 도입하고 있는 반면, 미국은 더 신중하고 균형 잡힌 접근을 하고 있습니다. 양국 모두 의료 AI의 잠재력을 인식하고 있으며, 이를 통해 의료 서비스의 질을 향상시키고 비용을 절감하는 데 주력하고 있습니다.

---

## 4-4 금융 AI

금융 분야에서 인공지능은 고객 서비스 혁신, 리스크 관리, 투자 최적화, 그리고 운영 효율성 증대 등 다양한 영역에서 중요한 역할을 하고 있습니다. AI 기반의 챗봇과 가상 비서는 고객 문의를 24시간 처리하며, 개인 맞춤형 금융 상품을 추천함으로써 고객 경험을 크게 향상시키고 있습니다. 대출 심사와 신용 평가를 자동화하여 더 정교한 리스크 평가를 가능하게 하고, 거래 데이터를 분석해 이상 거래를 실시간으로 탐지함으로써 금융 사기를 예방하는 데 기여하고 있습니다.

투자 관리 측면에서는 AI가 시장 데이터를 분석하여 투자 포트폴리오를 최적화하고, 알고리즘 트레이딩을 통해 빠르고 정확한 거래를 지원합니다. 금융 기관은 더 나은 투자 결정을 내릴 수 있으며, 고객의 재정 목표에 맞는 전략을 제안할 수 있습니다. 반복적이고 시간이 많이 소요되는 작업을 자동화하여 금융 프로세스를 간소화하고 운영 효율성을 극대화하며, 비용 절감 효과를 가져옵니다.

AI는 금융 산업에 영향력은 더욱 커질 것으로 예상됩니다. 데이터 분석과 예측 능력을 강화하고, 리스크 관리와 고객 서비스를 개선하며, 운영 효율성을 높이는 등 경쟁력을 강화할 수 있습니다.

미국은 민간 주도의 혁신 생태계를 통해 금융 AI 기술을 발전시키고 있습니다. 대형 금융기관과 핀테크 기업들은 AI를 활용해 다양한 금융 서비스를 최적화하고 있습니다. JP모건은 AI 기반 플랫폼 코인(COiN · Contract Intelligence)을 통해 대출 심사와 계약 검토를 자동화하여 수천 건의 문서를 몇 초 만에 처리하고 있으며, 대출 승인 속도를 높이고 리스크를 효과적으로 관리하고 있습니다. 웰스파고(Wells Fargo)와 같은 은행들은 생성형 AI 기반 챗봇을 도입하여 고객 맞춤형 상담 서비스를 제공하고, 고객 문의를 신속히 해결하고 있습니다. 골드만삭스는 AI를 활용해 금융 사기 탐지와 시장 리스크 예측 모델을 개발하여 투자 안정성을 강화하고 있습니다. AI 기반 알고리즘을 통해 투자 포트폴리오를 최적화하고, 시장 데이터를 분석하여 투자 전략을 자동으로 추천하는 시스템을 운영하고 있습니다.

중국은 정부 주도의 대규모 투자와 방대한 데이터를 활용하여 금융 AI를 빠르게 상용화하고 있습니다. 디지털 결제와 핀테크 분야에서 두각을 나타내고 있습니다. 알리페이와 위챗페이 같은 모바일 결제 플랫폼을 중심으로 금융과 인공지능을 융합한 핀테크 산업에서 세계적인 선두주자로 자리 잡았습니다. 알리페이와 위챗페이는 중국 모바일 결제 시장의 약 90% 이상을 점유하며, 이들은 단순한 결제를 넘어 대출, 투자, 보험 등 다양한 금융 서비스를 제공하고 있습니다. AI 기술은 이러한 플랫폼에서 사용자 경험을 개선하고, 리스크 관리 및 사기 방지 시스템을 강화하는 데 활용되고 있습니다. 빅데이터와 머신러닝을 통해 개인화된 금융 서비스를 제공하며, 고객의 신용 평가와 대출 승인 절차를 자동화하는 데 기여하고 있습니다.

알리바바의 즈마신용(Zhima Credit)은 AI 기반 신용 평가 시스템으로, 대출 심사와 신용 점수를 효율적으로 관리하고 있습니다. 중국공상은행(ICBC)은 AI 기반 고객 상담 시스템을 통해 디지털 결제와 금융 상담을 통합적으로 제공하며, 고객 경험을 개선하

중국은 정부 주도의 대규모 투자와 방대한 데이터를 활용하여
금융 AI를 빠르게 상용화하고 있다.

고 있습니다. 중국의 주요 은행들은 AI를 활용해 대규모 데이터
분석을 통해 금융 사기를 탐지하고, 리스크를 사전에 예측하는
시스템을 구축하고 있습니다. 앤트그룹(Ant Group)은 AI를 활용해
자산관리와 투자 전략을 자동화하여 고객 맞춤형 금융 서비스
를 제공하고 있습니다.

　미국은 민간 주도의 혁신과 첨단 기술 개발을 통해 금융 AI의
질적 우위를 유지하고 있으며, 중국은 정부 주도의 강력한 지원
과 방대한 데이터를 기반으로 빠른 상용화를 이루고 있습니다.
두 나라 공히 금융 서비스의 효율성과 혁신을 극대화하는 데 기
여하며, 글로벌 금융 시장의 경쟁 구도를 재편하고 있습니다.

## 4-5 군사 AI

군사 분야에서 인공지능은 전쟁 수행 방식과 국방 전략을 혁신
적으로 변화시키고 있습니다. AI는 정보 수집, 분석, 의사 결정
지원, 자율 무기 시스템, 사이버 보안 등 다양한 영역에서 활용되
며, 현대 전쟁의 핵심 기술로 자리 잡고 있습니다. 전장에서의 방
대한 데이터를 실시간으로 처리하고 예측함으로써, 군 지휘관이
신속하고 정확한 결정을 내리는 데 도움을 줍니다. 위성 이미지
와 드론 영상을 동시에 분석하여 적의 움직임과 지형 특성을 파
악하거나, 적의 전략을 사전에 탐지해 효과적인 대응 방안을 제
시하는 등의 역할을 수행합니다.

자율 무기 시스템은 AI를 통해 인간의 개입 없이도 목표를 탐
지하고 추적해 공격할 수 있는 무기를 뜻합니다. 드론, 무인 전투
차량, 자율 잠수함 등이 대표적인 사례이며, 이러한 무기들은 군
집 지능을 활용하여 집단으로 목표를 공격하거나 방어하는 전
술을 선보이고 있습니다. AI는 복잡한 전장 상황을 종합적으로
분석해 지휘관에게 최적의 작전 방안을 제안하기도 합니다. "AI
군참모(Military Staff)"라고 부르며, 전투 중 아군의 피해를 최소화
하고 임무 성공률을 높이는 전략을 제시할 수 있습니다.

사이버 보안 영역에서도 두드러집니다. 적의 해킹 시도를 실
시간으로 탐지하고, 네트워크 취약점을 보완하여 공격을 방어하
는 데 AI 기술이 중요한 역할을 합니다. 군수와 물류 관리 역시

AI의 도움을 받아 효율을 극대화할 수 있는데, 필요한 자원을 신속하게 공급하고 물류 비용을 줄이는 방식으로 전투 준비 태세를 강화할 수 있습니다.

이처럼 군사 분야에서 활용되는 AI는 대량의 데이터를 기반으로 학습하여 복잡한 환경에서도 높은 정확도를 유지하며, 자율성과 적응성을 갖춰 전장 상황에 따라 스스로 판단을 내릴 수 있도록 발전하고 있습니다.

여러 무인기가 협력하는 군집 지능은 적의 방어 체계를 압도하거나 특정 지역을 효과적으로 방어하는 데 사용되는 중요한 기술로 주목받고 있습니다. 개별 무인기의 지능이 다소 제한적이더라도, 집단적으로 협력하는 군집 형태를 통해 강력한 전력을 발휘할 수 있다는 점에서 군사 작전에 혁신을 가져올 수 있는 요소로 평가됩니다.

미군 합동참모차장인 크리스토퍼 그레이디는 "AI가 미래 전장에서 핵심 요소가 될 것"이라고 말하며, 미국이 이 기술을 바탕으로 경쟁 우위를 계속 확보해야 한다고 강조했습니다. 전 구글 CEO인 에릭 슈미트는 2020년 미국 의회에서 "중국이 인공지능(AI), 양자 기술, 초고속 컴퓨팅 분야에서 미국을 추월할 가능성이 있다."라고 경고하며, 미국이 기술 패권을 유지하기 위해 더 많은 투자가 필요하다고 주장했습니다.

중국 국가주석 시진핑은 AI가 중국의 군사 및 경제 역량을 강화하는 핵심 기술이라고 언급하고, 2030년까지 전 세계 인공지능 분야에서 선두 자리에 오르겠다는 목표를 분명히 제시했습니다. 중국 국방부 대변인은 2024년 중국-캄보디아 군사 훈련과 관련하여 "AI 기반 무인 시스템이 도시 전투에서 중요한 역할을 할 것"이라고 언급하면서, AI 무기 체계의 실전 배치를 시사했습니다.

중국은 빠르고 실용적인 기술 개발로 군사적 우위를 확보하고자 합니다. 인공지능이 군사 경쟁의 중심축으로 떠오르면서 두 나라 사이의 긴장이 높아지고 있습니다. 미국은 AI 기술을 둘러싼 국제 규범을 윤리적 관점에서 주도하려는 반면, 중국은 자국의 이익을 우선하여 이를 적극적으로 활용하려고 하므로, 글로벌 AI 표준을 설정하는 과정에서 갈등이 심화될 가능성도 큽니다. AI 기술은 군사 분야에서 무기 개발, 전략 수립, 작전 효율성 향상 등에 활용될 수 있으며, 미·중 양국은 군사 AI 기술 개발에 경쟁적으로 투자하고 있습니다. 미국은 DARPA, 국방부 등을 중심으로 군사 AI 기술을 선도하고 있으며, 중국은 인민해방군을 중심으로 군사 AI 기술 개발에 박차를 가하는 중입니다. 미·중 군사 AI 경쟁은 군사력 균형 변화와 국제 안보에 큰 영향을 미칠 것입니다. AI 기술의 군사적 활용은 예상치 못한 결과를 초래할 수 있으며, 국제적인 규범과 협력이 필요합니다.

# 5
# 미·중 간 AI 패권경쟁

## 5-1 미국의 맨해튼 프로젝트

중국 국무원이 '새로운 인공지능 발전 계획'을 발표하며 2030년까지 AI 분야 글로벌 리더가 되겠다는 목표를 제시했고, 이에 반해 미국 의회는 2024년 11월, 미국-중국 경제안보검토위원회(USCC)에서 인공일반지능(AGI · Artificial General Intelligence, '범용 인공지능'이라고도 번역) 개발을 위한 '맨해튼 프로젝트(Manhattan Project)'●를 모방한 이니셔티브를 제안했습니다. 이는 중국과의 기술 경쟁에서 우위를 확보하기 위한 전략적 접근을 반영합니다. 핵무기 맨해튼 프로젝트와 인공지능(AI) 맨해튼 프로젝트는 시대적 배경과 구체적인 목표는 다르지만, 국가 주도의 대규모 기술 혁신이라는 점에서 매우 큰 유사성을 지니고 있습니다.

　USCC가 제안한 AI 맨해튼 프로젝트 핵심 목표는 다음과 같습니다.


　- **인공일반지능(AGI) 개발 가속화** 인간 수준 이상의 지능을 가진 AI

● 제2차 세계대전 당시 미국 주도 아래 영국, 캐나다 등이 참여한 핵무기 개발 계획. 극비로 진행된 이 계획을 통해 미국은 세계 최초로 핵분열 반응을 이용한 원자폭탄 개발에 성공했다.

시스템 개발을 통한 기술적 우위 확보

- **국가 안보 역량 강화**  AI 기술을 활용한 군사력 현대화 및 정보 분석 능력 향상
- **경제적 경쟁력 제고**  AI 기술 혁신을 통한 산업 경쟁력 강화 및 일자리 창출

AI 산업 발전을 위해서는 공공 – 민간 파트너십을 강화하는 것이 중요합니다. 정부 연구기관과 민간 기업 간의 긴밀한 기술 협력 체계를 구축하고, 규제를 완화하여 민간 기업의 자발적인 연구개발을 촉진해야 합니다. 또한 정부와 민간 기업 간의 공동 연구 프로젝트를 효과적으로 지원하기 위한 펀딩 메커니즘도 마련해야 합니다.

트럼프 대통령은 바이든 행정부의 AI 안전성 평가 의무화가 혁신을 저해한다고 주장했습니다. 이러한 규제를 폐지하고, 미국을 AI 선두 국가로 만들겠다고 선언했습니다. 중국과의 기술 경쟁에서 승리하기 위해 AI 개발에 더 많은 에너지를 투입하겠다고도 밝혔습니다.

트럼프 대통령은 'AI 맨해튼 프로젝트'를 통해 미국의 AI 기술 우위를 확보하려는 의지를 강조했습니다. 2025년 1월 21일, 백악관에서 '스타게이트(Stargate)' 프로젝트를 발표했습니다. 이 프로젝트는 오픈AI, 소프트뱅크, 오라클과 협력하여 5,000억 달러(약 710조 원)를 투자하는 대규모 AI 인프라 구축 계획입니다.

트럼프 대통령은 이를 두고, "AI 맨해튼 프로젝트"에 비유해 미

인공지능 기술 우위를 바탕으로 경제적·군사적 우위를 차지하기 위한
미·중 간 AI 패권 경쟁은 날로 치열해지고 있다.

국의 기술적 우위를 위한 전략적 접근이라며, '스타게이트'가 차
세대 AI 발전의 기반이 될 것이라고 강조했습니다. 또한, 이 프로
젝트는 미국과 동맹국의 국가 안보를 강화하는 데 목적을 두고
있다고 밝혔습니다. 중국의 기술 패권 확장을 억제하고 "위대한
미국"을 재건하겠다는 의지도 표명했습니다. '스타게이트'가 미
국의 AI 기술 발전을 가속화할 것이라고 확신하면서 말입니다.
그는 이 프로젝트가 미국 내 10만 개 이상의 일자리를 창출할 것
이라고 주장했습니다. '스타게이트' 프로젝트에 따라 미국은 텍
사스주를 시작으로 대규모 데이터센터를 건설할 계획입니다.

2024년 대선 캠페인 기간 동안, 트럼프 대통령은 AI 개발을 위

해 규제를 대폭 완화하겠다는 의지를 밝혔습니다. AI 기술 개발에 필요한 전력 수요를 충족하기 위해 안정적 에너지원을 강조했습니다. 특히, 원자력 발전과 같은 전통 에너지원을 활용하겠다는 계획을 언급했습니다. 트럼프 대통령은 "AI 공장 설립과 운영에 필요한 전력을 공급하기 위해 비상권한을 동원하겠다."라고 밝혔습니다. 규제가 AI 기술 발전과 국가 경쟁력 강화에 걸림돌이 된다면 모두 철폐하겠다고 힘주어 말하기도 했습니다.

트럼프 대통령은 AI 기술이 미국의 국가 안보와 경제적 이익을 강화할 것이라고 강조합니다. 그는 AI 기술이 미래의 핵심 경쟁력이 될 것이라고 언급했습니다. 트럼프 행정부는 AI 개발을 통해 중국의 기술적 도전을 견제하려는 전략을 세웠습니다. 'AI 맨해튼 프로젝트'는 미국의 글로벌 기술 경쟁력을 강화하려는 핵심 구상으로 자리 잡았습니다. 결론적으로, 트럼프 대통령은 AI 기술을 통해 미국의 경제적, 군사적 우위를 확보하려는 의지를 명확히 했습니다.

## 5-2 치열한 인재 유치 경쟁

경쟁에서 인재 유치는 중요한 부분을 차지합니다. 미국의 경우, 전 세계 AI 연구의 허브 역할을 하면서 풍부한 자본과 우수한 인력을 바탕으로 핵심 기술 개발을 주도하고 있습니다. 중국도 '차세대 AI 발전 계획'을 통해 AI 강국으로의 도약을 목표로 설정하고 국가 주도의 강력한 AI 전략을 추진하고 있으며, 인재 유치에도 열심입니다.

미국 정부의 H-1B 비자는 기업이 외국의 고숙련 노동자를 고용할 수 있도록 허용하는 프로그램으로, 특히 인공지능(AI), 반도체, 소프트웨어 개발 등 첨단 기술 분야에서 중요한 역할을 합니다. 그러나 이 비자는 미국 내 노동자들의 일자리를 위협한다는 비판도 받아왔습니다.

트럼프 대통령은 과거 1기 행정부(2017~2021년)에서 H-1B 비자 발급을 제한하는 정책을 시행했으며, 이는 "미국 우선주의(America First)"를 강조하는 그의 핵심 공약 중 하나였습니다. 하지만 2025년 취임 이후, 트럼프는 일론 머스크와 같은 기술 산업 지도자들의 의견을 받아들여 H-1B 비자 확대를 지지하는 입장을 보이며 기존 정책에서 유턴을 했습니다.

머스크는 H-1B 비자와 같은 프로그램이 미국 경제와 기술 산업에 필수적이라고 강조했습니다. 그는 "미국은 세계 최고의 인재를 유치해야 한다."라며, 특히 공학 및 AI 분야의 인재 부족이 실리콘 밸리와 같은 기술 중심지의 성장을 제한한다고 주장했습니다. 머스크는 자신도 과거 H-1B 비자를 통해 미국에서 경력을 시작한 이민자 출신임을 언급하며, 이민 규제보다는 불법 이민과 합법 이민을 구분해야 한다고 강조했습니다.

중국은 미국과의 연구 교류가 약화됨에 따라 고급 인재 부족 현상을 겪고 있으며, 이를 해결하기 위해 AI 인재를 육성하고 다른 국가의 인재를 적극 유치하는 전략을 추진하고 있습니다. 앞서 설명한 대로 인재 영입에도 전력을 다하고 있습니다. 사람을 데려오는 방식을 통해 실리콘 밸리의 비밀을 자연스럽게 가져가는 겁니다. 거액의 연봉, 직책, 연구자금 등 모든 것을 제공하며 해외에서 일하는 중국인과 외국 전문가들까지 최고의 AI 연구원들을 영입하려 하고 있습니다.

인공지능 분야는 핵심 인력 확보가 경쟁력을 좌우하는 중요 요소입니다. 미·중 양국은 최고의 인재를 유치하기 위해 치열한 경쟁을 벌이고 있으며, 임금 인상, 연구 환경 개선, 비자 발급 등 다양한 방식으로 이루어지고 있습니다. 인재 유치 경쟁은 미·중 인공지능 경쟁의 주요 부분이며, 앞으로도 양국의 경쟁은 더욱 심화될 것으로 예상됩니다.

## 5-3 행정부처의 AI 준비 의무

### 중국의 AI 준비 의무

중국 정부는 AI 기술의 사회적 위험 요인에 대비하기 위해 법적 및 윤리적 검토를 강화하고 있습니다. 이는 AI 기술이 사회에 미치는 영향을 최소화하고, 기술 발전에 따른 부작용을 예방하기 위한 조치입니다.

중국은 AI 기술의 발전을 위해 기업과 산업 간의 연결고리를 강화하고 있습니다. 정부와 기업이 협력하여 AI 혁신을 촉진하고, 산업 전반에 걸쳐 AI 기술을 통합하는 전략을 포함합니다. 이러한 접근은 AI 기술의 내적 추동력을 확보하고, 산업 경쟁력을 높이는 데 기여하고 있습니다.

AI 기술의 사용을 확대하기 위해 중국은 AI 교육을 초·중·고 의무 교육 과정에 포함시키고 있습니다. 학생들이 어릴 때부터 AI 기술에 대한 이해를 높이고, 미래의 AI 인재로 성장할 수 있도록 돕기 위한 전략입니다. 교육부는 184개의 학교를 AI 교육기지로 선정하고, AI 관련 커리큘럼을 개발하여 학생들이 실질적인 경험을 쌓을 수 있도록 하고 있습니다.

중국은 AI 기술의 발전을 위해 글로벌 AI 인재 영입 및 국제 협력도 강화하고 있습니다. 중국이 AI 분야에서의 경쟁력을 높이고, 세계적인 기술 리더로 자리매김하기 위한 전략의 일환입니다. 정부는 해외 인재를 유치하기 위한 다양한 프로그램을 운영하고 있으며, 국제적인 연구 협력 프로젝트를 통해 AI 기술의 혁신을 촉진하고 있습니다.

### 미국의 AI 준비 의무

미국 정부는 AI 기술의 안전성을 보장하기 위해 AI 개발 기업에 안전성 평가를 의무화하고 있습니다. AI 시스템이 실제 환경에서 안전하게 작동하도록 보장하기 위한 조치로, 기업들은 제품 출시 전에 반드시 안전성 테스트를 해야 합니다. AI 기술이 사회에 미치는 영향을 최소화하고, 사용자와 소비자의 안전을 확보하는 데 중요한 역할을 합니다.

미국은 AI 도구의 안전성 표준을 개발하고 있습니다. 이러한 표준은 AI 시스템이 예상치 못한 결과를 초래하지 않도록 설계되었으며, 기업들이 이를 준수하도록 요구합니다. AI 기술의 신뢰성을 높이고, 사용자들이 안심하고 기술을 활용할 수 있는 환경을 조성하고자 합니다.

미국은 AI 기술의 발전을 촉진하기 위해 AI 개발 기업과 클라우드 서비스 제공자에게 외국 고객 명단 신고를 의무화하고 있습니다. 국가 안보를 강화하고, 외국의 악의적인 AI 기술 사용을 방지하기 위한 조치로, 기업들은 외국 고객에 대한 정보를 정기적으로 보고해야 합니다. 미국의 AI 기술이 안전하게 사용될 수 있도록 보장하는 데 중요한 역할을 합니다.

미국은 AI 기술의 발전을 위해 AI 관련 법안을 지속적으로 발의하고 있으며, AI 기술의 올바른 활용을 권장하고 있습니다. AI 기술의 윤리적 사용을 촉진하고, 기술이 사회에 미치는 긍정적인 영향을 극대화하기 위한 노력을 포함합니다. 정부는 기업과 협력하여 AI 기술이 사회적 책임을 다할 수 있도록 다양한 정책을 추진하고 있습니다.


### 정책적 접근 방식의 차이점

중국 정부는 AI 기술을 산업에 접목시키기 위해 새로운 관리 규범을 마련하고, 이를 통해 산업을 지원하며 필요한 부분을 규제하는 강력한 정책을 추진하고 있습니다. 중국이 AI 분야에서 글로벌 리더로 자리매김하기 위한 전략적 선택으로 볼 수 있습니다.

미국은 바이든 정부 시절에는 AI 기술의 안전성과 책임 있는 사용에 중점을 두었습니다. 특히 기초 연구와 핵심 기술 개발에 오랜 역사를 가지고 있으며, 민간 주도의 AI 산업 육성을 강조해 왔습니다. 미국의 글로벌 IT 기업들이 AI 혁신을 주도하는 데 기여하고 있으며, 이러한 민간 부문의 참여는 AI 기술의 발전을 가속화하는 중요한 요소로 작용하고 있습니다. 미국의 접근 방식은 AI 기술의 안전성을 보장하면서도 혁신을 촉진하는 균형 잡힌 전략으로 평가됩니다. 한편, 트럼프 행정부 출범 이후에는 인공지능 산업의 발전, 최고의 주도권 확보 등을 위해 기업 자율을 강조하고, 국가의 제한을 없애는 방향으로 정부 정책이 진행되고 있습니다.

# 6
## 경쟁의 부작용

미국과 중국의 인공지능 경쟁은 여러 분야에서 부작용을 초래할 수 있습니다.

**중국 정부의 과도한 전 세계 데이터 수집**  중국은 데이터를 '국가자산'으로 간주하며, 이를 통해 경제적, 정치적, 군사적 이익을 극대화하려는 전략을 취하고 있습니다. 데이터 보안법(2021년)과 개인정보 보호법(2021년)을 통해 데이터의 국경 간 흐름을 엄격히 통제하면서도, 글로벌 데이터를 수집하려는 노력을 강화하고 있습니다.

해외에서 활동하는 중국 기업들이 데이터를 중국 내 서버로 전송하도록 유도하며, 데이터를 '디지털 주권'의 핵심 요소로 간주해 국제적 영향력을 확대하려는 의도를 보이고 있습니다. 이러한 데이터 정책은 글로벌 개인정보 보호 규범(GDPR[*] 등)과 충돌할 가능성이 있으며, 중국 기업들이 해외에서 수집한 데이터가 중국 정부의 접근이 가능하다는 점에서 우려를 낳고 있습니다.

중국의 크로스보더 전자상거래 정책은 데이터를 활용해 글로

---

[*] General Data Protection Regulation. 개인정보 유출과 보호를 위해 유럽연합(EU)이 2018년 5월부터 도입, 시행 중인 개인정보 보호법으로 개인 데이터의 수집, 처리, 저장, 전송 등에 대한 규정을 담고 있다.

벌 공급망을 최적화하고 중국 기업의 경쟁력을 강화하려는 목적을 가지고 있습니다. 데이터 수집은 중국 기업 간 협력을 통해 이루어질 가능성이 높으며, 해외 창고는 단순한 물류 거점이 아니라 데이터를 수집하고 이를 중국 본토로 전송하는 허브 역할을 수행합니다. 중국 정부는 소비자 행동 데이터, 물류 데이터, 결제 데이터를 분석해 산업 체인의 효율성을 높이고 있으며, 이러한 데이터 활용은 중국의 디지털 경제 성장에 기여하지만, 글로벌 데이터 주권과 개인정보 보호 문제를 야기할 수 있습니다.

실제로 딥시크를 비롯해 중국 기술 기업들은 과도한 데이터 수집으로 국제적 비판을 받고 있습니다. IP 주소, 장치 정보, 쿠키, 키 입력 패턴 등 민감한 데이터를 수집해, 중국 내 서버에 저장하고, 중국 정부가 접근할 수 있는 구조로 운영될 가능성이 있다는 것입니다. 이러한 서비스는 글로벌 데이터를 수집하여 중국 기업 간 협력을 촉진하고, 이를 통해 중국의 디지털 경제와 기술 발전을 지원하려는 의도가 명확히 드러납니다.

중국의 디지털 실크로드 전략은 글로벌 데이터 수집 및 활용을 통해 디지털 경제를 강화하려는 목표를 가지고 있으며, 유럽과 미국은 이에 대응하기 위해 데이터 주권 및 개인정보 보호를 강화하는 조치를 취하고 있습니다.

데이터 수집과 활용은 중국의 디지털 경제 성장과 기술 발전에 중요한 역할을 하고 있지만, 글로벌 데이터 규범과 충돌하며 국제적 비판을 받고 있습니다. 중국 정부는 데이터를 통해 경제적, 정치적 영향력을 확대하려는 전략을 지속적으로 추진하고 있으며, 글로벌 데이터 수집과 활용은 중국 기업 간 협력과 디지털 경제 강화의 핵심 요소로 자리 잡고 있습니다. 국제 사회에서 데이터 주권과 개인정보 보호 문제를 둘러싼 논쟁을 심화시키고 있습니다.

**글로벌 경제 불안정 심화**   미·중 AI 경쟁은 기술 패권 경쟁, 무역 분쟁, 투자 제한 등으로 이어져 글로벌 경제 불확실성을 증가시킬 수 있습니다. 미·중 경쟁은 글로벌 공급망에도 영향을 미치고 있으며, 반도체와 같은 핵심 부품의 공급망 재편이 가속화될 것으로 예상됩니다. 미국의 대중국 반도체 수출 규제는 중국의 AI 반도체 기술 발전을 견제하기 위한 조치로, 미·중 AI 경쟁의 핵심 쟁점 중 하나입니다.

**군비 경쟁 심화**   미·중 AI 경쟁은 군사력 경쟁, 안보 불안정, 국제 분쟁 등을 야기할 수 있습니다. AI 기술은 군사 분야에서 활용될 수 있으며, 미·중 군사 AI 경쟁은 군비 경쟁을 가속화하고 국제 안보를 위협할 수 있습니다.

**AI 기술의 윤리적 문제**   AI 기술 발전은 일자리 감소, 프라이버시 침해, 편견과 차별 심화 등 윤리적 문제를 야기할 수 있습니다. 미·중 AI 경쟁은 이러한 문제에 대한 해결책 모색보다는 기술 개발과 경쟁 우위 확보에 치중하여 윤리적 문제를 심화시킬 수 있습니다.

**국제 협력 약화**  미·중 AI 경쟁은 국제적인 협력을 저해하고, 기술 블록화, 표준 경쟁, 데이터 경쟁 등을 심화시켜 글로벌 AI 거버넌스 구축을 어렵게 만들 수 있습니다.

미·중 AI 경쟁은 기술 발전과 경제 성장을 촉진할 수 있지만, 동시에 다양한 부작용을 초래할 수 있습니다. 이러한 부작용을 최소화하고 AI 기술의 긍정적인 활용을 극대화하기 위해서는 국제적인 협력과 규범 마련, AI 윤리에 대한 사회적 논의, 그리고 다양한 분야의 전문가들이 참여하는 균형 잡힌 정책 개발이 필요합니다.

# 7
# 미국·중국의 주요 AI 연구기관

## 7-1 주요 AI 연구기관, 기업

### (1) 미국

오픈AI는 ChatGPT와 같은 대규모 언어 모델(LLM)을 개발하며, 인간 수준의 인공일반지능(AGI) 개발을 목표로 합니다. 마이크로소프트(Microsoft)의 자금을 확보해, 애저(Azure) 클라우드 플랫폼을 통해 AI 모델을 선보이는데, GPT-4와 같은 생성형 AI 모델은 자연어 처리, 번역, 코딩, 콘텐츠 생성 등 다양한 분야에서 활용되고 있습니다. 오픈AI는 AI의 안전성과 윤리적 사용을 강조하며, DevDay와 같은 이벤트를 통해 개발자와 협력하며 AI 생태계를 확장하고 있습니다. AI 기술을 활용한 교육, 의료, 로봇 공학 등 다양한 응용 분야를 탐구하고 있으며, 미래 비전으로는 AGI를 통해 인간의 복잡한 문제를 해결하고, 전 세계적으로 AI 기술의 접근성을 높이는 것을 목표로 하고 있습니다. 오픈AI는 AI 기술의 상업적 성공과 사회적 기여를 동시에 추구하며, AI 기술의 발전을 통해 인간과 협력할 수 있는 '초월적 동료'를 만드는 것을 장기적 목표로 삼고 있습니다.

엔비디아는 GPU 기술을 통해 AI 모델 학습과 데이터 처리 속도를 혁신적으로 향상시키며, AI 하드웨어 시장을 선도하고 있습니다. Tensor Core GPU와 CUDA 플랫폼은 딥러닝과 머신러닝 모델의 효율성을 극대화하는 데 기여하고 있으며, AI 연구와 자율 주행, 로보틱스, 의료 영상 분석 등 다양한 산업 분야에서 엔비디아의 기술이 활용되고 있습니다. 엔비디아는 AI 팩토리와 같은 대규모 데이터센터 솔루션을 통해 AI 인프라를 확장하고 있으며, 최근에는 AI 기반 로봇 공학과 '물리적 AI' 시대를 열기 위한 기술 개발에 집중하고 있습니다. GTC(GPU Technology Conference)와 같은 글로벌 이벤트를 통해 AI 기술 혁신과 생태계 확장을 주도하고 있으며, AI 기술을 활용한 환경 문제 해결, 스마트 팩토리 구축 등 지속 가능한 기술 개발에도 기여하고 있습니다. 이 밖에 AI와 5G 기술의 융합을 통해 차세대 네트워크와 엣지 컴퓨팅 솔루션을 개발하고 있습니다. 젠슨 황 CEO는 AI 기술이 모든 산업의 핵심 동력이 될 것이라고 강조하며, AI 혁신을 지속적으로 추진하고 있습니다.

구글은 바드(Bard)와 제미나이(Gemini)와 같은 생성형 AI 모델을 개발하며, 검색 엔진과 클라우드 서비스에 AI를 통합하고 있습니다. 구글 브레인(Google Brain)과 딥마인드는 트랜스포머와 같은 혁신적인 AI 아키텍처를 개발하며 AI 연구를 선도하고 있으며, 트랜스포머 기반 AI 언어 모델인 버트(BERT · Bidirectional Encoder Representations from Transformers)와 의료용 AI 알파폴드(AlphaFold) 등 다양한 응용 분야에서 성과를 내고 있습니다. 구글은 AI 기술을 활용해 홍수 예측, 환경 보호, 교육 지원 등 사회적 문제 해결에 기여하고 있으며, PaLM 2(Pathways Language Model 2)와 같은 언어 모델을 통해 다국어 지원, 추론, 코딩 등 다양한 기능을 제공하고 있습니다. 구글은 AI 원칙을 기반으로 책임감 있는 AI 개발을 강조하며, AI 기술을 활용한 스마트 도시, 자율 주행, 로봇 공학 등 미래 기술 개발에도 적극적으로 참여하고 있습니다. 장기적인 비전으로 AI를 통해 인간의 삶을 혁신하고, 지속 가능한 미래를 만드는 것을 목표로 하고 있습니다.

마이크로소프트는 애저(Azure) 플랫폼과 코파일럿(Copilot)을 통해 AI 기술을 다양한 비즈니스 솔루션에 통합하고 있으며, 오픈 AI와의 협력을 통해 GPT 모델을 Azure 클라우드에 통합하여 생성형 AI 기술을 상용화하고 있습니다. AI 기반 자동화, 데이터 분석, 자연어 처리 등 다양한 산업 분야에서 AI 솔루션을 제공하고 있으며, 교육, 의료, 제조 등 사회적 문제 해결에 기여하고 있습니다. 2025년까지 800억 달러를 투자하여 데이터센터와 AI 인프라를 확장할 계획이며, AI 윤리와 책임성을 강조하며 EU AI Act와 같은 규제를 준수하는 AI 개발을 추진하고 있습니다. 또 AI 기술을 통해 글로벌 산업 발전과 경제 성장을 촉진하는 것을 목표로 하고 있으며, 장기적으로 AI 기술을 활용한 지속 가능한 비즈니스 모델과 사회적 가치를 창출하는 데 주력하고 있습니다.

아이비엠(IBM)은 왓슨(Watson) AI를 통해 의료, 금융, 제조 등 다양한 산업에서 AI 솔루션을 제공하며, AI 기반 자동화와 데이터 분석 기술을 발전시키고 있습니다. 왓슨 헬스(Watson Health)는 암 진단, 신약 개발, 환자 관리 등 의료 분야에서 혁신적인 AI 기술을 활용하고 있으며, IBM은 AI 기술을 활용한 사이버 보안, 공급망 관리, 고객 서비스 등 다양한 비즈니스 솔루션을 제공하고 있습니다. 지속 가능한 에너지 관리와 환경 보호 프로젝트에도 참여하고 있으며, 미래 비전으로는 AI 기술을 통해 인간의 삶을 개선하고, 지속 가능한 사회를 만드는 데 기여하는 것을 목표로 하고 있습니다.

스탠퍼드 AI 연구소(SAIL · Stanford Artificial Intelligence Laboratory)는 1962년 존 매카시에 의해 설립되었으며, 현재 소장인 크리스토퍼 매닝 교수는 자연어 처리와 딥러닝 분야에서 세계적인 권위를 자랑합니다. SAIL은 딥러닝, 자연어 처리, 로보틱스, 컴퓨터 비전 등 다양한 AI 분야에서 혁신적인 연구를 수행하고 있으며, 이미지넷 프로젝트를 통해 컴퓨터 비전 분야의 발전에 크게 기여했습니다. 페이페이 리 교수는 스탠퍼드대학교 산하에 인간 중심 AI 연구소(HAI · Human-Centered Artificial Intelligence)를 공동 설립하며 AI의 윤리적 사용과 인간 중심 설계를 강조했으며, 실리콘밸리와의 밀접한 연계를 통해 AI 연구 성과를 상용화하고 창업 생태계를 활성화하는 데 중요한 역할을 하고 있습니다. 스탠퍼드는 AI 연구를 통해 전 세계적으로 6만 9,000개 이상의 기업 창업을 지원하며, 미래 비전으로는 AI 기술을 통해 인간의 삶을 개선하고 지속 가능한 사회를 만드는 것을 목표로 하고 있습니다.

매사추세츠공과대학교(MIT · Massachusetts Institute of Technology)는 AI 연구와 교육에서 선도적인 역할을 하고 있으며, 2017년 설립된 MIT-IBM Watson AI Lab은 IBM과의 협력을 통해 AI 하드웨어,

소프트웨어, 딥러닝 알고리즘 연구를 진행하고 있습니다. 이 연구소는 의료, 사이버 보안, 금융 등 다양한 산업 분야에서 AI 기술을 응용하는 데 중점을 두고 있으며, 강화 학습, 자연어 처리, 컴퓨터 비전 등 AI의 핵심 기술 개발에 기여하고 있습니다. MIT는 양자 컴퓨팅과 AI의 융합 연구를 통해 차세대 AI 기술 개발을 선도하고 있으며, AI 교육 프로그램을 통해 차세대 AI 전문가를 양성하고 있습니다. MIT의 장기적인 목표는 AI 기술을 통해 인간의 삶을 혁신하고 전 세계적으로 긍정적인 변화를 이끄는 것입니다.

UC 버클리의 AI 연구소(BAIR · Berkeley Artificial Intelligence Research Lab)는 1960년대에 설립되어 컴퓨터 비전, 강화 학습, 로봇 공학 등 다양한 AI 분야에서 선도적인 연구를 수행하고 있습니다. Apache Spark, Ray 등 오픈소스 소프트웨어 개발을 통해 빅데이터와 AI 연구를 혁신적으로 발전시켰으며, Sky Computing Lab을 통해 멀티 클라우드 환경에서 AI 워크로드를 최적화하는 기술을 개발하고 있습니다. BAIR은 AI 윤리와 인간 중심 설계를 강조하며, 산업계와의 협력을 통해 AI 기술의 상용화를 촉진하고 스타트업 생태계를 활성화하고 있습니다.

카네기멜런대학교(CMU · Carnegie Mellon University)는 AI와 로봇 공학 연구에서 세계적인 리더로 자리 잡고 있으며, 세계 최초로 머신러닝학과를 설립하며 AI 교육과 연구를 선도하고 있습니다. CoBots와 Libratus와 같은 프로젝트를 통해 AI의 실용적 응용 가능성을 입증했으며, DARPA 로봇 챌린지와 같은 국제 대회에서 뛰어난 성과를 거두며 AI 기술의 발전을 이끌고 있습니다. CMU

는 AI 기술을 활용해 의료, 교육, 교통 등 다양한 산업 분야에서 사회적 문제를 해결하고 있으며, AI 연구와 교육을 통해 차세대 AI 전문가를 양성하고 있습니다.

### ⑵ 중국

중국은 인공지능 기술 개발과 응용에서 선두 주자로 자리 잡고 있으며, 이를 뒷받침하는 주요 국가기관들이 중요한 역할을 합니다. 대표적으로 중국과학원(CAS), 중국 산업정보화부(MIIT), 국가발전개혁위원회(NDRC), 중국전자정보산업발전연구원(CIID)이 주목을 받습니다. 중국과학원(CAS)은 기초 연구를 선도하고, 산업정보화부(MIIT)는 산업 정책과 표준화를 담당하며, 국가발전개혁위원회(NDRC)는 국가 전략과 자금 지원을 통해 AI 산업화를 촉진하고 있습니다. 중국전자정보산업발전연구원(CIID)은 시장 분석과 정책 연구를 통해 AI 기술의 책임 있는 발전을 지원합니다. 중국의 AI 기술을 뒷받침하는 각 국가기관에 대해 좀 더 자세히 살펴보겠습니다.

### 중국과학원(CAS·Chinese Academy of Sciences)

CAS는 중국의 최고 학술기관으로, AI의 기초 이론과 응용 연구를 주도합니다. 산하에 자동화연구소(Institute of Automation)와 컴퓨팅기술연구소(Institute of Computing Technology)를 두고 있으며, 이들 기관은 딥러닝, 컴퓨터 비전, 자연어 처리 등 다양한 AI 분야에서 세계적인 연구를 수행하고 있습니다. CAS는 과학기술 논문 기여도에서 세계 1위를 차지하며, AI와 관련된 연구에서도 높은 영향력을 발휘하고 있습니다. AI를 활용한 과학적 문제 해결과 새로운 알고리즘 개발에 있어 선도적인 역할을 하고 있습니다. CAS는 중국 정부의 AI 발전 전략에 따라, AI 기술을 국가 경제와 사회 발전에 기여할 수 있도록 연구를 집중하고 있습니다.

### 중국 산업정보화부

(MIIT · Ministry of Industry and Information Technology)

MIIT는 중국의 AI 산업 발전을 위한 정책과 표준화를 담당하며, AI 기술의 산업화와 상용화를 적극 지원합니다. 2026년까지 50개의 AI 국가 표준을 수립할 계획을 발표하며, AI 기술의 글로벌 표준화에도 기여하고 있습니다. MIIT는 AI 표준화 기술위원회를 설립하여, 대규모 언어 모델, 데이터 세트, 소프트웨어 플랫폼, AI 위험 관리 등 핵심 분야에서의 산업 표준 개발에도 나섭니다. 이 위원회에는 바이두, 알리바바, 텐센트, 화웨이 등 주요 기업의 전문가들이 참여하고 있습니다. MIIT는 베이징, 상하이, 선전 등 주요 도시를 중심으로 AI 혁신 허브를 구축하고, 지역별 AI 산업 발전을 지원하고 있습니다.

### 국가발전개혁위원회

(NDRC · National Development and Reform Commission)

NDRC는 AI를 포함한 첨단 기술 개발을 국가 전략으로 설정하고, 이를 통해 중국의 경제 및 기술 경쟁력을 강화하고 있습니다.

AI 관련 프로젝트에 대규모 자금을 지원하며, AI 기술의 상용화와 산업화를 촉진합니다. NDRC는 AI 연구와 개발을 위한 데이터센터, 슈퍼컴퓨터, 클라우드 플랫폼 등 핵심 인프라를 구축하는 데 중점을 두고 있습니다. NDRC는 AI 기술을 경제 전반에 통합하여, 스마트 도시, 스마트 농업, 스마트 물류 등 다양한 분야에서 혁신을 이루고자 합니다. 이를 통해 AI 기술이 중국 경제 성장의 핵심 동력이 되도록 하고 있습니다. NDRC는 2030년까지 중국을 세계 최대의 AI 혁신 허브로 만들겠다는 목표를 세우고 AI 관련 산업 규모를 10조 위안 이상으로 확대할 계획입니다.

### 중국전자정보산업발전연구원

(CIID · China Institute of Information and Communications Technology)

CIID는 AI 기술의 시장 동향과 정책 방향을 분석하며, 중국 AI 산업의 발전 전략을 제시합니다. AI 기술의 경제적, 사회적 영향을 평가하고, 정책 권고안을 제공합니다. CIID는 AI 기술의 안전성과 윤리적 문제를 연구하며, AI 기술이 사회에 미치는 부정적 영향을 최소화하기 위한 방안을 모색하고 있습니다. CIID는 중국의 AI 기술이 글로벌 시장에서 경쟁력을 갖출 수 있도록, 국제 표준화 작업에 적극 참여하고 있습니다. 중국 AI 기술의 국제적 영향력을 확대하고 있습니다. CIID는 AI 기술을 디지털 경제와 융합하여, 새로운 비즈니스 모델과 응용 사례를 창출하고 있습니다. AI 기술이 중국 경제의 주요 성장 동력이 되도록 하고 있습니다.

한편, 중국의 AI 산업은 바이두, 알리바바, 텐센트, 화웨이, 센스타임, 아이플라이텍과 같은 주요 기업들이 이끌고 있습니다. 바이두는 중국 최대 검색 엔진 기업으로서 아폴로(Apollo) 자율 주행 플랫폼과 어니(ERNIE) 언어 모델을 통해 AI 기술을 선도하고 있으며, 특히 샤오두 스마트 스피커로 스마트 홈 시장을 주도하고 있습니다.

알리바바는 알리바바 클라우드를 통해 통이치엔원(Tongyi Qianwen) 언어 모델을 선보이며, 전자상거래와 물류 분야에서 AI 기술을 적극적으로 활용하고 있습니다. 특히 멀티모달 AI 모델 개발과 RNA 바이러스 탐지 등 의료 분야에서도 혁신적인 연구를 진행하고 있습니다.

텐센트는 텐센트 AI 연구소를 중심으로 훈위안(Hunyuan) AI 모델을 개발하여 게임, 소셜 네트워크, 의료 서비스 등 다양한 분야에서 AI 기술을 접목시키고 있습니다. 특히 의료 AI 기술을 통해 질병 진단과 의료 영상 분석 분야에서 큰 진전을 이루고 있습니다.

화웨이는 어센드(Ascend) AI 칩 시리즈를 개발하여 하드웨어 측면에서 강점을 보이고 있으며, 5G 기술과 AI를 결합하여 스마트 제조와 자율 주행 분야에서 혁신을 주도하고 있습니다. 또한 AI 기반 네트워크 자동화와 최적화를 통해 통신 인프라의 효율성을 크게 향상시키고 있습니다.

센스타임은 센스코어(SenseCore) AI 플랫폼을 기반으로 컴퓨터 비전 기술에서 세계적인 경쟁력을 보유하고 있으며, 특히 얼굴 인식과 영상 인식 분야에서 뛰어난 성과를 보이고 있습니다. 이러한 기술은 스마트 시티, 의료 영상 분석, 자율 주행 등 다양한 분야에서 활용됩니다.

아이플라이텍은 음성 인식과 자연어 처리 기술에서 독보적인 위치를 차지하고 있으며, 교육과 의료 분야에서 혁신적인 AI 솔루션을 제공합니다. 특히 AI 기반 음성 번역 기술은 글로벌 커뮤니케이션을 원활하게 하는 데 큰 기여를 하고 있습니다.

이러한 중국의 주요 AI 기업들은 각자의 전문 분야에서 기술 혁신을 이끌며, 글로벌 시장에서도 높은 경쟁력으로 성장 중입니다. 이들은 지속적인 연구 개발과 상용화를 통해 디지털 경제와 스마트 사회의 발전을 가속화하며, 중국의 AI 산업이 세계적인 수준으로 성장하는 데 핵심적인 역할을 하고 있습니다.

---

## 7-2 미국과 중국의 AI 주도 인물

### (1) 미국

샘 올트먼은 오픈AI의 CEO이자 공동 창립자로, 인공지능(AI) 분야에서 가장 영향력 있는 인물 중 한 명입니다. 2015년 오픈AI를 설립하며 인간 수준의 인공일반지능(AGI)을 개발하는 것을 목표로 삼았습니다. 오픈AI는 ChatGPT, GPT-4와 같은 생성형 AI 모델을 통해 AI 기술의 대중화를 이끌었으며, 올트먼은 이러한 프로젝트의 성공을 주도했습니다. 이전에는 스타트업 액셀러레이터* 와이콤비네이터(Y Combinator)의 사장으로 활동하며 수많은 혁신적인 스타트업을 지원했습니다. 그는 AI 기술의 윤리적 사용과 안전성을 강조하며, AI가 인류에 긍정적인 영향을 미칠 수 있도록 노력하고 있습니다. 그는 마이크로소프트와의 협력을 통해 오픈AI의 기술을 Azure 클라우드 플랫폼에 통합하며 AI의 상용화를 가속화했습니다. 올트먼은 스탠퍼드대학교에서 컴퓨터 과학을 전공했으나 중퇴하고 창업에 뛰어들었으며, 초기에는 소셜 미디어 스타트업 루프트(Loopt)를 설립하기도 했습니다. 그는 AI 기술의 발전이 가져올 사회적, 경제적 변화를 예측하며, 이를 준비하기 위한 정책적 논의에도 적극적으로 참여하고 있습니다.

젠슨 황은 엔비디아의 공동 창립자이자 CEO로, AI 하드웨어 및 소프트웨어 혁신의 선구자로 평가받고 있습니다. 그는 1993년 엔비디아를 설립하여 GPU(Graphics Processing Unit) 기술을 발전시켰으며, 이 기술은 딥러닝과 AI 모델 학습의 핵심 도구로 자리 잡았습니다. 그의 리더십 아래 엔비디아는 AI, 자율 주행차, 데이터 센터, 그리고 메타버스와 같은 첨단 기술 분야에서 선도적인 역할을 하고 있습니다. 젠슨 황은 GPU를 단순한 그래픽 처리 장치에서 AI 가속 컴퓨팅의 필수 기술로 전환시키며, AI 산업의 성장을 가속화했습니다. 그는 "지구의 디지털 트윈"을 구축하는 지구-2(Earth-2) 프로젝트와 같은 혁신적인 비전을 제시하며, AI를 활용한 기후 변화 연구에도 기여하고 있습니다. 젠슨 황은 오리건주립대학교에서 전기공학 학사 학위를, 스탠퍼드대학교에서

---

● Startup accelerators. 스타트업을 지원해 성장을 촉진하는 프로그램이나 투자자 등을 뜻하는 용어. 시드 액셀러레이터(seed accelerators)라고도 부른다.

전기공학 석사 학위를 취득했습니다. 포춘(Fortune)과 하버드 비즈니스 리뷰(Harvard Business Review)에서 세계 최고의 CEO로 선정되며 경영 능력을 인정받았습니다. 엔비디아의 기술은 의료, 금융, 제조 등 다양한 산업에서 활용되며, AI의 상용화에 크게 기여하고 있습니다.

제프 딘은 구글의 최고 과학자(Chief Scientist)로, 구글 딥마인드(Google DeepMind)와 구글 리서치(Google Research)에서 AI 연구를 이끌고 있습니다. 1999년 구글에 합류한 이후, 맵리듀스(MapReduce), 빅테이블(Bigtable), 스패너(Spanner)와 같은 구글의 핵심 기술을 개발하며 회사의 기술적 기반을 구축했습니다. 딥러닝과 머신러닝 분야에서 세계적인 권위자인 그는 텐서플로(TensorFlow)라는 오픈소스 AI 플랫폼을 개발하여 AI 연구자와 개발자들에게 강력한 도구를 제공했습니다. 제프 딘은 구글의 검색 엔진, 광고 시스템, 그리고 번역 서비스와 같은 주요 제품에 AI 기술을 통합하며 회사의 혁신을 주도했습니다. 워싱턴대학교에서 컴퓨터 과학 박사 학위를 취득했으며, 그의 연구는 객체 지향 프로그래밍 언어와 컴파일러 최적화에 중점을 두었습니다. 현재 그는 구글 딥마인드의 Gemini 프로젝트를 이끌며, 차세대 생성형 AI 모델 개발에 집중하고 있습니다. 제프 딘은 AI 기술의 윤리적 사용과 공정성을 강조하며, AI가 사회에 미치는 영향을 최소화하기 위한 연구에도 참여하고 있습니다.

얀 르쿤은 딥러닝의 선구자로, 합성곱 신경망(CNN · Convolutional Neural Network)의 개발로 유명합니다. 현재 메타(구 페이스북)의 최고

AI 과학자(Chief AI Scientist)로 활동하며, AI 연구와 개발을 이끌고 있습니다. CNN은 이미지 인식, 음성 인식, 자연어 처리 등 다양한 분야에서 활용되며, AI 기술의 발전에 큰 기여를 했습니다. 얀 르쿤은 뉴욕대학교에서 데이터 과학 센터를 설립하고, 딥러닝 연구를 위한 학문적 기반을 마련했습니다. 그는 AT&T 벨 연구소에서 근무하며 CNN과 그래프 변환 네트워크를 개발했으며, 이는 AI 모델의 효율성을 크게 향상시켰습니다. 2018년에는 딥러닝 분야의 공로를 인정받아 '컴퓨터 과학의 노벨상'으로 불리는 튜링상을 수상했습니다. 얀 르쿤은 AI 기술의 이론적 기초를 다지는 데 중점을 두며, AI의 공정성과 투명성을 강조하고 있습니다. 그는 AI 연구가 산업과 사회에 미치는 영향을 고려하며, 이를 통해 AI 기술이 인류에 긍정적인 변화를 가져올 수 있도록 노력하고 있습니다.

다리오 길은 IBM 리서치의 수석 부사장이자 연구 책임자로, AI와 양자 컴퓨팅 분야에서 혁신을 이끌고 있는 기술 리더입니다. 그는 IBM Watson과 같은 AI 시스템 개발을 주도하며, AI를 활용한 비즈니스 솔루션을 제공하는 데 중점을 두고 있습니다. IBM 리서치는 그의 리더십 아래 하이브리드 클라우드, 반도체, 양자 컴퓨팅 등 다양한 첨단 기술 분야에서 세계적인 연구를 수행하고 있습니다. 다리오 길은 MIT-IBM Watson AI Lab의 공동 의장을 맡아 AI의 기초 연구를 산업과 사회에 적용하는 데 기여하고 있습니다. IBM이 세계 최초로 클라우드를 통해 프로그래밍 가능한 양자 컴퓨터를 제공하도록 이끌었으며, 이는 과학적 발견의 속도를 가속화하는 데 기여하고 있습니다. 또한, 그는 미국 국가과학위원회(NSB) 의장으로 활동하며, 과학과 기술 정책을 수립하는 데 중요한 역할을 하고 있습니다. 다리오 길은 AI와 양자 컴퓨팅의 융합이 미래의 문제 해결에 핵심적인 역할을 할 것이라고 강조하며, 이를 통해 과학, 비즈니스, 사회 전반에 걸친 혁신을 추구하고 있습니다.

### 트럼프 정부에서 인공지능(AI) 정책을 주도할 주요 인물

도널드 트럼프는 재선에 성공한 뒤, AI 정책에서 혁신과 국가 안보를 동시에 강조하는 접근 방식을 채택하고 있습니다. 첫 번째 임기(2017~2021년) 중, 그는 2019년 "미국 AI 이니셔티브(American AI Initiative)"를 통해 AI 연구 개발(R&D)을 촉진하고, 연방 데이터와 컴퓨팅 자원에 대한 접근성을 확대했습니다. 2025년 두 번째 임기에서는 바이든 행정부의 AI 규제 중심 정책을 철회하고, AI 혁신을 가속화하기 위한 새로운 행정명령을 발표했습니다. 트럼프는 AI를 국가 안보의 핵심 요소로 간주하며, 중국과의 기술 경쟁에서 미국의 우위를 유지하기 위해 AI 수출 통제를 강화하고, 군사 AI 개발을 확대할 계획입니다. 그는 AI를 경제 성장과 일자리 창출의 도구로 활용하려는 비전을 가지고 있으며, 기업과 학계 간 협력을 통해 AI 기술의 상용화를 촉진하고 있습니다.

일론 머스크(Elon Musk)는 트럼프 정부에서 인공지능(AI) 정책과 관련하여 중요한 역할을 맡을 것으로 예상됩니다. 트럼프 행정부의 '정부 효율성 부서(DOGE · Department of Government Efficiency)'의 책임자로 임명되었으며, 연방 정부의 지출을 줄이고 규제를 완화하는 임무를 맡고 있습니다. 머스크는 AI 기술이 미국의 경제적 경쟁력과 국가 안보에 핵심적이라고 강조하며, AI 인프라 구축과 연구·개발(R&D)을 지원하는 정책을 제안할 가능성이 높습니다. 특히, 그는 AI를 활용한 정부 운영 효율화와 비용 절감을 목표로 하고 있으며, 이를 통해 연방 정부의 디지털 전환을 가속화하려는 계획을 세우고 있습니다.

머스크는 또한 트럼프 정부의 대규모 AI 프로젝트인 '스타게이트(Stargate)' 이니셔티브와 관련해 논란의 중심에 있습니다. 이 프로젝트는 AI 인프라에 4년간 5,000억 달러(약 728조 9,000억 원) 투자를 목표로 하지만, 머스크는 자금 조달의 현실성에 의문을 제기하며 비판적인 입장을 보였습니다. 그는 오픈AI와의 과거 갈등과 경쟁 관계로 인해, 자신의 AI 회사인 xAI를 통해 오픈AI와 직접 경쟁하고 있으며, AI 기술의 윤리적 사용과 안전성에 대한 논의를 주도할 가능성도 있습니다.

머스크는 AI 기술이 미국의 글로벌 리더십을 유지하는 데 필수적이라고 주장하며, AI 규제 완화와 혁신 촉진을 통해 중국과의 기술 경쟁에서 우위를 점하려는 트럼프 정부의 전략을 지원할 것으로 보입니다. 그러나 그의 역할은 테슬라(Tesla)와 스페이스엑스(SpaceX) 같은 자신의 기업들이 연방 계약과 규제에 영향을 받을 수 있다는 점에서 이해 상충 논란을 불러일으키고 있습니다. 이러한 상황에서 머스크는 AI 정책의 방향성과 관련하여 트럼프 정부 내에서 중요한 조언자이자 논란의 중심 인물로 자리 잡을 것으로 예상됩니다.

### (2) 중국

중국 AI 기술의 선구자인 리카이푸(李开复)는 1961년 대만에서 태어나 컬럼비아대학교에서 컴퓨터 과학 학사를, 카네기멜런대학교에서 박사 학위를 취득했습니다. 그는 애플, SGI, 마이크로소프트에서 음성 인식 및 AI 기술 개발에 기여했으며, 2005년에는 구글 차이나의 초대 사장으로 임명되어 중국 시장에서 구글의 입지를 강화했습니다. 2009년에는 창업 투자 회사인 혁신공장을 설립하여 AI 및 기술 스타트업을 지원하고 있으며, 저서 'AI 슈퍼파워'를 통해 AI 기술이 중국과 세계 경제에 미칠 영향을 분석하며 큰 반향을 일으켰습니다.

같은 해인 1961년에 태어난 루치(陆奇)는 푸단대학교에서 컴퓨터 과학 학사를, 카네기멜런대학교에서 박사 학위를 받았습니다. IBM, 야후, 마이크로소프트 등 글로벌 IT 기업에서 경력을 쌓은 후 2017년 바이두의 최고운영책임자(COO · Chief Operating Officer)로 합류하여 AI 전략과 자율 주행, 딥러닝 연구를 주도했습니다. 현재는 AI 기술 컨설팅과 투자 활동을 통해 AI 산업의 발전을 지원하고 있으며, AI 기술의 사회적 가치 창출과 글로벌 협력을 강조하고 있습니다.

1973년생인 왕하이펑(王海峰)은 하얼빈공업대학에서 컴퓨터 과학 학사와 석사를, 중국과학원에서 박사 학위를 취득했습니다. 자연어 처리와 기계 번역 분야의 세계적 권위자로 인정받는 그는 2010년 바이두에 합류하여 현재 최고기술관리자(CTO · Chief Technical Officer)로 활동하며, 바이두의 대규모 언어 모델 ERNIE 시리즈 개발을 주도하고 있습니다. 또한 AI 기술을 활용한 스마트 검색, 음성 비서, 번역 서비스 등 다양한 응용 프로그램을 개발하여 사용자 경험 혁신에 기여하고 있습니다.

1985년 광둥성 출신의 량원펑(梁文锋)은 저장대학에서 전자정보공학과 컴퓨터과학을 전공한 후, 2023년 AI 스타트업 딥시크를 설립했습니다. 딥시크는 저비용 AI 모델 개발에 중점을 두어 최근 오픈AI의 ChatGPT보다 저렴한 비용으로 추론 AI 모델 딥시크 R1을 발표해 세계적 주목을 받았습니다. 현재 약 150명의 직원과 함께 칭화대와 베이징대 등에서 젊은 인재를 적극 채용하며 AI 연구를 독려하고 있습니다.

1970년생인 탕샤오우(汤晓鸥)는 칭화대에서 전자공학 학사를, 로체스터대학에서 컴퓨터 과학 박사 학위를 받았으며, 홍콩중문대 교수로 재직하며 컴퓨터 비전과 딥러닝 연구에 기여했습니다. 2014년에는 AI 기업 센스타임을 설립하여 얼굴 인식, 객체 탐지, 영상 분석 등 컴퓨터 비전 기술에서 세계적 선두 주자로 성장시켰으며, 현재 회장으로서 AI 기술 연구와 상용화를 이끌고 있습니다.

주징런(朱景仁)은 중국과학기술대학에서 컴퓨터 과학 학사를, 워싱턴대학에서 박사 학위를 받은 후 현재 알리바바 클라우드의 수석 과학자로 활동하고 있습니다. 그는 알리바바의 대규모 언어 모델 Tongyi Qianwen 개발에 기여하며, 스마트 물류, 금융 리스크 관리, 의료 데이터 분석 등 다양한 분야에서 AI 기술의 실용화를 주도하고 있습니다. 또한 알리바바 클라우드의 글로벌 확장을 통해 AI 기술의 상용화를 가속화하며 중국의 AI 기술 경쟁력 강화에 기여하고 있습니다.

중국의 AI 핵심 인물들은 각자의 전문 분야에서 혁신적인 기술 개발과 상용화를 이끌며, AI 기술의 윤리적 사용과 데이터 보안, 글로벌 협력의 중요성을 강조하고 있습니다. 이들의 노력은 중국 AI 산업이 세계적 수준으로 발전하는 데 핵심적인 역할을 하며, AI 기술을 통한 사회적 가치 창출과 경제적 혁신을 계속해서 추진하고 있습니다.

5장

유럽연합 인공지능법

# 1
# EU의 인공지능법(AI Act)

2024년 유럽연합(EU)은 세계 최초로 포괄적인 인공지능(AI) 규제 법안인 Regulation (EU) 2024/1689(일명 EU AI Act)를 발표했습니다. 2024년 7월 12일 EU 공식 저널에 게재된 이 AI 규제법은 유럽연합 내에서 AI 시스템의 개발, 출시, 사용에 대한 조화로운 규칙을 수립하여 AI가 안전하고 기본권과 가치를 존중하도록 보장

2024년 유럽연합(EU)은 세계 최초로 포괄적인 인공지능(AI) 규제 법안인
'EU AI Act'를 발표했다. 이 법은 EU 내에서 AI 시스템의 개발, 출시,
사용에 대한 조화로운 규칙을 수립하여 AI가 안전하고 기본권과 가치를
존중하도록 보장하는 것을 목표로 하고 있다.

하는 것을 목표로 합니다. AI 투자 및 혁신 촉진, 거버넌스 및 집행 강화, 단일 유럽연합 AI 시장 조성을 목표로 합니다.

EU AI Act는 2024년 8월 1일부터 발효되었으며, 향후 몇 년에 걸쳐 단계적으로 진행될 예정이며. 금지된 AI 시스템에 대한 조항은 2025년 2월 2일부터 시행되었습니다. 대부분의 조항은 2026년 8월 2일부터 시행될 예정입니다. EU AI Act는 유럽연합 내 조직뿐만 아니라 유럽연합 시장을 대상으로 AI 시스템을 개발하거나 활용하는 전 세계적으로 운영되는 조직에도 영향을 미칩니다. EU AI Act는 유럽연합 역내외 기업 및 개인에게 상당한 영향을 미칠 것으로 예상됩니다.

유럽연합의 인공지능법은 AI 기술의 위험성을 고려한 규제와 조화로운 발전 방향을 명확히 하기 위해 추진되었는데, 주요 배경은 다음과 같습니다.

첫째, AI 기술의 양면성에 대한 인식입니다. 인공지능은 의료와 교육을 비롯한 다양한 분야에서 혁신을 이끌고 있지만, 동시에 예측하기 어려운 위험을 초래할 수 있습니다. 알고리즘의 불투명성으로 인해 안전에 대한 위협이나 기본권 침해와 같은 부정적 결과를 가져올 수 있다는 우려도 법안 추진 배경 중 하나입니다.

둘째, EU의 전략적 포지셔닝입니다. EU는 인공지능 기술 분야에서 글로벌 선도적 지위를 유지하면서도, 동시에 유럽의 고유한 가치와 인권을 존중하는 방향으로 AI를 발전시키고자 합니다. 이는 기술 발전과 가치 수호라는 두 목표를 동시에 추구하는 것입니다.

셋째, 통합된 규제 체계의 필요성입니다. 유럽 의회와 이사회는 AI로 인한 혜택과 위험을 EU 차원에서 적절히 관리할 수 있는 입법적 조치가 필요하다고 판단했습니다. 이는 개별 국가 차원이 아닌, EU 전체 차원의 통합된 접근이 필요하다는 인식을 반영합니다.

EU의 인공지능법은 또 네 가지 핵심적인 목표를 가지고 있습니다. 첫째, 신뢰할 수 있는 AI 시스템의 개발과 보급을 촉진하는 것입니다. 이를 위해 AI 시스템이 기본적 인권을 존중하고, 안전성을 확보하며, 윤리적 원칙을 준수하도록 규정하고 있습니다. 이러한 접근은 유럽 내에서뿐만 아니라 전 세계적으로 신뢰할 수 있는 AI 발전에 기여하는 것을 목표로 합니다. 둘째, AI 분야의 혁신과 투자를 장려하는 것입니다. 명확하고 예측 가능한 규제 프레임워크를 제시함으로써, 기업들이 안정적으로 AI 기술을 개발하고 투자할 수 있는 환경을 조성하고자 합니다. 불확실성을 줄이고 기업들의 참여를 유도하는 효과를 가져올 것으로 기대됩니다. 셋째, EU 내 AI 시스템의 단일 시장을 조성하는 것입니다. EU 회원국들 사이에서 AI 시스템이 자유롭게 이동하고 거래될 수 있도록 보장함으로써, 유럽 전체의 AI 산업 발전을 촉진하고자 하는 목표를 담고 있습니다. 넷째, 효과적인 거버넌스와 법 집행 체계를 구축하는 것입니다. EU AI Office를 설립하고, 각 회원국들과의 긴밀한 협력을 통해 법안이 효과적으로 집행될 수 있도록 하는 체계를 마련하고 있습니다. 이는 법안의 실효성을 확보하는 핵심적인 요소가 될 것입니다.

이와 같은 도입 배경과 핵심 목표는, AI 기술 발전 촉진과 규제라는 두 측면을 균형 있게 다루고자 하는 EU의 접근 방식을 잘 보여줍니다.

# 2
# 인공지능 시스템의 정의 및 적용 범위

EU AI Act는 AI 시스템을 '다양한 수준의 자율성을 가지고 작동하도록 설계된 기계 기반 시스템'으로 정의합니다.

AI 시스템에 대한 법적 모호성을 피하면서도 기술 진화에 따라 유연한 해석이 가능하도록 정의 규정을 두었습니다. 자율성과 적응성이라는 두 가지 주요 특징에 중점을 두고 있으며, 이는 AI 시스템을 기존 소프트웨어와 차별화합니다. 자율성은 AI 시스템이 인간의 개입 없이 스스로 학습하고 결정을 내릴 수 있는 능력을 의미하며, 적응성은 AI 시스템이 새로운 데이터를 통해 스스로를 개선하고 변화하는 환경에 적응할 수 있는 능력을 의미합니다.

EU AI Act는 유럽연합 내에서 AI 시스템을 출시, 서비스 제공 또는 사용하는 모든 제공자, 배포자, 수입업자 및 유통업자에게 적용됩니다. AI 시스템 제공자 또는 사용자가 EU에 기반을 두고 있는지 여부는 중요하지 않습니다. EU 외부에 위치한 기업이라도 EU 내에서 AI 시스템을 판매하거나 서비스를 제공하는 경우 이 법의 적용을 받습니다. 그러나 과학 연구 및 개발을 위한 AI 시스템, 개인적이고 비전문적인 활동을 위한 AI 시스템 등은 이 법의 적용을 받지 않습니다.

# 3
# EU 인공지능법상 '인공지능의 위험도' 분류

EU는 AI 시스템의 위험도에 따른 체계적인 규제 접근 방식을 채택하고 있습니다.

이 법은 AI 시스템을 용납될 수 없는 위험, 고위험, 제한된 위험, 최소 위험의 네 단계로 분류하며, 각 시스템의 위험 수준은 의도된 사용목적, 사용 정도, 건강·안전·기본권에 미치는 영향, 잠재적 피해의 강도와 범위, 피해의 복원 가능성 등을 종합적으로 고려하여 평가됩니다. 이러한 위험 기반 접근 방식에 따라, 용납할 수 없는 위험을 초래할 수 있는 AI 시스템은 전면 금지되며, 고위험으로 분류된 AI 시스템의 경우 법에서 정한 특정 요구사항을 충족할 경우에만 사용이 허용되는 등 위험 수준에 비례하는 차등적인 규제가 적용됩니다.

## 3-1  허용 불가능한 위험한 인공지능

EU의 AI 규제에서 가장 엄격한 통제 대상이 되는 것은 '용납될 수 없는 위험(Unacceptable Risk)'으로 분류되는 AI 시스템입니다. EU는 이러한 시스템들이 인간의 기본권과 존엄성을 심각하게 침해할 수 있다고 보아 원칙적으로 전면 금지하고 있습니다.

첫 번째로 금지되는 것은 인간의 행동을 조작하는 AI 시스템입니다. 잠재의식 기술을 활용하여 사람이 인지하지 못하는 방식으로 행동을 조작하고, 이로 인해 본인이나 타인에게 신체적 또는 정신적 해를 끼칠 수 있는 시스템이 이에 해당합니다. 인간의 자율성과 존엄성을 침해하기 때문에 금지됩니다. 다만 의료 목적으로 허가를 받은 경우는 예외로 인정됩니다.

두 번째는 취약계층을 악용하는 AI 시스템입니다. 연령, 신체적 또는 정신적 장애 등으로 인한 취약성을 이용하여 해당 개인이나 집단의 행동을 왜곡하고 해를 끼칠 수 있는 시스템이 이에 해당합니다. EU는 이러한 시스템이 사회적 약자를 착취할 수 있다는 점에서 우려하고 있습니다. 차별 및 불평등을 심화시킬 수 있어 금지 대상입니다.

세 번째로 공공기관의 사회적 신용 평가 시스템이 금지됩니다. 개인의 사회적 행동이나 특성을 기반으로 신뢰도를 평가하고, 이를 근거로 불리한 대우나 차별을 하는 시스템을 의미합니다. 데이터가 수집된 맥락과 무관한 상황에서 차별적 처우를 하는 것을 엄격히 금지하고 있습니다. 개인의 자유와 권리를 침해할 수 있다는 점 역시 금지의 배경입니다.

마지막으로 실시간 원격 생체인식 시스템의 사용이 제한됩니다. 공공장소에서 실시간으로 생체정보를 활용해 신원을 확인하는 시스템은 원칙적으로 금지되지만, 일부 예외(실종아동 수색, 테러 공격 예방, 중범죄자 검거와 같은 법 집행 목적으로는 사법당국의 사전 승인을 받아 제한적으로 사용할 수 있음)가 인정됩니다.

범죄 예측 시스템은 과거 데이터를 기반으로 개인의 범죄 가능성을 예측하는 시스템으로, 이는 차별 및 불공정성을 심화시킬 수 있어 금지됩니다.

  금지 규정에도 예외가 존재합니다. 공공의 안전을 보호하기 위해 법령에 따라 적절한 안전조치를 취하여 공권력을 행사하는 경우는 예외가 될 수 있습니다. 하지만 이러한 예외는 필요성과 비례성 원칙에 따라 매우 엄격하게 제한됩니다.

  금지 규정을 위반하는 경우에는 최대 3,500만 유로(530억 2,045만 원)의 벌금 또는 전 세계 연간 매출액의 7% 중 더 큰 금액의 벌금이 부과될 수 있습니다.

  ---

  ## 3-2 고위험(High Risk) 인공지능

  EU AI Act는 건강, 안전 또는 기본권에 높은 위험을 초래할 수 있는 AI 시스템을 고위험으로 분류하고 있으며, 이러한 시스템들에 대해 시장 출시 전 엄격한 규제를 적용하고 있습니다.

  EU 제품 안전 법규가 적용되는 제품에 사용되는 AI 시스템이 고위험으로 분류됩니다. 장난감, 항공기, 자동차, 의료기기, 엘리베이터 등에 사용되는 AI 시스템이 포함되며, 자율 주행 시스템이나 의료 진단 시스템이 대표적인 예시입니다.

  교통, 에너지, 수자원 관리와 같은 중요 인프라의 안전에 영향을 미치는 AI 시스템도 고위험으로 간주됩니다. 교통 관리 시스템이나 발전소 제어 시스템과 같이 안전한 운영에 필수적인 AI 시스템들이 이에 해당합니다.

교육 분야에서는 시험 채점이나 입학 결정에 사용되는 AI 시스템이 고위험으로 분류됩니다. 학생의 학습 능력을 평가하고 개인 맞춤형 학습 경로를 제공하는 AI 시스템이 대표적입니다.

고용 영역에서는 채용, 승진, 해고 등 근로자 관리에 사용되는 AI 시스템이 포함됩니다. 이력서를 선별하고 지원자를 평가하는 AI 기반 채용 시스템이 주요 예시입니다.

필수적인 민간 및 공공 서비스와 관련해서는 신용 평가, 사회 복지 혜택, 법 집행 등에 사용되는 AI 시스템이 고위험으로 분류됩니다. 대출 신청자의 신용도를 평가하는 시스템이나 범죄 용의자를 식별하는 안면 인식 시스템이 여기에 해당합니다.

이민과 관련해서는 비자 신청이나 망명 신청을 심사하는 AI 시스템이 고위험으로 분류되며, 특히 비자 신청자의 위험도를 평가하는 시스템이 대표적입니다.

마지막으로, 사법 절차에서 증거를 평가하거나 판결을 예측하는 등 사법 및 민주적 절차의 집행과 운영에 사용되는 AI 시스템도 고위험으로 간주됩니다. 예를 들어, 판사의 판결을 지원하기 위해 법률 문서를 분석하고 판례를 검색하는 AI 시스템이 이에 해당합니다.

고위험 AI 시스템 공급자의 법적 의무는 다음과 같습니다.

AI 시스템의 전체 수명주기에 걸쳐 위험관리 시스템을 구축하고 운영해야 합니다. 예측 가능한 위험의 식별과 분석, 오남용으로 인한 위험 평가, 그리고 시판 후 모니터링 데이터 분석을 포함하는 지속적이고 반복적인 프로세스여야 합니다. 법규 준수 전략, 시스템 디자인, 데이터 관리 절차 등을 포함하는 포괄적인 품질관리 시스템을 구축하고 문서화해야 합니다.

고위험 AI 시스템 제공자는 시장 출시 전에 EU AI Act의 요구 사항 충족 여부를 확인하기 위한 적합성 평가를 반드시 수행해야 합니다. 이 평가는 AI 시스템의 잠재적 위험 식별과 평가, 훈련 데이터의 품질 평가 및 편향 완화 조치, 시스템의 설계와 개발 및 작동 방식을 설명하는 기술문서 작성, 성능과 안전성 테스트, 그리고 인적 감독 조치 마련 등을 포함합니다. 제품안전규칙에 따라 규제되는 경우에는 기존 제도를 확장 적용하며, 부속서 III의 시스템은 자체 평가 후 EU 적합성 선언을 발표할 수 있습니다. 단, 원격 생체 신원 확인이나 공공 인프라 네트워크용 시스템은 인증기관의 평가를 받아야 하며, 인증서는 5년간 유효합니다. 시스템이 실질적으로 수정될 때마다 새로운 적합성 평가를 받아야 합니다. 시장 출시나 서비스 개시 전에는 법률 요구사항 준수를 입증하는 상세한 기술문서를 작성하고 유지해야 합니다. 시스템 운영 중에는 모든 기능을 추적할 수 있도록 자동으로 로그를 기록하고 저장해야 하며, 이는 시스템 이용 기간, 입력 데이터, 검색 결과, 관여자 정보 등을 포함해야 합니다.

투명성 측면에서는 사용자에게 시스템의 작동 방식과 잠재적 위험에 대한 정보를 명확히 제공해야 합니다. 여기에는 공급자 정보, 시스템 성능 특징, 기능과 한계, 변경사항, 기술적 조치, 인간 감독 조치, 예상 수명 및 유지 관리 정보가 포함되어야 합니다. 의사 결정 지원 시스템의 경우, 사용자가 시스템의 결론 도출 과정을 이해할 수 있어야 하며, 시스템의 제한 사항과 잠재적 편향에 대한 정보도 함께 제공받아야 합니다.

추적성 요구사항과 관련하여, 시스템의 작동 과정을 추적하고 기록할 수 있어야 합니다. 문제 발생 시 원인 파악과 책임 소재 규명을 위해 입력 데이터, 출력 결과, 의사 결정 과정 등을 상세히 기록하고 저장해야 합니다.

데이터 품질 관리에 있어서는 학습, 검증, 테스트용 데이터 세트가 적절한 거버넌스와 관리 체계를 갖추어야 하며, 관련성과 대표성을 확보해야 합니다. 이용대상자의 통계적 특성을 충실히 반영하고, 지리적, 행태적, 기능적 특성을 고려해야 합니다. 필요한 경우 편향 모니터링과 수정을 위해 개인정보를 처리할 수 있으나, 이는 반드시 적절한 보호조치가 수반되어야 합니다.

인적 관리와 감독에 있어서는 AI 시스템이 안전하고 윤리적으로 작동하도록 인간의 지속적인 감독이 필요합니다. 감독자는 시스템의 오류를 감지하고 수정할 수 있어야 하며, 예상치 못한 결과가 발생할 경우 즉시 개입하여 잠재적 피해를 예방할 수 있어야 합니다. 인간의 효과적인 감독이 가능하도록 적절한 인터페이스를 설계해야 하며, 시스템의 목적에 맞는 정확성을 확보하고 외부 공격에 대응할 수 있어야 합니다. 심각한 사고나 오작동이 발생할 경우에는 즉시 해당 회원국의 감독기구에 보고해야 하는 의무가 있습니다.

수입업자와 유통업자의 의무도 규정되어 있습니다.

수입업자는 EU 시장 출시 전에 시스템의 AI Act 준수 여부를 확인해야 하며, 이는 적합성 평가 절차 완료, 기술문서 구비, CE 마크[*] 부착, 승인된 대리인 지정 등을 포함합니다. 보관과 운송 과정에서 시스템의 적합성이 훼손되지 않도록 주의해야 합니다. EU 미설립 공급자로서 수입업체를 확인할 수 없는 경우에는 반드시 EU 내 권한 있는 자연인 또는 법인을 대리인으로 지정해야 합니다. 시장 출시 전에 EU 데이터베이스에 시스템을 등록하고 CE 마킹을 부착하여 규정 준수를 표시해야 합니다. 등록 시에는 공급자 정보, 시스템 식별 정보, 목적 설명, 유통 현황, 인증 관련 정보, EU 적합성 선언 사본 등을 상세히 제출해야 합니다.

유통업자는 시장 출시 전 고위험 AI 시스템을 검증해야 하며, AI Act의 요구사항을 준수하지 않는 시스템은 시장에 출시할 수 없습니다. 중요한 점은 수입업자와 유통업자 모두 해당 시스템이 개인의 건강, 안전, 기본권에 위험을 초래한다고 판단될 경우, 즉시 제공자와 관련 당국에 이를 보고해야 한다는 것입니다.

---

## 3-3 제한된 위험(Limited Risk)의 인공지능

제한된 위험 AI 시스템은 특정 투명성 의무가 적용되는 시스템을 의미하며, 크게 두 가지 유형으로 구분됩니다. 첫 번째는 사람

---

[*] Conformité Européene. 유럽연합(EU) 시장에 판매되는 다양한 제품들에 대한 안전성, 건강성, 환경 보호 및 소비자 보호 요건을 모두 만족한다는 의미의 유럽 통합 규격 인증 마크.

과 상호작용하도록 설계된 AI 시스템으로, 챗봇이나 AI 기반 가상 비서가 여기에 해당합니다. 두 번째는 합성 콘텐츠를 생성하거나 기존 콘텐츠를 조작하는 AI 시스템으로, 딥페이크 기술이나 이미지 편집 소프트웨어가 이에 포함됩니다.

제한된 위험 AI 시스템의 제공자나 사용자는 투명성 의무를 준수해야 합니다. 이러한 투명성 의무는 시스템의 특성에 따라 공급자와 사용자에게 각각 다르게 적용됩니다.

AI 시스템이 개인과 상호작용하도록 설계된 경우, 공급자는 사용자가 AI 시스템과 상호작용하고 있다는 사실을 명확하게 알려야 합니다. 다만 AI 시스템의 이용 상황이나 맥락상 AI와의 상호작용이 명백한 경우나 범죄수사 과정에서 AI와의 상호작용이 발생하는 경우는 이러한 고지 의무가 면제됩니다.

감정인식이나 생체인식 분류 기능이 포함된 AI 시스템의 경우, 시스템 사용자는 개인들이 이러한 감정인식 시스템이나 분류 시스템에 노출되고 있다는 사실을 반드시 알려야 합니다. 이는 개인의 프라이버시 보호와 자기결정권 존중을 위한 중요한 의무입니다.

## 3-4 최소 위험(Minimal or No Risk) 인공지능

EU AI Act의 적용 범위 밖에 있는 AI 시스템은 최소 위험 또는 위험 없음으로 분류됩니다. 대부분의 AI 시스템이 이 범주에 속하며, 특별한 규제 의무는 없습니다. 예를 들어, 스팸 필터링 소프트웨어, 제품 추천 시스템, 사진 편집 소프트웨어 등이 이 범주에 속합니다.

EU AI Act는 위험 기반 접근법(risk-based approach)을 채택하고 있는데, 이 중 최소 위험 또는 위험이 없는 AI 시스템은 규제의 필요성이 가장 낮은 단계로 분류됩니다. 이러한 시스템들은 인간의 기본권이나 안전에 거의 또는 전혀 위험을 초래하지 않는다고 판단되어 EU AI Act의 적용 범위에서 제외됩니다.

이 범주에 속하는 AI 시스템은 다음과 같습니다.

**스팸 필터링 소프트웨어**  e메일에서 스팸을 식별하고 분류하는 AI 시스템으로, 일상적인 이메일 관리를 돕는 보조적 역할을 수행합니다.

**제품 추천 시스템**  온라인 쇼핑몰 등에서 사용자의 구매 이력이나 검색 패턴을 기반으로 상품을 추천하는 AI 시스템입니다.

**기본적인 사진 편집 소프트웨어**  이미지 보정, 필터 적용 등 단순한 편집 기능을 제공하는 AI 시스템입니다.

**일반 게임에 사용되는 AI**  게임 내 캐릭터의 행동을 제어하거나 게임 진행을 보조하는 AI 시스템입니다.

**단순 업무 자동화 도구** 반복적인 사무 작업을 자동화하는 기본적인 AI 시스템입니다.

위에서 살펴본 시스템들의 공통된 주요 특징이 있습니다. 먼저 인간의 기본권이나 안전에 미치는 영향이 미미하다는 것입니다. 또 의사 결정의 결과가 개인의 생활에 중대한 영향을 미치지 않습니다. 오작동이 발생하더라도 심각한 피해를 초래할 가능성이 낮습니다. 사용자가 시스템의 한계를 쉽게 인지하고 통제할 수 있습니다.

최소 위험 또는 위험이 없는 AI 시스템은 특별한 규제 의무가 부과되지도 않습니다. 그렇다고 규제에서 완전히 자유롭다는 의미는 아닙니다. 이들은 여전히 일반적인 제품 안전 규정, 소비자 보호법, 개인정보 보호법 등 기존의 관련 법규를 준수해야 합니다. AI 시스템 개발자와 공급자들은 자발적으로 윤리적 가이드라인을 준수하고 책임 있는 AI 개발을 위해 노력하는 것이 권장됩니다.

# 4
# 벌칙 조항

EU AI Act를 위반하는 경우, 행정적 벌금이 부과될 수 있습니다.
벌금의 규모는 위반의 심각성에 따라 다릅니다(아래 표 참조).

### ▼ EU AI Act 중 법 위반에 따른 벌금

- **금지된 AI 시스템 사용** 최대 3,500만 유로 또는 전 세계 연간
  매출액의 7% 중 높은 금액
- **고위험 AI 시스템 관련 의무 위반** 최대 1,500만 유로 또는 전
  세계 연간 매출액의 3% 중 높은 금액
- **제한된 위험 AI 시스템 관련 의무 위반** 최대 750만 유로 또는 전
  세계 연간 매출액의 1% 중 높은 금액
- **규제 당국에 허위 정보 제공** 최대 750만 유로 또는 전 세계 연
  간 매출액의 1% 중 높은 금액

EU AI Act는 GDPR과 유사한 수준의 높은 벌금을 부과하여 법안
의 효과적인 집행을 담보하고 있습니다. 그러나 AI Act의 시행 및 집
행에는 명확한 지침 마련 및 국제 협력 등 해결해야 할 과제들이 있
습니다. 예를 들어, 적절한 벌금 수준을 결정하고 여러 관할 구역에
서 집행 노력을 조정하는 것이 중요합니다.

EU AI Act는 EU 내에서 AI 시스템을 개발, 배포 또는 사용하는 모든 기업에 영향을 미칩니다. 기업은 AI 시스템의 위험 수준을 평가하고, 적합성 평가를 수행하고, 필요한 경우 기술 문서를 작성하고, 인적 감독 조치를 마련하는 등 법안의 요구 사항을 준수해야 합니다. 고위험 AI 시스템을 개발하는 기업은 엄격한 의무를 준수해야 하므로 상당한 비용과 노력이 필요할 수 있습니다.

EU AI Act는 기업의 AI 개발 및 혁신을 저해할 수 있다는 우려도 있습니다. 그러나 EU는 법안이 AI 혁신을 저해하기보다는 신뢰할 수 있는 AI 개발을 촉진하고 AI 시장의 성장을 지원할 것이라고 주장합니다.

EU AI Act는 개인의 기본권과 안전을 보호하기 위한 법안입니다. 이 법안은 AI 시스템으로 인해 개인이 차별, 편견, 프라이버시 침해 등의 피해를 입지 않도록 보호합니다. AI 시스템의 투명성을 높여 개인이 AI 시스템의 작동 방식을 이해하고 자신의 권리를 행사할 수 있도록 지원합니다.

EU AI Act는 AI 시스템의 위험을 관리하고 신뢰할 수 있는 AI 개발을 촉진하기 위한 포괄적인 법안입니다. AI 시스템의 개발, 출시, 사용에 대한 명확한 규칙을 제공하여 EU 내에서 AI 시장의 성장을 지원하고 개인의 기본권과 안전을 보호할 것으로 기대됩니다.

EU AI Act는 세계 최초의 포괄적인 AI 규제 법안으로, 다른 국가의 AI 규제에도 영향을 미칠 것으로 예상됩니다. 이 법안은 AI 개발에 대한 윤리적 고려 사항과 글로벌 AI 거버넌스에 대한 논의를 촉발했습니다. EU AI Act는 기업, 개인, 그리고 사회 전체에 잠재적인 과제와 기회를 제시합니다. 기업은 AI 시스템의 개발 및 배포에 있어 책임감을 가져야 하며, 개인은 자신의 권리를 인식하고 보호해야 합니다. 사회 전체는 AI 기술의 윤리적 사용과 사회적 영향에 대한 지속적인 논의를 통해 AI 기술이 인류에게 이로운 방향으로 발전하도록 노력해야 합니다.

6장

한국의 AI 기본법 철학과 방향

# 1
# AI 국가 기본법의 목적

대한민국의 인공지능(AI) 기본법(「인공지능 발전과 신뢰 기반 조성 등에 관한 기본법」)은 2024년 12월 26일 국회 본회의를 통과했습니다. 4년 넘게 논의를 거쳤으며, 22대 국회에서 19개 관련 법안을 병합하여 최종 제정안이 마련되었습니다. AI 기본법은 2025년 1월 14일 국무회의 의결을 거쳤고, 1년의 준비 기간 후 2026년 1월부터 시행 예정입니다.

## 1-1 법의 기본 원칙

법 제1조는 인공지능의 건전한 발전과 신뢰 기반 조성에 필요한 기본적인 사항을 규정함으로써 국민의 권익과 존엄성을 보호하고 국민의 삶의 질 향상과 국가 경쟁력을 강화하는 데 그 목적이 있습니다. 인공지능 기술의 발전만을 추구하는 것이 아니라, 인간 중심의 관점에서 국민의 권익 보호를 함께 고려하는 균형 잡힌 철학적 방향성을 가진 접근을 보여줍니다. 인공지능이 가져올 수 있는 잠재적 위험성을 인지하고, 이에 대한 적절한 규제와 함께 건전한 발전을 도모하고자 하는 입법 취지를 담고 있습니다.

법 제3조는 인공지능 발전과 활용에 핵심적인 기본원칙을 규정하고 있습니다.

첫째, 인공지능 기술과 산업은 국민의 더 나은 삶을 위한 도구가 되어야 한다는 대원칙을 제시합니다. 단순한 기술 발전이나 산업적 성과를 넘어, 안전하고 신뢰할 수 있는 방식으로 국민 삶의 질적 향상에 기여해야 한다는 의미를 담고 있습니다.

둘째, 정부와 지방자치단체는 두 가지 중요한 책무를 가지게 됩니다. 하나는 인공지능 기업들의 창의적인 도전을 존중하고 지원하는 것이고, 다른 하나는 인공지능을 안전하게 사용할 수 있는 환경을 만드는 것입니다. 혁신과 안전이라는 두 가지 가치의 균형을 추구하는 것을 의미합니다.

한국의 인공지능 기본법은 AI 기술이 국민의 더 나은 삶을 위한
도구가 되어야 한다는 대원칙을 제시하고 있다

셋째, 정부와 지방자치단체는 인공지능으로 인한 사회 전반의 변화에 모든 국민이 잘 적응할 수 있도록 돕는 역할을 해야 합니다. 인공지능이 가져올 변화가 특정 계층에게 부담이 되지 않도록 하는 포용적 접근을 의미합니다.

넷째, 인공지능이 사람의 생명이나 안전, 기본권에 중요한 영향을 미치는 경우, 그 영향을 받는 사람은 왜 그러한 결과가 나왔는지에 대해 이해할 수 있는 설명을 들을 권리를 가지게 됩니다. 이러한 설명은 기술적으로 가능한 범위 내에서 제공되어야 합니다.

이러한 기본원칙들은 인공지능의 발전이 인간 중심적이고, 안전하며, 포용적인 방향으로 이루어져야 한다는 법의 기본 철학을 보여주고 있습니다.

## 1-2 주요 개념 정의

법 제2조는 인공지능 관련 핵심 개념들을 다음과 같이 정의하고 있습니다.

'인공지능'을 학습, 추론, 지각, 판단, 언어의 이해 등 인간이 가진 지적 능력을 전자적 방법으로 구현한 것으로 정의하여 그 범위를 명확히 했습니다.

'인공지능 시스템'은 다양한 수준의 자율성과 적응성을 가지고 주어진 목표를 위하여 실제 및 가상환경에 영향을 미치는 예측, 추천, 결정 등의 결과물을 추론하는 인공지능 기반 시스템으로 정의합니다. 인공지능의 실제 작동 방식과 그 영향력을 고려한 정의라 할 수 있습니다. '인공지능기술'이란 인공지능을 구현하기 위하여 필요한 하드웨어·소프트웨어 기술 또는 그 활용 기술을 말합니다.

주목할 만한 점은 '고영향 인공지능'과 '생성형 인공지능'에 대한 구체적 정의입니다. '고영향 인공지능'은 사람의 생명, 신체의 안전 및 기본권에 중대한 영향을 미치거나 위험을 초래할 우려가 있는 인공지능 시스템으로 정의되며, 구체적으로 에너지 공급, 의료서비스, 교통체계, 공공서비스 등 주요 분야에서 활용되는 인공지능을 포함합니다(법 제2조 제4호 각항).

'생성형 인공지능'은 입력한 데이터의 구조와 특성을 모방하여 글, 소리, 그림, 영상, 그 밖의 다양한 결과물을 생성하는 인공지능 시스템으로 정의하고 있습니다(법 제2조 제5호). 이는 최근 급속히 발전하고 있는 생성형 AI 기술의 특성을 반영한 것입니다.

이러한 정의 규정들은 법적 규제와 지원의 대상을 명확히 함으로써 법적 안정성과 예측 가능성을 높이는 역할을 합니다. 특히 고영향 인공지능과 생성형 인공지능에 대한 별도의 정의를 둠으로써, 이들에 대한 차별화된 규제와 관리가 가능하도록 했다는 점에서 의의가 있습니다.

또 '인공지능 사업자', '이용자', '영향받는 자' 등 인공지능 관련 주체들에 대한 명확한 정의를 통해 각 주체들의 권리와 의무 관계를 명확히 했습니다. 이는 발생할 수 있는 법적 분쟁에서 책임 소재를 명확히 하는 데 도움이 될 것으로 기대됩니다.

　이러한 목적과 정의 규정들은 인공지능 시대에 필요한 법적 기반을 마련하고, 인공지능의 발전과 규제 사이의 균형점을 찾고자 하는 입법자의 의지를 보여준다고 할 수 있습니다.

---

## 1-3 적용 범위

인공지능 기본법의 적용 범위와 다른 법률과의 관계를 다음과 같습니다.

　먼저 적용 범위와 관련하여, 속지주의를 넘어선 효력 범위를 가집니다. 행위가 국외에서 이루어졌더라도 국내 시장이나 이용자에게 영향을 미치는 경우에는 이 법이 적용됩니다. 글로벌 환경에서 이루어지는 인공지능 서비스의 특성을 반영한 것입니다.

　다만, 국방이나 국가 안보를 목적으로 특별히 개발되거나 이용되는 인공지능의 경우는 이 법의 적용에서 제외됩니다. 구체적인 제외 대상은 대통령령을 통해 명확히 규정될 예정입니다. 이는 국방·안보 분야의 특수성을 고려한 예외 규정이라고 할 수 있습니다.

　다른 법률과의 관계에 있어서는 본 법이 인공지능 관련 기본법으로서의 지위를 가집니다. 인공지능, 인공지능기술, 인공지능산업, 인공지능사회 등에 관한 사항은 다른 법률에 특별한 규정이 있는 경우를 제외하고는 이 법이 우선적으로 적용됩니다.

나아가 향후 인공지능 관련 법률을 새로 만들거나 기존 법률을 개정할 때는 반드시 이 법의 목적에 부합하도록 해야 합니다. 이는 인공지능 관련 법체계의 통일성과 일관성을 확보하기 위한 규정입니다.

# 2
# 국가인공지능위원회

법에서는 국가인공지능위원회를 설치하여 인공지능 발전과 신
뢰 기반 조성을 위한 주요 정책을 심의·의결하도록 했습니다.
또한 3년마다 기본계획을 수립하여 체계적인 정책 추진의 토대
를 마련했습니다.

## 2-1 기능과 역할

(1) **국가인공지능위원회는 위원회는 광범위한 권고 권한을 가지고
있습니다.** 국가기관과 인공지능 사업자들에게 인공지능의 올바
른 사용과 윤리 준수, 기술의 안전성과 신뢰성 확보에 관한 권고나
의견을 제시할 수 있습니다. 특히 국가기관에 대해 법령이나 제도
개선을 권고하면, 해당 기관은 이에 따른 구체적인 개선방안과 실
천 방안을 수립해야 할 의무를 가집니다(법 제7조 제8항·제9항).

(2) **인공지능 기본계획의 수립·변경과 시행의 점검·분석, 인공지능
관련 정책에 관한 사항, 인공지능 연구개발 전략 수립, 투자 전략 수립,
규제 발굴 및 개선에 관한 사항 등을 심의·의결하는 역할을 수행합니다.**
고영향 인공지능 규율에 관한 사항과 관련된 사회적 변화 양상

과 정책적 대응에 관한 사항을 다룸으로써 인공지능 발전에 따른 사회적 영향을 종합적으로 고려하도록 한 것입니다(법 제8조).

국가인공지능위원회는 인공지능 정책의 핵심 거버넌스 기구로서, 그 역할과 기능은 해외 주요국의 유사 기관들과 비교하여 살펴볼 필요가 있습니다. 위원회의 주요 기능은 크게 기본계획의 수립과 조정, 규제 혁신 및 제도 개선, 고영향 AI 관리체계 구축으로 나눌 수 있습니다.

먼저 기본계획 수립과 조정 측면에서, 위원회는 인공지능 기술 로드맵을 수립하고 주요 투자 분야를 선정하는 역할을 담당합니다. 부처 간 중복 사업을 조정하고 예산 배분 방향을 설정하는 것은 매우 중요한 기능입니다. 인공지능 윤리 원칙을 수립하고 그 이행 방안을 마련하는 것도 위원회의 중요한 역할입니다.

규제 혁신 및 제도 개선과 관련하여, AI 규제 샌드박스 운영 방향을 설정하고 신기술 도입에 따른 법제도 개선사항을 발굴하는 역할을 수행합니다. 데이터 규제 완화 및 활용 촉진 방안을 수립하는 것도 위원회의 주요 임무가 될 것입니다.

---

## 2-2 설치 및 구성

이 법은 인공지능 발전과 신뢰 기반 조성을 위한 핵심 추진체계로 대통령 소속의 국가인공지능위원회를 설치하도록 규정하고 있습니다. 위원회는 위원장 1명과 부위원장 1명을 포함한 45명 이내의 위원으로 구성되며, 민간 전문가가 과반수를 차지하도록 하여 전문성과 객관성을 확보하고자 했습니다. 특히 위원회의 구성에 있어 특정 성으로만 구성할 수 없도록 하여 성별 균형을 고려했습니다.

국가인공지능위원회는 인공지능 산업을 발전시키고 신뢰 기반을 구축하기 위한 주요 정책을 심의하고 의결하는 대통령 직속 기구입니다. 위원회는 총 45명 이내의 위원으로 구성되며, 대통령이 위원장을 맡고 민간위원 중에서 선임된 부위원장 1명을 두게 됩니다.

위원회의 구성은 정부위원과 민간위원으로 나뉩니다. 정부위원으로는 관련 중앙행정기관의 장들이 참여하며, 국가안보실에서는 인공지능 업무를 담당하는 차장이, 대통령비서실에서는 인공지능 관련 업무를 보좌하는 수석비서관이 위원으로 참여합니다. 특히 인공지능 분야의 전문지식과 풍부한 경험을 갖춘 민간위원들이 전체 위원의 과반수를 차지하도록 규정하고 있습니다. 또한 위원회 구성에 있어 성별 다양성을 보장하기 위해 특정 성별로만 구성할 수 없도록 명시하고 있습니다.

민간위원의 임기는 2년으로 정해져 있으며, 한 차례에 한해 연임이 가능합니다. 위원장인 대통령은 필요한 경우 부위원장에게 직무를 대행하게 할 수 있으며, 위원장은 위원회를 대표하고 전체 사무를 총괄하는 역할을 수행합니다.

위원회의 운영을 지원하기 위해 별도의 지원단이 설치되며,

위원회에는 대통령비서실의 인공지능 담당 수석비서관이 간사위원을 맡게 됩니다. 모든 위원들은 직무상 알게 된 비밀을 누설하거나 직무 외의 목적으로 사용하는 것이 엄격히 금지됩니다.

위원회는 법 시행일로부터 5년간 존속하는 한시적 기구로 설계되었으며(법 제7조 제13항), 구체적인 운영에 관한 세부사항은 대통령령을 통해 규정됩니다. 이러한 구성과 운영 체계는 인공지능 정책의 전문성과 효율성을 확보하면서도 민주적 통제와 투명성을 보장하기 위한 것입니다.

---

## 2-3 분과위원회 및 특별위원회(법 제10조)

위원회는 업무를 전문 분야별로 수행하기 위한 분과위원회와 특정 현안을 논의하기 위한 특별위원회를 둘 수 있습니다. 이를 통해 전문적이고 효율적인 정책 추진이 가능하도록 했습니다. 또한 인공지능 관련 사항을 전문적으로 검토하기 위해 관계 전문가 등으로 구성된 자문단을 둘 수 있도록 했습니다.

인공지능 정책의 전문적이고 효율적인 추진을 위해서는 분과위원회와 특별위원회, 자문단의 체계적인 구성이 필수적입니다. 이들 조직은 각각의 전문 영역에서 심도 있는 논의를 진행하고, 실질적인 정책 대안을 도출하는 역할을 담당하게 될 것입니다.

시행령 시행규칙이 만들어지면 명확하게 정리가 되겠지만, 분과위원회는 상시 운영되는 전문위원회로서, 크게 다음과 같은 분과로 구성될 가능성이 있습니다.

**기술정책 분과위원회**는 AI 기술 로드맵 수립과 핵심 기술 개발 전략을 담당하며, 기술 표준화와 연구개발 지원 정책을 검토합니다.

**산업진흥 분과위원회**는 AI 산업 생태계 조성과 기업 지원 제도를 마련하고, 창업 및 벤처 육성 방안을 수립합니다.

**윤리·규제 분과위원회**는 AI 윤리 원칙을 수립하고 고영향 AI와 생성형 AI에 대한 규제 체계를 검토합니다.

**인재양성 분과위원회**는 AI 전문인력 양성 정책과 교육과정 개발, 산학협력 프로그램을 담당합니다.

**특별위원회**는 시의성 있는 현안에 대응하기 위해 한시적으로 운영되는 조직일 것입니다.

현재 가장 시급한 과제로 떠오른 **생성형 AI 특별위원회**는 생성형 AI의 발전 전략과 저작권 이슈 대응 방안을 검토합니다.

**AI 안전성 특별위원회**는 AI 시스템의 안전성 평가와 위험 관리 체계 구축을 담당합니다.

**의료 AI 특별위원회**는 의료 분야의 AI 도입과 관련된 정책적 과제들을 검토합니다.

**자문단**은 각 분야의 전문가들로 구성되어 위원회의 의사 결정을 지원하는 역할을 맡습니다. 기술 자문단은 AI 핵심 기술과 표준화 분야의 전문가들로 구성되며, 산업계 자문단은 AI 기업과 스타트업 대표, 벤처캐피털 전문가들이 참여합니다. 법률·윤리 자문단은 AI 법률 전문가와 윤리학자, 개인정보 전문가들로 구성되어 법적·윤리적 이슈들을 검토합니다.

이러한 조직 구성은 AI 정책의 전문성과 실효성을 높이는 데 기여할 것입니다. 특히 분과위원회는 지속적이고 체계적인 정책 검토를, 특별위원회는 긴급한 현안에 대한 신속한 대응을, 자문단은 전문적인 자문을 제공함으로써 각자의 역할을 수행하게 될 것입니다.

이들 조직은 상호 유기적으로 협력하면서 종합적인 정책 대안을 도출하는 것이 중요합니다. 예를 들어, 생성형 AI 관련 정책을 수립할 때는 기술정책 분과위원회, 생성형 AI 특별위원회, 기술 자문단이 협력하여 통합적인 해결방안을 모색할 수 있을 것입니다.

앞으로 AI 기술과 산업이 발전함에 따라 새로운 이슈들이 계속해서 등장할 것입니다. 따라서 분과위원회와 특별위원회, 자문단의 구성도 이러한 변화에 탄력적으로 대응할 수 있도록 유연하게 운영되어야 할 것입니다.

## 2-4 해외 사례

### (1) EU의 유럽 AI 이사회

EU AI Act에 근거하여 설립되어, 유럽연합의 인공지능(AI) 법률 및 정책을 담당하는 핵심 기구입니다. 회원국 간 AI 규제의 조화와 표준화를 추진하고 있습니다. 이사회는 유럽연합 집행위원회, 유럽 의회, 유럽연합 이사회로 구성되며, AI 관련 법규 제정, AI 윤리 및 표준 정립, AI 기술 개발 및 혁신 지원 등의 역할을 수행합니다.

- **AI 법규 제정 및 시행**  유럽연합 내에서 AI 개발 및 활용에 대한 법적 프레임워크를 구축하고, AI 시스템의 안전성, 투명성, 책임성을 확보하기 위한 법규를 제정하고 시행합니다. 여기에는 AI 시스템의 위험 평가, 인증, 감독 등이 포함됩니다.

- **AI 윤리 및 표준 정립**  AI 개발 및 활용에 있어서 윤리적 원칙을 정립하고, AI 시스템이 인간의 기본권과 가치를 존중하도록 하는 표준을 개발합니다. 이를 통해 AI 기술의 사회적 수용성을 높이고, AI의 편견, 차별, 오용 등의 문제를 예방합니다.

- **AI 기술 개발 및 혁신 지원**  AI 연구 개발 및 혁신을 위한 정책을 수립하고, AI 기술의 산업적 활용을 촉진합니다. 이를 위

해 AI 관련 연구 프로젝트에 대한 자금 지원, AI 인력 양성, AI 스타트업 육성 등을 추진합니다.

• **국제 협력** AI 분야에서 국제적인 협력을 증진하고, 글로벌 AI 거버넌스 체계 구축에 기여합니다. 다른 국가 및 국제기구와 협력하여 AI 관련 정보를 공유하고, AI 표준 및 규제를 조화시키는 노력을 기울입니다.

유럽 AI 이사회는 AI 기술의 잠재력을 최대한 활용하면서도, AI의 위험을 효과적으로 관리하고, AI가 인간 중심적인 방식으로 개발 및 활용될 수 있도록 노력하고 있습니다. 이를 통해 유럽연합은 AI 분야에서 글로벌 리더십을 확보하고, AI 기술이 사회 발전과 인류 번영에 기여하도록 하는 것을 목표로 합니다. 유럽 AI 이사회는 2024년 5월에 최종 확정된 세계 최초의 포괄적인 AI 규제법인 '인공지능법(AI Act)'의 시행을 주도하고 있습니다. 이 법은 AI 시스템을 위험도에 따라 분류하고, 고위험 AI 시스템에 대해서는 엄격한 규제를 적용하는 것을 주요 내용으로 합니다. 유럽 AI 이사회는 이 법의 효과적인 시행을 통해 AI 기술의 안전하고 책임감 있는 활용을 도모할 것으로 기대됩니다.

## (2) **영국의 AI Council**

AI 정책에 대한 자문과 권고를 제공하며, 산업계, 학계, 시민사회 대표들이 참여하여 AI 윤리 가이드라인 개발과 인재양성 전략 수립을 담당합니다. 영국은 EU를 탈퇴하면서 유럽 AI 이사회와는 별개로 독자적인 AI 거버넌스 체계를 갖추고 있습니다. 핵심적인 역할을 하는 기관은 과학, 혁신, 기술을 담당하는 DSIT입니다. DSIT는 과학혁신기술부(Department for Science, Innovation and Technology)의 약자입니다. DSIT는 AI 정책 수립과 실행을 총괄하며, 2023년 11월에 발표된 '국가 AI 전략'을 통해 영국의 AI 리더십 강화와 AI의 경제적, 사회적 이점 극대화를 목표로 합니다.

DSIT 산하의 인공지능청(OAI · Office for Artificial Intelligence)는 AI 정책 이행 및 조정, 데이터 및 인프라 구축, 기술 표준화, 인력 양성 등을 지원하며 AI 생태계 조성과 국제 협력 증진에 힘쓰고 있습니다. 국립 AI 연구소인 앨런 튜링 연구소는 AI 기초 및 응용 연구, 알고리즘 개발, 윤리 연구, 정책 자문 등을 수행하며 정부, 산업계, 학계와 협력하여 AI 기술 발전과 사회적 영향 연구를 진행합니다. 데이터 윤리 및 혁신 센터(CDEI · Center of Data Ethics and Innovation)는 AI를 포함한 데이터 기반 기술의 윤리적 문제를 다루며, AI 편향, 차별, 책임성 등을 연구하고 정책을 권고하여 AI 기술의 공정하고 투명한 사용을 위한 지침을 제공합니다. 마지막으로 AI 분야 전문가들로 구성된 자문 기구인 인공지능위원회(AI Council)는 정부의 AI 정책에 전문적인 자문을 제공하며, AI 기술 동향, 윤리, 경제적 영향 등에 대한 의견을 제시하여 AI 정책 수립 및 이행에 기여합니다. 이처럼 다양한 기관들이 협력하여 영국의 AI 정책을 이끌어 가고 있으며, AI 혁신과 책임감 있는 활용을 장려하여 영국이 AI 분야에서 세계적인 경쟁력을 유지하고 사회 발전에 기여하도록 노력하고 있습니다.

### (3) 미국 바이든 행정부의 National AI Initiative Office

AI 연구개발 전략을 수립하고 정부–산업계–학계 간 협력을 촉진하는 역할을 수행합니다. 미국은 인공지능 분야의 선두 주자로서, AI 기술의 잠재력을 최대한 활용하고 그 이점을 모든 사람이 누릴 수 있도록 하기 위해 국가 차원의 노력을 기울이고 있습니다. 그리고 이 중심에는 있는 것이 바로 국립 인공지능 이니셔티브 사무소(NAIIO · National AI Initiative Office)입니다. 2020년에 제정된 국가 AI 이니셔티브 법에 따라 설립된 이 사무소는 미국 전역의 AI 관련 활동을 조율하고 감독하는 핵심 기관입니다. 마치 오케스트라의 지휘자처럼, 이 사무소는 정부, 학계, 산업계 등 다양한 분야의 이해관계자들을 하나로 모아 공동의 목표를 향해 나아가도록 이끌고 있습니다. 국립 AI 이니셔티브 사무소는 미국의 AI 전략을 수립하고 이행하는 데 중요한 역할을 담당합니다. 이 사무소는 국가 AI 연구개발의 우선 순위를 설정하고, 연방 기관들의 AI 관련 활동을 조정하며, AI 이니셔티브의 진행 상황을 면밀히 추적합니다.

AI 연구 및 개발에 대한 투자를 전략적으로 배분하고, 연방 기관, 학계, 산업계 간의 협력을 촉진함으로써 시너지 효과를 창출합니다. 인재 양성에도 힘쓰고 있습니다. AI 분야의 미래를 짊어질 인재를 육성하기 위해 교육 및 훈련 프로그램을 지원하고, 다양한 배경의 사람들이 AI 분야에 참여할 수 있도록 기회를 제공합니다. AI 기술이 윤리적으로 책임감 있게 개발되고 사용될 수 있도록 윤리적 지침과 표준을 개발하고 장려합니다. 국제적인 협력도 중요 임무 중 하나입니다. 국립 AI 이니셔티브 사무소는 AI 분야에서 다른 나라들과의 협력을 증진하고, 국제표준 및 규범 설정에 적극적으로 참여합니다. 이를 통해 미국은 AI 기술의 발전을 선도하고 국제 사회에서 리더십을 강화하며, AI 기술이 인류에게 도움이 되는 방향으로 발전할 수 있도록 기여합니다. 백악관 과학기술정책실(OSTP · White House Office of Science and Technology Policy) 산하에 있는 국립 AI 이니셔티브 사무소는 미국 AI 정책의 핵심 브레인 역할을 수행하며, 미국이 AI 분야에서 세계적인 리더십을 유지하고 AI 기술의 혜택을 극대화하기 위한 노력을 주도하고 있습니다.

이러한 해외 각국의 사례들은 우리나라 국가인공지능위원회의 발전 방향에 중요한 시사점을 제공합니다. 특히 범부처 조정 기능 강화의 필요성을 보여주는데, 부처별로 산재된 AI 정책의 통합 조정이 필요하며, 이를 위해 실질적인 예산 배분 권한이 부여되어야 합니다.

민간 참여 확대도 중요한 과제입니다. 산업계, 학계, 시민사회 대표들의 실질적 참여를 보장하고, 분과위원회 운영을 통해 전문성을 확보해야 합니다. 또한 정기적인 의견수렴 체계를 구축하여 다양한 이해관계자들의 목소리를 반영할 필요가 있습니다.

국제 협력 측면에서는 해외 유사기관과의 협력 네트워크를 구축하고, 국제 AI 규범 형성에 적극적으로 참여해야 합니다. 글로벌 AI 거버넌스 체계에서 우리나라의 위상을 높이는 것도 중요한 과제입니다.

향후 위원회의 실행력을 확보하기 위해서는 위원회 결정사항의 이행을 위한 제도적 장치를 마련하고, 성과 모니터링 및 평가 체계를 구축해야 합니다. 전담 사무국 설치와 전문인력 확보도 시급한 과제입니다. 또한 정기적인 성과 보고와 평가, 투명한 의사 결정 과정 확보, 시민사회와의 소통 강화를 통해 책임성을 높여야 할 것입니다.

이처럼 국가인공지능위원회는 단순한 심의·의결 기구를 넘어 AI 시대의 국가 전략을 주도하는 핵심 거버넌스 기구로 발전해야 하며, 이를 위해서는 해외 선진 사례를 참고하여 실질적인 권한과 책임을 갖춘 기구로 거듭나야 할 것입니다.

# 3
# AI 국가 인공지능 기본계획

과학기술정보통신부장관은 3년마다 인공지능 기본계획을 수립하고 시행해야 합니다(법 제6조).

이 계획을 수립할 때는 관계 중앙행정기관장과 지방자치단체장의 의견을 청취하고, 국가인공지능위원회의 심의와 의결을 거쳐야 합니다. 다만 대통령령으로 정하는 경미한 사항을 변경할 때는 이러한 절차를 생략할 수 있습니다.

기본계획에는 일곱 가지 핵심 사항이 반드시 포함되어야 합니다. 첫째, 인공지능 정책의 기본 방향과 전략을 제시해야 합니다. 둘째, 전문인력 양성과 개발·활용 촉진을 위한 기반 조성 방안을 담아야 합니다. 셋째, 인공지능 윤리 확산과 건전한 인공지능 사회 구현을 위한 법과 제도, 문화적 방안을 포함해야 합니다. 넷째, 기술 개발과 산업 진흥을 위한 재원 확보와 투자 방향을 설정해야 합니다. 다섯째, 인공지능의 공정성, 투명성, 책임성, 안전성 확보를 위한 신뢰 기반 조성 방안을 제시해야 합니다. 여섯째, 인공지능 기술 발전에 따른 사회 각 영역의 변화와 대응 방안을 담아야 합니다. 일곱째, 국제 협력 등 국가경쟁력 강화를 위해 필요한 사항을 포함해야 합니다.

이들 핵심 사항 중 AI 발전 로드맵은 가장 큰 변화가 예상되는 영역입니다. 매 3년마다 기본계획을 작성하도록 한 것은 워낙 기술발전이 급변하기 때문일 것입니다. 최근 생성형 AI의 급격한 발전 사례에서 볼 수 있듯이, AI 기술은 예상보다 빠르게 진화할 수 있습니다. 예를 들어, 2020년 계획에서는 자연어 처리와 컴퓨터 비전이 주요 과제였다면, 2023년에는 생성형 AI와 멀티모달 AI가 핵심 기술로 부상했습니다. 2025년에는 AI Agent가 핵심이 될 것입니다. 따라서 기술 발전 방향과 중점 투자 분야는 3년마다 대폭 수정이 필요할 것입니다.

인재양성 계획도 지속적인 변화가 필요한 부분입니다. AI 기술 발전에 따라 필요한 전문인력의 역량과 스킬셋이 변화하기 때문입니다. 현재는 프롬프트 엔지니어링이나 AI 윤리 전문가와 같이 3년 전에는 예상하지 못했던 새로운 직무들이 등장하고 있습니다. 향후에도 새로운 AI 응용 분야가 확대됨에 따라 필요한 인재상과 교육과정이 계속 변화할 것입니다.

규제 및 윤리 기준도 상황에 맞춰 조정이 필요한 영역입니다. AI의 사회적 영향력이 커짐에 따라 새로운 윤리적 이슈들이 등장하고 있습니다. 예를 들어, 딥페이크나 AI 생성 콘텐츠의 저작권 문제와 같이 새로운 규제 이슈들이 계속 등장할 것으로 예상됩니다. 따라서 윤리 원칙과 규제 체계는 사회적 합의를 반영하여 주기적으로 업데이트되어야 할 것입니다.

산업 육성 전략도 시장 상황에 따라 변화가 필요합니다. 현재는 생성형 AI 기업들이 급성장하고 있지만, 3년 후에는 또 다른 형태의 AI 기업들이 주목받을 수 있습니다. 따라서 지원 대상 산업과 지원 방식도 시장 변화에 맞춰 조정되어야 할 것입니다.

국제 협력 전략도 국제 정세 변화에 따라 수정이 필요합니다. AI 기술 패권 경쟁이 심화되면서 국가 간 협력과 경쟁 구도가 빠르게 변화하고 있습니다. EU의 AI Act나 미국의 AI 규제 정책 변화에 따라 우리나라의 대응 전략도 조정이 필요할 것입니다.

예산 투자 계획도 상황에 따른 조정이 불가피합니다. 새로운 AI 기술의 등장과 시장 변화에 따라 투자 우선순위가 바뀔 수 있습니다. 또한 국가 재정 상황과 경제 여건 변화에 따라 투자 규모와 방식도 조정이 필요할 것입니다.

성과 지표와 평가 체계도 지속적인 보완이 필요합니다. AI 발전 속도가 빠른 만큼, 기존의 성과 지표만으로는 새로운 변화를 제대로 측정하기 어려울 수 있습니다. 따라서 평가 지표와 방법론도 현실에 맞게 개선되어야 할 것입니다.

이처럼 3년 주기의 기본계획 수립은 급변하는 AI 기술과 시장 환경에 대응하면서도, 장기적인 국가 전략의 일관성을 유지하는 균형점을 찾는 과정이 될 것입니다.

과학기술정보통신부장관은 기본계획 수립 시 지능정보화 기본법에 따른 종합계획과 실행계획을 고려해야 하며, 필요한 경우 관련 기관에 자료를 요청할 수 있습니다. 요청을 받은 기관은 특별한 사정이 없는 한 이에 협조해야 합니다.

이렇게 수립된 기본계획은 지능정보화 기본법상의 인공지능 및 인공지능산업 분야 부문별 추진계획으로 인정받게 됩니다. 또한 중앙행정기관과 지방자치단체는 주요 정책을 수립하고 집행할 때 이 기본계획을 반드시 고려해야 합니다. 구체적인 계획의 수립과 시행에 필요한 세부사항은 대통령령으로 정하게 됩니다.

# 4
# AI 국가 정책·안전 전담기구, 이원적 접근

## 4-1 인공지능정책센터

인공지능정책센터는 인공지능 관련 정책의 개발과 국제규범 정립·확산에 필요한 업무를 종합적으로 수행합니다. 또한 인공지능안전연구소를 운영하여 인공지능 관련 위험으로부터 국민의 생명·신체·재산을 보호하고 인공지능사회의 신뢰 기반을 유지하기 위한 업무를 맡도록 했습니다.

센터는 인공지능 기본계획의 수립과 시행을 위한 전문적인 기술 지원을 제공합니다. 또한 인공지능 관련 정책을 개발하고 관련 사업을 기획하고 시행하는 데 필요한 전문적인 기술 자문을 수행합니다.

사회적 영향 분석도 센터의 중요한 업무입니다. 인공지능의 활용이 확산됨에 따라 사회, 경제, 문화 및 국민의 일상생활에 미치는 영향을 체계적으로 조사하고 분석합니다.

정책 개발을 위한 기초 연구도 수행합니다. 인공지능 관련 동향을 분석하고, 사회·문화적 변화를 예측하며, 관련 법과 제도에 대한 조사 연구를 진행합니다. 이를 통해 실효성 있는 정책 개발을 지원합니다.

센터는 다른 법령에서 정하거나 위탁받은 사업도 수행하며,
국가기관 등이 위탁하는 추가적인 사업도 담당합니다. 구체적인
센터의 설치와 운영에 관한 세부사항은 대통령령을 통해 규정
됩니다.

## 4-2 인공지능안전연구소

AI 기본법에 따라 과학기술정보통신부의 인공지능안전연구소
(AISI · Artificial Intelligence Safety Institute) 설립과 운영 근거가 마련되었
습니다. 2024년 11월 설립된 이 연구소는 인공지능으로 인해 발
생할 수 있는 다양한 위험으로부터 국민의 생명과 신체, 재산을
보호하고 인공지능 사회의 신뢰 기반을 군건히 하는 것을 목적
으로 합니다.

안전연구소는 인공지능 안전과 관련된 위험을 정의하고 분석
하는 업무를 담당합니다. 인공지능 안전 정책을 연구하고, 안전
성 평가를 위한 기준과 방법을 연구합니다. 인공지능 안전 기술
개발과 표준화 연구도 수행하며, 이 분야의 국제 교류와 협력도
추진합니다. 특히 인공지능 시스템의 안전성 확보를 위한 지원
업무도 수행합니다.

정부는 안전연구소가 이러한 업무를 원활히 수행할 수 있도록
예산 범위 내에서 필요한 경비를 출연하거나 지원할 수 있습니
다. 연구소의 구체적인 운영에 관한 세부사항은 대통령령을 통

해 규정됩니다.

안전연구소의 설립과 운영은 인공지능 기술의 발전 과정에서 발생할 수 있는 위험을 사전에 예방하고, 안전하고 신뢰할 수 있는 인공지능 사회를 구현하는 데 중요한 역할을 할 것으로 기대됩니다.

인공지능안전연구소는 미국과 영국 등 해외의 관련 연구소와 기관의 사례를 참고하여 국내 상황에 맞는 연구 주제를 선정하고 효율적인 연구 체계를 구축하여 AI 안전 확보에 기여할 것입니다.

참고로 향후 진행 경과를 봐야겠지만, 먼저 조직 구성 측면에서, 연구소는 크게 기술연구부, 안전성평가부, 정책연구부, 국제협력부의 4개 부서로 구성될 가능성이 있습니다. 향후 예상되는 안전연구소의 구성과 기능입니다.

기술연구부는 AI 시스템의 안전성 향상을 위한 기술적 해결방안을 연구하며, 특히 AI 모델의 견고성과 신뢰성 향상을 위한 기술 개발에 집중합니다. 안전성평가부는 AI 시스템의 위험도 평가 방법론을 개발하고 실제 평가를 수행하는 역할을 담당합니다. 정책연구부는 AI 안전 관련 정책과 규제 방안을 연구하며, 국제협력부는 해외 유관기관들과의 협력 네트워크를 구축합니다.

연구소의 주요 업무는 다음과 같이 구체화될 수 있습니다.


첫째, AI 시스템의 안전성 평가 기준과 방법론을 개발합니다. 고영향 AI 시스템에 대한 위험도 평가 프레임워크를 구축하고, 이를 지속적으로 개선하는 것이 중요합니다. 영국의 앨런 튜링 연구소(Alan Turing Institute)가 개발한 AI 안전성 평가 프레임워크는 좋은 참고 사례가 될 수 있습니다.

둘째, AI 안전 관련 기술 개발을 수행합니다. AI 시스템의 견고성 향상, 설명가능성 개선, 편향성 완화를 위한 기술적 해결방안을 연구합니다. 미국의 AI 안전 센터(CAIS · Center for AI Safety)가 수행하고 있는 AI 견고성 연구는 우리에게도 중요한 시사점을 제공합니다.

셋째, AI 사고 예방과 대응을 위한 체계를 구축합니다. AI 시스템의 오작동이나 의도하지 않은 결과로 인한 사고를 예방하고, 사고 발생 시 신속한 대응을 위한 매뉴얼을 개발합니다. EU의 AI Safety Center가 구축한 사고 대응 체계는 좋은 벤치마킹 대상이 될 수 있습니다.

넷째, AI 안전 관련 국제 협력을 추진합니다. 해외 유관기관들과 연구 협력을 추진하고, 국제 AI 안전 표준 개발에 참여합니다. 특히 OECD AI Policy Observatory나 Global Partnership on Artificial Intelligence(GPAI) 등 국제기구와의 협력이 중요합니다.

다섯째, AI 안전 교육과 인력 양성을 담당합니다. AI 개발자와 운영자를 대상으로 안전 교육을 실시하고, AI 안전 전문가를 양성하는 프로그램을 운영합니다. 영국 정부가 추진하고 있는 AI Safety Fellowship Programme은 좋은 참고 사례가 될 수 있습니다.

마지막으로, AI 안전 관련 정보를 수집하고 분석하여 제공하는 역할도 수행합니다. AI 사고 사례를 수집하고 분석하여 교훈을 도출하고, AI 안전 관련 최신 연구 동향을 모니터링하여 제공합니다.

이러한 업무들을 효과적으로 수행하기 위해서는 충분한 전문인력 확보와 예산 지원이 필수적입니다. 특히 AI 안전 분야의 최고 전문가들을 영입하고, 이들이 지속적으로 연구에 매진할 수 있는 환경을 조성하는 것이 중요합니다. 또한 연구소의 독립성과 전문성을 보장하기 위한 제도적 장치도 마련되어야 할 것입니다.

**[더 알아보기]**

**해외의 인공지능안전연구소 사례**

**영국 정부의 AI안전연구소(AISI·AI Safety Institute)**는 기술의 급속한 발전에 따른 위험을 평가하고 안전성을 보장하기 위해 설립된 세계 최초의 국가 주도 AI 안전 연구소입니다. 2023년 11월 영국 과학혁신기술부(DSIT·Department for Science, Innovation, and Technology) 산하에 설립되었으며, AI 기술이 사회와 인간에게 미칠 수 있는 잠재적 위험을 최소화하고 안전한 AI 개발을 촉진하는 것을 목표로 합니다.

영국 AISI의 주요 임무는 다음과 같습니다.

- 첨단 AI 시스템의 위험성을 평가하고, 이를 완화하기 위한 과학적이고 실질적인 방법론을 개발합니다.
- AI 기술이 국가 안보, 공공 안전, 경제 및 사회적 신뢰에 미칠 수 있는 영향을 분석하고, 이를 기반으로 정책 입안을 지원합니다.

- AI 안전성 테스트 프레임워크와 표준을 개발하며, 이를 글로벌 파트너들과 공유하여 국제 협력을 강화합니다.
- AI 기술의 오용, 통제력 상실, 또는 악의적 사용으로 인한 위험을 방지하기 위한 연구를 수행합니다.

AISI는 초기 단계에서 연구자들에게 최대 20만 파운드의 보조금을 제공하여 AI 안전성 연구를 촉진하는 데 사용됩니다. 오픈AI, Google DeepMind, 옥스퍼드대학교 출신의 전문가를 포함한 30명 이상의 기술 인력을 확보하며 빠르게 성장하고 있습니다.

AISI는 AI 안전성 연구를 위해 미국, 일본, 한국 등 여러 국가와 협력하고 있으며, 국제 AI 안전 연구소 네트워크(International Network of AI Safety Institutes)의 핵심 멤버로 활동하고 있습니다. AI 안전성 테스트 소프트웨어를 개발하고 오픈소스로 공개하여 글로벌 협력을 강화하고 있습니다. 연구소는 AI 기술의 긍정적 잠재력을 극대화하면서도, 예상치 못한 기술적 발전으로 인한 사회적 혼란을 최소화하는 데 중점을 두고 있습니다. AI의 위험성을 과학적이고 경험적으로 분석하며, 철학적 논의에서 벗어나 실질적인 해결책을 제시하려는 노력을 기울이고 있습니다.

AISI는 샌프란시스코에 해외 사무소를 개설하여 글로벌 AI 기업들과 협력하고, AI 기술 개발 동향을 모니터링하며 국제적 입지를 강화하고 있습니다. 연구소는 AI 안전성뿐만 아니라 AI 기술의 책임 있는 개발과 사용을 촉진하기 위해 정책 입안자와 개발자 간의 가교 역할을 수행하고 있습니다. AISI 는 AI 기술의 안전성과 신뢰성을 보장하기 위한 선도적인 연구 기관으로, AI 기술이 인류의 복지와 공공 이익에 기여할 수 있도록 방향성을 제시하는 데 중요한 역할을 하고 있습니다

**미국의 인공지능 안전센터**(CAIS·Center for AI Safety)는 AI의 장기적인 위험에 초점을 맞춰 인공지능의 안전한 개발 및 활용을 위한 연구를 수행하며, AI alignment, AI governance, AI risk mitigation 등을 주요 연구 분야로 합니다.

샌프란시스코에 본부를 둔 비영리 연구 기관인 CAIS는 AI 기술의 잠재적 이점을 인정하는 동시에, AI와 관련된 사회적 위험을 줄이는 데 전념하고 있습니다. 또 AI 기술이 사회에 미칠 수 있는 잠재적 위험을 완화하고 인류에게 이로운 방향으로 활용될 수 있도록 AI 안전 연구, 현장 구축, 교육 및 훈련, 대중 참여 등 다양한 활동을 수행합니다.

구체적으로는 AI 시스템의 오용, 예상치 못한 결과, 장기적인 위험 등 다양한 위험 요소를 분석하고 해결 방안을 모색하며, AI 개발자, 연구자, 정책 입안자 등 다양한 이해관계자들과 협력하여 안전하고 윤리적인 AI 개발을 위한 지침과 표준을 마련합니다. 또한, AI 안전 분야의 핵심 연구 질문을 탐구하고 잠재적 위험을 완화하는 기술적 해결책을 개발하기 위한 연구를 수행하며, AI 안전에 관심 있는 연구자, 개발자, 정

책 입안자들이 지식과 경험을 공유하고 협력할 수 있는 플랫폼을 제공합니다.

AI 개발자, 연구자, 정책 입안자를 위한 교육 프로그램 및 자료를 개발하여 AI 안전에 대한 이해를 높이고, AI 안전의 중요성에 대한 대중의 인식을 제고하며 AI 관련 정책 논의에 대중의 참여를 장려합니다. CAIS는 AI 시스템의 안전성과 신뢰성을 평가하기 위한 새로운 방법론 개발, AI 시스템의 오작동 및 오용으로 인한 위험 완화 기술 연구, AI 시스템의 장기적인 영향 및 잠재적 위험에 대한 연구 등을 수행하며, AI 안전 커뮤니티 구축 및 협력 증진, AI 안전 관련 워크숍, 컨퍼런스, 세미나 개최, AI 안전 연구 및 정책 개발을 위한 국제 협력을 추진합니다.

AI 안전 교육 자료 개발 및 배포, AI 개발자 및 연구자를 위한 훈련 프로그램 제공, AI 안전 교육 과정 개발 및 운영을 통해 AI 안전 교육을 강화하고, AI 안전 관련 보고서 및 정책 제안 발표, 미디어 인터뷰 및 대중 강연을 통한 AI 안전 이슈 홍보, AI 안전 관련 온라인 플랫폼 운영 및 정보 제공을 통해 대중 참여를 확대합니다. CAIS는 이러한 활동들을 통해 AI 기술이 인류에게 안전하고 유익하게 활용될 수 있도록 노력하고 있으며, 오픈AI, DeepMind, Google 등 주요 AI 연구 기관과 협력 관계를 맺고 AI 안전 분야의 발전을 위한 공동 연구 및 프로젝트를 수행하고 있습니다.

# 5
# AI 국가 기술 기반, 표준화-데이터

인공지능산업의 기반을 조성하기 위한 정부의 지원 정책은 크게 기술 개발 지원, 기술 표준화, 학습용 데이터 관련 정책으로 구성됩니다.

## 5-1 기술 개발 지원

정부는 인공지능 기술 개발을 활성화하기 위해 다양한 지원 사업을 추진합니다. 국내외 기술 동향과 제도를 조사하고, 연구개발과 시험평가를 지원하며, 개발된 기술의 실용화와 사업화를 돕습니다. 또한 기술 구현에 필요한 정보가 원활히 유통되도록 하고 산학협력을 지원합니다.

기술개발 지원과 관련하여 정부는 인공지능 기술개발 활성화를 위한 구체적 지원 사업을 규정하고 있습니다. 국내·외 인공지능기술 동향과 수준을 조사하고, 인공지능기술의 연구·개발, 시험 및 평가를 지원하며, 개발된 기술의 실용화 및 사업화를 지원합니다. 또한 인공지능기술의 구현을 위한 정보의 원활한 유통과 산학협력도 지원 대상에 포함됩니다.

인공지능 기술개발 지원의 구체적 사례와 예시를 다음과 같이 제시할 수 있습니다. 국내·외 기술 동향 조사 분야에서는, AI 반도체 기술 발전 현황 조사, 대규모 언어 모델 개발 동향 분석, 컴퓨터 비전 기술의 국가별 발전 수준 비교 등이 수행될 수 있습니다. 예를 들어, 미국의 GPT, 중국의 어니봇(Ernie Bot · 한자 표기로는 文心一言(문심일언)), 한국의 하이퍼클로바(HyperCLOVA · 네이버의 생성형 AI) 등 주요 AI 모델의 성능과 특징을 비교 분석하는 연구가 여기에 해당합니다.

연구·개발 지원 측면에서는, AI 기초 연구를 위한 컴퓨팅 인프라 제공, AI 알고리즘 개발을 위한 연구비 지원, 산학연 공동 연구 프로젝트 지원 등이 가능합니다. 구체적으로 슈퍼컴퓨터나 GPU 클러스터와 같은 고성능 컴퓨팅 자원을 연구자들에게 제공하거나, 차세대 AI 알고리즘 개발을 위한 대규모 연구비를 지원하는 방식이 있습니다.

시험 및 평가 지원은 AI 모델의 성능과 안전성을 검증하는 테스트베드 구축, 벤치마크 테스트 지원, 품질 평가 서비스 제공 등으로 구체화될 수 있습니다. 예를 들어, 자율 주행 AI의 안전성을 검증하기 위한 가상 시뮬레이션 환경을 제공하거나, AI 의료기기의 성능을 평가하기 위한 표준 데이터셋(data set)을 구축하는 것이 이에 해당합니다.

기술의 실용화 및 사업화 지원은 AI 기술의 상용화를 위한 실증 사업 지원, 기술이전 및 사업화 컨설팅, 시장진출 지원 등으로 이루어질 수 있습니다. 구체적으로 AI 기반 스마트팩토리 구축 실증 사업, AI 챗봇의 공공서비스 도입 시범사업, AI 기술 특허 출원 및 기술 이전 지원 등이 여기에 포함됩니다.

안전하고 편리한 인공지능 기술 이용을 위한 지원도 이루어집니다. 비상정지 기능 구현, 개인정보 보호를 위한 설계 기준 마련, 사회적 영향평가 실시 등을 지원합니다. 특히 인간의 존엄성과 기본권을 존중하는 방향으로 기술이 개발되도록 연구를 지원하고, 안전한 이용을 위한 교육과 홍보도 진행합니다. 이러한 지원 사업의 결과는 널리 공개하여 누구나 쉽게 활용할 수 있도록 합니다.

## 5-2 인공지능기술 표준화

과학기술정보통신부는 인공지능 기술과 학습용 데이터, 그리고 인공지능의 안전성과 신뢰성에 관한 표준화 사업을 추진합니다. 이는 관련 표준을 제정하고 개정하며 필요한 경우 폐지하는 업무를 포함하며, 제정된 표준의 보급도 담당합니다. 또한 국내외 표준에 대한 조사와 연구개발도 수행합니다. 다만, 이미 한국산업표준이 존재하는 경우에는 그 표준을 따르며, 한국산업표준의 변경이 필요한 경우에는 산업표준화법의 절차를 준수합니다.

과학기술정보통신부는 이러한 표준을 제정한 후 이를 공식적으로 고시하고, 관련 사업자들에게 해당 표준의 준수를 권고할 수 있습니다. 또한 민간 영역에서 자체적으로 추진하는 인공지능 기술 표준화 사업에 대해서도 필요한 지원을 제공합니다.

국제적인 표준화 동향에 대응하기 위해 과학기술정보통신부는 국제표준기구나 국제표준기관과의 협력 체계를 지속적으로 유지하고 강화해야 합니다. 이러한 표준화 사업의 구체적인 추진과 지원에 관한 세부사항은 대통령령을 통해 별도로 규정됩니다. 표준화의 세부 내용을 다음과 같은 부분들이 포함될 것으로 예상됩니다.

- **자율 주행 시스템의 안전성 평가 표준**  자율 주행차의 안전성을 확보하기 위해, 자율 주행 시스템의 성능 및 안전성을 평가하는 표준을 개발하고 보급합니다. 이는 자율 주행 시스템의 오작동으로 인한 사고를 예방하고, 자율 주행 기술에 대한 신뢰도를 높이는 데 기여할 수 있습니다. 예를 들어, 센서 데이터 처리, 의사 결정 알고리즘, 차량 제어 시스템 등에 대한 표준을 개발할 수 있습니다.

- **AI 기반 의료기기의 성능 및 안전성 평가 표준**  AI 기반 의료기기의 정확도, 신뢰성, 안전성을 평가하는 표준을 개발하여 의료 현장에서의 안전한 활용을 지원합니다. 예를 들어, AI 기반 영상 진단 시스템의 경우, 질병 진단의 정확도, 오진율, 그리고 환자 정보 보호 등에 대한 표준을 개발할 수 있습니다.

- **AI 챗봇의 서비스 품질 평가 표준**  AI 챗봇 서비스의 품질을 평가하는 표준을 개발하여 사용자 만족도를 높이고 서비스 개

선을 유도합니다. 예를 들어, 챗봇의 응답 속도, 정확도, 자연어 이해 능력, 개인정보 보호 등에 대한 표준을 개발할 수 있습니다.

• **학습용 데이터의 품질 관리 표준**  학습용 데이터의 정확성, 완전성, 일관성 등을 확보하기 위한 표준을 개발하고 보급합니다. 이는 AI 모델의 성능 향상과 편향 방지에 도움을 줄 수 있습니다. 예를 들어, 데이터 수집, 레이블링, 검증, 저장 등 각 단계별 품질 관리 기준 및 절차에 대한 표준을 개발할 수 있습니다.

• **학습용 데이터의 개인정보보호 표준**  개인정보가 포함된 학습용 데이터의 안전한 활용을 위한 표준을 개발하고 보급합니다. 예를 들어, 개인정보 비식별화, 익명화, 접근 제어, 암호화 등 개인정보보호 기술 및 관리 체계에 대한 표준을 개발할 수 있습니다.

• **학습용 데이터의 저작권 보호 표준**  학습용 데이터의 저작권을 보호하고, 데이터의 불법적인 이용을 방지하기 위한 표준을 개발하고 보급합니다. 예를 들어, 데이터 출처 표시, 이용 허락 범위, 저작권 침해 방지 기술 등에 대한 표준을 개발할 수 있습니다.

- **AI 알고리즘의 투명성 확보를 위한 표준**  AI 알고리즘의 작동 원리를 설명하고, 의사 결정 과정을 추적할 수 있도록 하는 표준을 개발합니다. 이는 AI 시스템에 대한 신뢰도를 높이고, 책임 소재를 명확히 하는 데 도움을 줄 수 있습니다. 예를 들어, 알고리즘 설명 문서 작성 가이드라인, 의사 결정 과정 기록 및 분석 방법 등에 대한 표준을 개발할 수 있습니다.

- **AI 시스템의 편향 방지를 위한 표준**  AI 시스템의 개발 및 운영 과정에서 발생할 수 있는 편향을 예방하고, 공정성을 확보하기 위한 표준을 개발합니다. 예를 들어, 데이터 편향 탐지 및 제거 기술, 알고리즘 공정성 평가 지표, 편향 분석 및 완화(Bias mitigation) 기법 등에 대한 표준을 개발할 수 있습니다.

이러한 표준화 사업은 국내외 표준의 조사·연구개발, 표준 제정·개정 및 폐지, 표준 보급 등을 통해 추진될 수 있으며, 인공지능 기술의 발전과 안전한 활용에 기여할 것으로 기대됩니다.

---

## 5-3 학습용 데이터 관리

과학기술정보통신부는 인공지능 개발과 활용에 필수적인 학습용 데이터에 관한 종합적인 정책을 추진합니다. 이러한 정책은 관계 중앙행정기관과의 협의를 거쳐 수립되며, 데이터의 생산부터 활용까지 전 과정을 포괄합니다.

　정부는 학습용 데이터 관련 정책을 효과적으로 추진하기 위해 구체적인 지원 사업을 선정하여 예산 범위 내에서 재정적 지원을 제공합니다. 또한 정부는 직접 다양한 학습용 데이터를 제작하고 생산하는 구축사업을 시행함으로써 데이터의 활용을 촉진합니다.

　이러한 데이터 구축사업을 효율적으로 운영하기 위해 과학기술정보통신부는 통합제공시스템을 구축하고 관리합니다. 이 시스템을 통해 학습용 데이터를 체계적으로 제공하고 관리하며, 민간 부문에서 자유롭게 활용할 수 있도록 합니다.

　다만, 통합제공시스템 이용자에게는 적절한 비용이 부과될 수 있으며, 구체적인 사업 선정과 지원, 시스템 운영, 비용 징수 등에 관한 세부사항은 대통령령을 통해 별도로 규정됩니다.

# 6
# AI 국가의 산업 경쟁력

## 6-1 국가 지원책

정부와 지방자치단체는 기업과 공공기관의 인공지능 기술 도입
과 활용을 촉진하기 위해 다양한 지원 정책을 시행합니다.

먼저 인공지능 기술과 제품, 서비스의 개발을 지원하고 그 연
구개발 성과가 널리 확산되도록 돕습니다. 또한 인공지능 기술
을 도입하고자 하는 기업과 공공기관에 전문적인 컨설팅을 제
공합니다.

특히 중소기업, 벤처기업, 소상공인에 대해서는 특별한 지원
이 이루어집니다. 이들 기업의 임직원들에게는 인공지능 기술
도입과 활용에 관한 교육을 제공하며, 기술 도입에 필요한 자금
도 지원합니다.

정부는 인공지능 산업 관련 정책을 시행할 때 중소기업 등을
우선적으로 고려해야 합니다. 이는 인공지능 산업에 대한 중소
기업의 참여를 활성화하기 위한 것으로, 관련 내용을 인공지능
기본계획에도 반영해야 합니다.

또한 과학기술정보통신부는 중소기업이 인공지능의 안전성
과 신뢰성을 확보할 수 있도록 필요한 조치들을 이행하는 것을

돕고, 영향평가 수행도 지원합니다. 이러한 모든 지원에 관한 구체적인 사항은 대통령령을 통해 별도로 정해집니다.

AI 기본법에서 제시된 중소기업 지원 방안은 크게 교육 지원과 자금 지원으로 나눌 수 있습니다.

### (1) 교육 지원

**인공지능 기술 도입 및 활용 관련 교육 프로그램 제공** 중소기업 임직원을 대상으로 AI 기술의 기본 개념, 활용 방법, 도입 사례 등에 대한 교육 프로그램을 제공합니다. 이러한 교육은 온라인 강의, 오프라인 워크숍, 현장 컨설팅 등 다양한 형태로 제공될 수 있습니다. (AI 기반 데이터 분석 교육, AI 챗봇 구축 교육, AI 활용 마케팅 전략 교육, AI 기반 생산 공정 자동화 교육 등)

**맞춤형 교육 제공** 기업의 특성과 요구에 맞는 맞춤형 교육 프로그램을 제공합니다. 예를 들어, 제조업체에는 AI 기반 스마트 팩토리 구축 교육을, 서비스업체에는 AI 기반 고객 서비스 개선 교육을 제공할 수 있습니다.

**실습 중심 교육** 이론 교육뿐만 아니라 실제 데이터를 활용한 실습 중심 교육을 통해 실무 능력을 향상시킵니다.

**전문가 멘토링** AI 전문가와 중소기업 임직원을 연결하여 기술 도입 및 활용 과정에서 발생하는 어려움을 해결하고, 실질적인 도움을 제공합니다.

## (2) 자금 지원

**AI 솔루션 도입 비용 지원** 중소기업이 AI 솔루션을 도입하는 데 필요한 비용을 지원합니다. 예를 들어, AI 기반 챗봇, AI 기반 데이터 분석 도구, AI 기반 생산 관리 시스템 등을 도입할 때, 구매 비용, 설치 비용, 유지보수 비용 등을 지원할 수 있습니다.

**AI 기술 개발 지원** 중소기업이 자체적으로 AI 기술을 개발하거나, 외부 기관과 공동 연구를 수행하는 데 필요한 자금을 지원합니다.

**AI 인력 채용 지원** 중소기업이 AI 전문 인력을 채용하는 데 필요한 비용을 지원합니다. 예를 들어, 인건비, 교육 훈련비 등을 지원할 수 있습니다.

**AI 도입 컨설팅 지원** AI 도입 전략 수립, 솔루션 선정, 시스템 구축 등에 대한 전문가 컨설팅 비용을 지원합니다.

## (3) 해외의 지원 사례

세계 각국은 인공지능 기술 경쟁력 확보를 위해 적극적인 투자와 지원 정책을 펼치고 있습니다.

미국은 정부 주도로 막대한 예산을 투자하여 AI 연구개발을 지원하고 있으며, 주요 대학 및 연구기관을 중심으로 첨단 AI 연구 프로젝트를 지원합니다. 또한, AI 분야 고급 인력 양성을 위한 교육 프로그램 및 펠로십을 지원합니다.

중국은 '차세대 인공지능 발전 계획' 등 국가 차원의 AI 발전 전략을 수립하고 목표 달성을 위한 정책을 추진하며, AI 연구개발, 인프라 구축, 인재 양성 등에 막대한 자금을 투자합니다. 또한, 바이두, 알리바바, 텐센트 등 주요 IT 기업과 협력하여 AI 기술 개발 및 상용화를 지원합니다.

유럽연합은 연구 혁신 재정지원 사업인 호라이즌 유럽(Horizon Europe) 프로그램을 통해 AI 연구개발 프로젝트를 지원하고, 회원국 간 공동 연구 협력을 강화하며 유럽 차원의 AI 연구 네트워크를 구축합니다.

캐나다는 2017년 세계 최초로 수립한 범국가 AI 전략(Pan-Canadian Artificial Intelligence Strategy)을 통해 AI 연구 및 인재 양성에 집중 투자하고 있으며, 몬트리올, 토론토, 에드먼턴 등 주요 도시에 AI 연구 기관을 설립하고 연구 활동을 지원하고 있습니다. 또한, 산업계와 협력하여 AI 기술의 상용화 및 산업 적용을 촉진합니다.

이 밖에 싱가포르는 AI 기술을 활용하여 국가 경쟁력을 강화하는 것을 목표로 하는 국가 AI 전략(National AI Strategy)을 추진하며, AI 연구, 인재 양성, 산업 협력을 위한 국가 기관인 AI Singapore를 설립하고 다양한 프로그램을 운영합니다.

## 6-2 창업 활성화

AI 기본법은 인공지능 산업 분야의 창업을 활성화하기 위해 정부가 다양한 사업을 추진할 수 있도록 규정하고 있습니다.

구체적으로는 ①인공지능 분야의 창업자를 발굴하고 육성 및 지원하는 사업을 추진할 수 있습니다. ②인공지능 산업 분야의 창업 활성화를 위한 교육 및 훈련에 관한 사업을 추진할 수 있습니다. ③AI 기본법 제21조에 따른 전문 인력의 우수 인공지능 기술에 대한 사업화 지원을 추진할 수 있습니다. ④인공지능 기술의 가치 평가 및 창업 자금의 금융 지원을 추진할 수 있습니다. ⑤인공지능 관련 연구 및 기술 개발 성과를 제공하는 사업을 추진할 수 있습니다. ⑥인공지능 산업 분야의 창업을 지원하는 기관 및 단체의 육성을 추진할 수 있습니다. ⑦인공지능 산업 분야의 창업 활성화를 위하여 필요한 사업을 추진할 수 있습니다. 이 밖에도 지방자치단체는 인공지능 산업 분야의 창업을 지원하는 공공기관 등 공공단체에 출연하거나 출자할 수 있도록 하여 지역의 인공지능 창업 생태계 조성을 장려합니다.

해외의 경우, 영국은 AI Seed Competition을 통해 초기 단계 AI 스타트업에 자금을 지원하고, AI Scaleup Programme을 통해 성장 단계의 AI 기업의 규모 확장을 지원합니다. 프랑스는 AI Hub 프로그램을 통해 AI 스타트업의 성장을 위한 멘토링, 네트워킹, 자금 지원 등을 제공합니다. 독일은 EXIST 프로그램을 통해 AI 분야 예비 창업자 및 스타트업에 자금, 멘토링, 교육 등을 지원합니다. 이스라엘은 AI Innovation Center를 설립하여 AI 스타트업의 기술 개발, 사업화, 투자 유치 등을 지원하도록 합니다. 싱가포르는 AI Startup Grand Challenge를 통해 AI 스타트업을 발굴하고, 사업화 자금 및 멘토링을 지원하고 있습니다.

AI 기본법 제18조는 인공지능 분야 창업 활성화를 위한 정부의 적극적인 역할을 강조하고 있으며, 해외 주요국의 사례와 같이 다양한 지원 프로그램을 통해 창업 생태계를 조성하고 AI 산업 경쟁력을 강화할 수 있도록 법적 근거를 마련하고 있습니다. 정부는 창업 활성화를 위한 다양한 정책을 추진하고, 인공지능 집적단지 조성을 통해 인공지능 산업의 성장을 지원해야 합니다. 광주광역시의 사례는 국내 다른 지역에도 좋은 모델이 될 수 있으며, 해외 성공 사례를 참고하여 한국의 인공지능 산업 경쟁력을 강화해야 할 것입니다.

---

## 6-3 산업 융합

정부는 인공지능 산업과 다른 산업의 융합을 촉진하고, 다양한 분야에서 인공지능 활용을 활성화하기 위해 필요한 정책을 수립하고 추진해야 합니다. 또한, 정부는 인공지능 융합 제품과 서비스 개발을 지원하기 위해, 필요할 경우「국가연구개발혁신법」에 따른 국가연구개발사업에서 인공지능 관련 연구개발 과제를 우선적으로 반영하여 추진할 수 있습니다.

　정부는 이렇게 개발된 인공지능 융합 제품과 서비스가 「정보통신 진흥 및 융합 활성화 등에 관한 특별법」에 따른 임시허가와 규제특례를 원활히 받을 수 있도록 적극적으로 지원해야 합니다.

　인공지능 융합 활성화를 위해 지역별 특화 산업과 인공지능 기술을 융합한 클러스터를 구축하여 기업, 연구소, 대학 간 협력을 강화하고, 제조, 농업, 의료 분야에 특화된 AI 클러스터를 조성합니다.

　산업별 특성을 반영한 AI 융합 교육 프로그램을 개발하고, 재직자와 예비 인력을 대상으로 교육을 지원하며, AI 융합 분야의 자격증 제도를 도입하여 전문성을 강화합니다. 또한 산업별 AI 융합 기술의 표준 및 가이드라인을 개발하고 품질 인증 제도를 마련하여 신뢰성을 확보하는 한편, 국제표준화 활동에 적극 참여하여 국내 AI 융합 기술의 글로벌 경쟁력을 강화합니다. 산업별 데이터 공유와 활용을 위한 플랫폼을 구축하고 데이터 표준화 및 품질 관리를 지원하며, 개인정보 보호와 데이터 보안을 위한 가이드라인을 마련하여 안전한 데이터 활용 환경을 조성합니다.

---

## 6-4　전문인력의 양성

과학기술정보통신부장관은 인공지능 기술의 개발과 인공지능 산업의 발전을 위해 「지능정보화 기본법」에 따른 시책에 따라 인공지능 및 관련 기술의 전문인력을 양성하고 지원해야 합니다.

정부는 인공지능 및 관련 기술 분야의 해외 전문인력을 확보하기 위해 다양한 시책을 추진할 수 있습니다. 이를 위해 해외 대학, 연구기관, 기업 등에서 활동하는 전문인력에 대한 조사와 분석을 실시하고, 해외 전문인력을 유치하기 위한 국제 네트워크를 구축합니다. 아울러 해외 전문인력의 국내 취업을 지원하고, 국내 인공지능 연구기관의 해외 진출과 해외 인공지능 연구기관의 국내 유치를 돕습니다. 더불어, 인공지능 관련 국제기구와 국제행사의 국내 유치를 지원하여 전문인력 확보와 기술 교류를 촉진합니다.

해외에서는 AI 전문인력 양성 및 확보를 위해 다양한 정책을 추진하고 있습니다. 국가별 주요 인재양성 사례는 다음과 같습니다.

## 미국

**국립 인공지능 연구소(National AI Research Institutes) 설립** 미국 국립과학재단(NSF)은 AI 연구 및 인력 양성을 위해 여러 대학과 협력하여 국립 인공지능 연구소를 설립하고 있습니다. 이 연구소들은 AI 관련 교육 프로그램 개발, 연구 프로젝트 수행, 산업체와의 협력 등을 통해 AI 전문가를 육성하고 있습니다.

AI 교육 프로그램 확대 대학 및 교육기관에서 AI 관련 학위 과정, 단기 교육 프로그램, 온라인 교육 콘텐츠 등을 확대하고 있습니다. 예를 들어, MIT는 온라인 학습 플랫폼인 edX를 통해 AI 관런 강의를 제공하고 있으며, 스탠퍼드대학교는 AI4ALL 프로그램을 통해 저소득층 및 소외 계층 학생들에게 AI 교육 기회를 제공하고 있습니다.

**해외 인재 유치**  미국은 H-1B 비자 등을 통해 해외 우수 인재를 유치하고 있습니다. 특히, AI 분야의 고급 인력 유치를 위해 비자 발급 요건을 완화하고, 취업 지원 프로그램을 제공하는 등 적극적인 정책을 펼치고 있습니다.

### 유럽연합(EU)

**AI 전문 교육 프로그램 개발**  유럽연합은 디지털 유럽 프로그램 (Digital Europe Programme)을 통해 AI 전문 교육 프로그램 개발을 지원하고 있습니다. AI 관련 학위 과정, 직업 훈련 프로그램, 온라인 교육 과정 등 다양한 교육 프로그램을 통해 AI 전문 인력을 양성하고 있습니다.

**EU AI Excellence Centre 설립**  AI 연구 및 교육을 위한 EU AI Excellence Centre를 설립하여 AI 전문가 양성, 연구 협력, 지식 공유 등을 추진하고 있습니다.

**블루 카드 제도 운영**  EU는 고급 인력 유치를 위한 블루 카드 제도를 운영하고 있습니다. 이 제도를 통해 AI 분야의 해외 전문가들이 EU 회원국에서 취업할 수 있도록 지원하고 있습니다.

## 중국

**AI 인재 양성 계획** 중국 정부는 '차세대 인공지능 발전 계획'을 통해 AI 인재 양성을 위한 목표와 전략을 제시하고 있습니다. 대학, 연구기관, 기업 등에서 AI 전문 인력 양성을 위한 교육 프로그램을 운영하고, 해외 우수 인재 유치를 위한 정책을 추진하고 있습니다.

**AI 학과 신설 및 확대** 중국 대학들은 AI 관련 학과를 신설하고, 기존 학과의 AI 교육 과정을 확대하고 있습니다. 또한, AI 분야의 석박사 과정을 확대하여 고급 인력 양성에 힘쓰고 있습니다.

**천인계획, 만인계획** 해외 우수 인재 유치 프로그램을 통해 AI 분야의 해외 전문가를 유치하고 있습니다.

## 캐나다

**범 캐나다 AI 전략** 캐나다 정부는 '범 캐나다 AI 전략'을 통해 AI 연구 개발 및 인력 양성을 위한 투자를 확대하고 있습니다. AI 연구 기관 설립, AI 학위 과정 신설, 해외 인재 유치 등을 통해 AI 전문 인력을 확보하고 있습니다.

**벡터연구소(Vector Institute)**는 캐나다의 대표적인 AI 연구 기관으로, AI 전문 인력 양성을 위한 다양한 프로그램을 운영하고 있습니다. 석사 및 박사 과정, 단기 교육 프로그램, 산업체와의 협력 프로그램 등을 통해 AI 전문가를 육성하고 있습니다.

해외 주요국들은 AI 전문 인력 양성 및 확보를 위해 적극적인 정책을 추진하고 있습니다. 한국도 이러한 해외 사례를 참고하여, AI 전문 인력 양성 및 해외 인재 유치를 위한 정책을 강화해야 할 것입니다.

---

## 6-5 국제 협력

정부는 인공지능과 관련된 국제적 동향을 파악하고 국제 협력을 추진해야 합니다. 또한, 인공지능 산업의 경쟁력을 강화하고 해외시장 진출을 촉진하기 위해 개인, 기업 또는 단체를 대상으로 다양한 지원을 제공할 수 있습니다. 이러한 지원에는 인공지능 산업과 관련된 정보, 기술, 인력의 국제 교류를 비롯해 해외 진출에 필요한 정보의 수집, 분석 및 제공이 포함됩니다. 국가 간 인공지능 기술, 제품 또는 서비스의 공동 연구개발과 국제표준화를 추진하고, 외국 자본의 투자 유치를 지원합니다.

해외 전문 학회 및 전시회 참가를 통한 홍보와 해외 마케팅을 지원하며, 인공지능 제품 및 서비스의 수출을 위한 판매·유통 및 협력체계 구축을 돕습니다. 인공지능 윤리에 관한 국제 동향을 파악하고 국제 협력을 강화하는 한편, 이 밖에도 인공지능 산업의 경쟁력 강화와 해외시장 진출 촉진에 필요한 사항을 지원합니다.

정부는 이러한 지원을 효율적으로 수행하기 위해 관련 업무를 공공기관 또는 단체에 위탁하거나 대행하도록 할 수 있으며, 이에 필요한 비용을 보조할 수 있습니다.

---

## 6-6 인프라 구축

### (1) 인공지능 집적단지

국가와 지방자치단체는 인공지능 산업을 진흥하고 인공지능 개발과 활용의 경쟁력을 강화하기 위해, 인공지능 및 관련 기술의 연구·개발을 수행하는 기업, 기관, 단체의 기능적·물리적·지역적 집적화를 추진할 수 있습니다. 이러한 집적화를 위해 필요한 경우, 국가와 지방자치단체는 대통령령에 따라 인공지능 집적단지를 지정하고, 행정적·재정적·기술적 지원을 제공할 수 있습니다.

국가와 지방자치단체는 거짓이나 부정한 방법으로 지정을 받은 경우 또는 지정 목적을 달성하기 어렵다고 판단되는 경우에는 인공지능 집적단지 지정을 취소할 수 있습니다. 다만, 거짓이나 부정한 방법으로 지정을 받은 경우에는 반드시 지정을 취소해야 합니다.

정부는 이러한 집적화를 지역에 효과적으로 정착시키기 위해 관련 업무를 종합적으로 지원하는 전담기관을 새로 설치하거나 지정할 수 있으며, 전담기관의 운영과 사업 수행에 필요한 비용의 전부 또는 일부를 지원하거나 보조할 수 있습니다. 인공지능 집적단지의 지정과 취소, 전담기관의 설치 및 운영 등에 필요한 사항은 대통령령으로 정합니다.

인공지능 집적단지 조성은 AI 기업, 연구기관, 투자자 등이 모여 시너지 효과를 창출하고 AI 산업 생태계를 조성할 수 있으며, 집적단지를 중심으로 AI 전문 인력 양성 프로그램을 운영하고 AI 인재를 양성할 수 있습니다. 또한 기업, 연구기관, 대학 간 협력을 통해 AI 연구개발을 촉진하고 AI 기술 경쟁력을 강화할 수 있으며, 집적단지의 성장 가능성을 바탕으로 국내외 투자를 유치하고 AI 산업 발전을 가속화할 수 있습니다.

### (2) 실증 기반

국가와 지방자치단체는 인공지능 사업자가 개발하거나 이전 받은 기술에 대한 실증, 성능시험, 그리고 검인증 등을 지원하기 위해 필요한 시험, 평가 시설과 장비 및 설비 등을 구축하고 운영할 수 있습니다.

또한, 국가와 지방자치단체는 이러한 실증시험을 촉진하기 위해 대통령령으로 정하는 기관이 보유한 실증 기반을 인공지능 사업자에게 개방할 수 있습니다. 이와 관련된 실증 기반의 구축, 운영, 개방 등에 필요한 구체적인 사항은 대통령령으로 정합니다.

## ⑶ 데이터센터

정부는 인공지능 개발과 활용에 필요한 데이터센터의 구축과 운영을 활성화하기 위해 필요한 시책을 추진해야 합니다. 이를 위해 정부는 인공지능 데이터센터의 구축과 운영에 필요한 행정적 및 재정적 지원을 제공할 수 있습니다.

또한, 중소기업과 연구기관 등이 인공지능 데이터센터를 효율적으로 이용할 수 있도록 지원하고, 인공지능 관련 인프라 시설의 지역별 균형 발전을 도모하기 위한 다양한 지원을 수행할 수 있습니다.

## ⑷ 인공지능진흥협회

인공지능과 관련된 연구 및 업무에 종사하는 자는 인공지능의 개발과 이용 촉진, 인공지능 산업과 기술의 진흥, 그리고 교육과 홍보 등을 위해 과학기술정보통신부장관의 인가를 받아 한국인공지능진흥협회를 설립하거나 협회로 지정받을 수 있습니다. 협회는 법인으로 운영되며, 다양한 업무를 수행합니다.

협회는 인공지능 기술, 제품, 서비스의 이용 촉진과 확산을 지원하고, 인공지능 관련 현황 및 통계를 조사합니다. 또한 인공지능 사업자를 위한 공동 이용시설을 설치·운영하고, 전문인력 양성을 위한 교육을 제공합니다. 인공지능 사업자와 전문인력의 해외 진출을 지원하며, 안전하고 신뢰할 수 있는 인공지능 개발과 활용을 위한 교육과 홍보도 수행합니다.

이와 함께 협회는 법률에 따라 위탁받은 사업과 협회의 설립

목적을 달성하기 위한 정관에 명시된 사업을 수행할 수 있습니다. 정부와 지방자치단체는 인공지능 산업 발전과 신뢰 기반 조성을 위해 필요시 예산 범위 내에서 협회의 사업 수행에 필요한 자금을 지원하거나 운영 경비를 보조할 수 있습니다.

협회의 회원 자격, 임원 구성, 업무 내용 등은 정관으로 정하며, 정관에 포함될 세부사항은 대통령령으로 규정합니다. 과학기술정보통신부장관은 협회 설립 인가를 한 경우 이를 공고해야 하며, 협회 운영에 대해서는 「민법」의 사단법인 관련 규정을 따릅니다.

# 7
# AI 국가의 책임성, 윤리와 신뢰의 제도화

## 7-1 인공지능 윤리 원칙

정부는 인공지능 윤리의 확산을 위해 윤리 원칙을 제정하고 공표할 수 있으며, 이 윤리 원칙에는 사람의 생명과 신체, 정신적 건강에 해를 끼치지 않도록 하는 안전성과 신뢰성에 관한 사항, 인공지능 기술이 적용된 제품과 서비스를 모든 사람이 자유롭고 편리하게 이용할 수 있는 접근성에 관한 사항, 그리고 사람의 삶과 번영에 기여하기 위한 인공지능 개발과 활용에 관한 사항을 포함할 수 있습니다(법 제27조).

과학기술정보통신부장관은 사회 각계의 의견을 수렴하여 윤리 원칙이 인공지능 개발과 활용에 관여하는 모든 사람들이 실천할 수 있도록 구체적인 실천 방안을 마련하고 이를 공개하여 홍보와 교육을 실시해야 합니다.

중앙행정기관이나 지방자치단체의 장이 인공지능 윤리 기준을 제정하거나 개정할 경우, 과학기술정보통신부장관은 윤리 원칙과 실천 방안의 연계성과 정합성에 대해 권고하거나 의견을 제시할 수 있습니다.

## 7-2 민간자율 인공지능윤리위원회

인공지능 기술과 관련된 교육연구기관, 인공지능 사업자, 및 대통령령으로 정하는 기타 인공지능 관련 기관이나 단체는 윤리 원칙을 준수하기 위해 민간자율 인공지능윤리위원회를 설치할 수 있습니다.

위원회는 인공지능 기술의 연구, 개발, 활용 과정에서 윤리 원칙 준수 여부를 확인하고, 안전성 및 인권 침해와 관련된 조사와 연구를 수행합니다. 절차와 결과에 대한 조사와 감독을 실시하며, 연구자와 종사자들을 대상으로 윤리 원칙 교육을 제공합니다. 아울러, 인공지능 윤리를 실천하기 위한 분야별 지침을 마련하고, 윤리 원칙 구현을 위한 다양한 업무를 수행합니다.

위원회의 구성과 운영에 필요한 사항은 각 기관과 단체에서 자율적으로 정하되, 특정 성별로만 구성할 수 없으며, 사회적·윤리적 타당성을 평가할 수 있는 경험과 지식을 갖춘 사람과 기관에 소속되지 않은 외부 인사를 반드시 포함해야 합니다.

과학기술정보통신부장관은 민간자율 인공지능윤리위원회가 공정하고 중립적으로 운영될 수 있도록 표준 지침 등을 마련하여 보급할 수 있습니다.

## 7-3 신뢰기반 시책, 신뢰성 검인증 지원

정부는 인공지능이 국민 생활에 미칠 수 있는 잠재적 위험을 최소화하고, 안전한 인공지능 이용의 신뢰 기반을 조성하기 위해 다양한 시책을 마련해야 합니다. 이러한 시책에는 안전하고 신뢰할 수 있는 인공지능 이용 환경 조성, 인공지능이 국민의 일상 생활에 미치는 영향에 대한 전망과 예측, 관련 법령 및 제도의 정비가 포함됩니다.

인공지능의 안전성과 신뢰성 확보를 위한 기술 개발과 확산을 지원하고, 윤리 실천을 위한 교육과 홍보를 강화합니다. 인공지능 사업자의 자율적 규약 제정과 시행을 지원하고, 인공지능의 안전성과 신뢰성을 높이기 위한 민간 단체의 자율적 협력과 윤리지침 제정 등 활동을 지원 및 확산합니다. 이 밖에도 인공지능의 안전성과 신뢰성 확보를 위해 필요한 사항은 대통령령으로 정합니다.

과학기술정보통신부장관은 인공지능의 안전성과 신뢰성 확보를 위해 민간 단체가 자율적으로 추진하는 검증 및 인증 활동을 지원할 수 있습니다. 이러한 지원에는 인공지능 개발 가이드라인 보급, 검증 및 인증 연구 지원, 관련 장비와 시스템 구축 및 운영 지원, 그리고 전문인력 양성이 포함됩니다.

또 중소기업이 검증 및 인증을 받고자 할 경우, 관련 정보 제공과 행정적·재정적 지원을 제공할 수 있습니다. 인공지능 사업자는 고영향 인공지능을 제공할 때 사전에 검증 및 인증을 받도록 노력해야 하며, 국가기관이 고영향 인공지능을 이용할 경우에는 검증 및 인증을 받은 제품이나 서비스를 우선적으로 고려해야 합니다.

## 7-4 사업자의 투명성 및 안전성 확보

인공지능 사업자는 고영향 인공지능 또는 생성형 인공지능을 이용한 제품이나 서비스를 제공할 경우, 해당 제품이나 서비스가 인공지능에 기반하여 운영된다는 사실을 이용자에게 사전에 고지해야 합니다. 또한, 생성형 인공지능을 이용한 결과물의 경우, 그 결과물이 생성형 인공지능에 의해 만들어졌다는 사실을 명확히 표시해야 합니다.

인공지능 시스템을 이용하여 실제와 구분하기 어려운 가상의 음향, 이미지 또는 영상을 제공할 때에는, 해당 결과물이 인공지능에 의해 생성되었음을 이용자가 쉽게 인식할 수 있도록 고지하거나 표시해야 합니다. 다만, 예술적·창의적 표현물에 해당하는 경우에는 전시나 향유를 저해하지 않는 방식으로 고지할 수 있습니다. 이와 관련된 세부 사항과 예외는 대통령령으로 규정합니다.

인공지능 사업자는 학습에 사용된 누적 연산량이 대통령령으로 정한 기준을 초과하는 인공지능 시스템의 안전성을 확보해야 합니다. 이를 위해 인공지능 수명 주기 전반에 걸쳐 위험을 식별, 평가 및 완화하고, 안전사고 모니터링과 대응을 위한 위험관리체계를 구축해야 합니다. 사업자는 이러한 조치의 이행 결과를 과학기술정보통신부장관에게 제출해야 하며, 구체적인 이행 방식과 제출 절차는 장관이 정하여 고시합니다.

인공지능 사업자는 인공지능이나 이를 활용한 제품과 서비스가 고영향 인공지능에 해당하는지 사전에 검토해야 하며, 필요한 경우 과학기술정보통신부장관에게 고영향 인공지능 여부에 대한 확인을 요청할 수 있습니다. 장관은 요청이 있을 경우, 해당 여부를 확인하고 필요시 전문위원회를 설치해 자문을 받을 수 있습니다. 고영향 인공지능의 기준과 예시 등에 대한 가이드라인은 장관이 수립하여 보급하며, 구체적인 확인 절차는 대통령령으로 정합니다.

## 7-5 고영향 인공지능 사업자의 의무

인공지능 사업자는 고영향 인공지능 또는 이를 이용한 제품과 서비스를 제공할 때, 안전성과 신뢰성을 확보하기 위해 필요한 조치를 이행해야 합니다. 이러한 조치에는 위험관리방안의 수립과 운영, 인공지능이 도출한 최종 결과와 그 과정에서 사용된 주요 기준 및 학습용 데이터의 개요를 설명할 수 있는 방안의 수립과 시행이 포함됩니다.

또한, 이용자 보호 방안을 마련하고 운영하며, 고영향 인공지능에 대해 사람이 관리·감독할 수 있는 체계를 구축해야 합니다. 안전성과 신뢰성 확보를 위해 이행한 조치에 대한 문서를 작성하고 보관해야 하며, 그 외 위원회에서 심의·의결된 사항도 준수해야 합니다.

과학기술정보통신부장관은 이러한 조치의 구체적인 내용을 정하여 고시하고, 인공지능 사업자에게 이를 준수하도록 권고할 수 있습니다. 만약 인공지능 사업자가 다른 법령에 따라 제시된 기준과 유사한 조치를 이행한 경우에는, 본 조항의 의무를 이행한 것으로 간주합니다.

'고영향 인공지능'이란 사람의 생명, 신체의 안전 및 기본권에 중대한 영향을 미치거나 위험을 초래할 우려가 있는 인공지능 시스템을 의미합니다. 이러한 인공지능 시스템은 다음과 같은 영역에서 활용되는 경우를 포함합니다.

첫째, 에너지 공급 분야로, 「에너지법」에 따른 에너지의 공급과 관련된 인공지능 시스템입니다.

둘째, 먹는물 생산 공정과 관련된 시스템으로, 「먹는물관리법」에 따라 먹는물의 생산과정에서 활용됩니다.

셋째, 보건의료 제공 및 운영체계와 관련된 인공지능 시스템으로, 「보건의료기본법」에 따른 보건의료 체계의 구축과 운영에 사용됩니다.

넷째, 의료기기 및 디지털의료기기의 개발과 이용에 적용되는 시스템으로, 「의료기기법」과 「디지털의료제품법」에 따른 의료

기기 관리와 관련됩니다.

다섯째, 핵물질과 원자력시설의 관리 및 운영과 관련된 인공지능 시스템으로,「원자력시설 등의 방호 및 방사능 방재 대책법」에 따라 핵물질 및 원자력시설의 안전을 담당합니다.

여섯째, 범죄 수사나 체포 업무를 위한 생체인식정보(얼굴, 지문, 홍채 및 손바닥 정맥 등 개인 식별 정보)의 분석 및 활용을 지원합니다.

일곱째, 채용 및 대출 심사 등 개인의 권리와 의무에 중대한 영향을 미치는 판단 및 평가에 사용됩니다.

여덟째, 교통수단, 교통시설 및 교통체계의 운영과 관련된 인공지능 시스템으로,「교통안전법」에 따른 안전 운영을 지원합니다.

아홉째, 공공서비스 제공과 관련하여 자격 확인, 결정 또는 비용 징수 등 국민에게 영향을 미치는 국가기관, 지방자치단체, 공공기관의 의사 결정에 활용됩니다.

열째, 교육 분야에서 학생 평가를 지원하는 인공지능 시스템으로,「교육기본법」에 따른 유아, 초등, 중등교육 평가에 적용됩니다.

마지막으로, 사람의 생명, 신체의 안전 및 기본권 보호에 중대한 영향을 미치는 기타 영역으로, 대통령령에 따라 추가적으로 지정될 수 있습니다.

---

## 7-6 인공지능 영향평가

인공지능 사업자가 고영향 인공지능을 이용한 제품이나 서비스를 제공할 경우, 사람의 기본권에 미치는 영향을 사전에 평가하도록 노력해야 합니다. 또한, 국가기관이나 공공기관이 고영향 인공지능을 활용한 제품이나 서비스를 이용하려는 경우에는, 영향평가가 실시된 제품이나 서비스를 우선적으로 고려해야 합니다. 이와 관련된 구체적인 내용과 방법은 대통령령으로 정합니다.

---

## 7-7 해외 인공지능 사업자의 국내 대리인 지정 의무

국내에 주소나 영업소가 없는 인공지능 사업자로서 이용자 수나 매출액 등이 대통령령으로 정한 기준에 해당하는 경우, 해당 사업자는 국내 대리인을 서면으로 지정하고, 이를 과학기술정보통신부장관에게 신고해야 합니다. 국내 대리인은 다음과 같은 업무를 대리합니다. 첫째, 인공지능 안전성 및 신뢰성 확보와 관련하여 이행 결과를 제출하는 일. 둘째, 고영향 인공지능 해당 여부 확인을 신청하는 일. 셋째, 안전성·신뢰성 확보 조치의 이행과 관련된 지원을 제공하며, 문서의 최신성과 정확성을 점검하는 일.

국내 대리인은 국내에 주소 또는 영업소를 두어야 하며, 대리인이 법을 위반한 경우, 이를 지정한 인공지능 사업자가 위반 행위를 한 것으로 간주됩니다.

# 8
# 대한민국 인공지능 추진체계에 대한 총괄 평가

## 8-1 종합적 일반적 법체계 구축

AI 기본법(「인공지능 발전과 신뢰 기반 조성 등에 관한 기본법」) 제정은 개별 법으로 산재되어 있던 인공지능 관련 규정을 통합하고 체계화 하여 일관된 정책 추진의 기반을 마련했다는 데 의의가 있습니 다. 지능정보화 기본법은 인공지능을 포함한 지능정보기술의 발전과 이용 촉진에 관한 기본적인 사항을 규정하고 있습니다. 이 법은 인공지능의 개발과 활용에 대한 일반적인 원칙을 제시하 지만, 인공지능 특유의 구체적인 규율 내용은 부족하였습니다. 데이터 기반 관련 법제로는 데이터 산업진흥 및 이용촉진에 관 한 기본법이 있으나, 인공지능 학습에 필요한 데이터의 생산과 활용에 관한 사항을 규정한 데 그쳐 인공지능에 특화된 데이터 규제는 미비한 실정이었습니다.

　의료 분야에서는 의료기기법과 디지털의료제품법이 AI 의료 기기에 대한 규제를 담고 있습니다. 그러나 이는 의료 분야에 한 정된 규제로, 다른 분야의 AI 응용에 대한 규제는 각각의 개별법 에 분산되어 있는 상황입니다. 개인정보 보호법은 AI 시스템이 처리하는 개인정보의 보호에 관한 일반적 규정을 두고 있으나,

AI 특유의 개인정보 처리 이슈에 대한 구체적 규정은 부족하다는 평가를 받아왔습니다.

정보통신망법은 AI 서비스가 제공되는 정보통신망의 안전성과 신뢰성 확보에 관한 규정을 두고 있으나, AI 시스템 자체의 안전성과 신뢰성에 대한 규정은 미비합니다. 소프트웨어 산업진흥법은 AI 소프트웨어의 개발과 보급에 관한 사항을 포함하고 있으나, AI의 특수성을 고려한 별도의 규정은 부족한 실정입니다. 산업융합촉진법은 AI를 활용한 산업 융합을 지원하는 규정을 두고 있으나, AI 산업 육성에 특화된 체계적인 지원 제도는 미흡합니다.

이처럼 기존의 법체계는 AI 관련 규정이 여러 법률에 분산되어 있어 체계적이고 일관된 정책 추진에 한계가 있었습니다. 새로운 기본법은 이러한 산재된 규정들을 통합하고 체계화함으로써, AI 발전과 규제에 관한 통일된 법적 기반을 제공할 것으로 기대됩니다.

특히 고영향 AI와 생성형 AI 등 새로운 형태의 AI에 대한 규제, AI 윤리 원칙의 수립, AI 안전성 확보 의무 등 기존 법률들이 다루지 못했던 새로운 규율 사항들을 체계적으로 규정했다는 점에서 의의가 있다고 할 것입니다.

## 8-2 균형적 접근

AI 기본법은 인공지능 발전에 있어 산업 진흥과 신뢰 기반 조성이라는 두 가지 핵심 가치의 조화를 추구하고 있습니다. 이는 기술 발전과 안전성 확보라는 상충될 수 있는 목표를 동시에 달성하고자 하는 입법적 노력을 보여줍니다.

산업 진흥 측면에서는 다음과 같은 구체적인 지원 방안을 제시하고 있습니다. 정부는 인공지능 기술 개발 활성화를 위해 국내·외 기술 동향과 수준을 조사하고, 연구개발을 지원하며, 개발된 기술의 실용화를 촉진합니다. 특히 중소기업과 벤처기업에 대한 특별 지원을 규정하여 인공지능 산업 생태계의 균형적 발전을 도모하고 있습니다.

신뢰 기반 조성을 위해서는 안전성과 윤리성 확보를 위한 구체적인 제도적 장치를 마련했다고 할 수 있습니다. 고영향 인공지능에 대한 안전성 평가, 생성형 인공지능의 결과물 표시 의무화, 인공지능 윤리 원칙 수립 등이 대표적입니다. 이는 기술 발전이 가져올 수 있는 부작용을 최소화하면서 사회적 신뢰를 구축하기 위한 것입니다.

이러한 균형적 접근은 다음과 같은 구체적인 제도를 통해 실현됩니다. 첫째, 인공지능 기본계획 수립 시 산업 진흥과 신뢰 기반 조성을 모두 고려하도록 규정했습니다. 둘째, 국가인공지능위원회에 민간위원, 예를 들어 산업계 대표와 윤리 전문가가 균형있게 참여가 가능하도록 했습니다. 셋째, 인공지능 정책센터와 안전연구소를 동시에 설치하여 진흥과 규제의 균형을 도모하고 있습니다. 규제가 산업 발전을 저해하지 않도록 하는 세심한 배려입니다. 예를 들어, 안전성 확보 의무는 대통령령으로 정하는 기준 이상의 인공지능 시스템에만 적용되며, 생성형 인공지능의 결과물 표시 의무도 예외를 인정하고 있습니다. 이러한 균형적 접근은 인공지능 기술의 건전한 발전을 위한 필수적인 전제조건이 될 것입니다. 과도한 규제로 인한 산업 위축을 방지하면서도, 적절한 규제를 통해 사회적 신뢰를 확보함으로써 장기적이고 지속가능한 발전을 도모할 수 있을 것으로 기대됩니다.

## 8-3 행정부처별 의무

개별 행정부처별 AI 시대 준비를 위한 주요 업무는 구체적으로 다음과 같은 내용이 포함될 것입니다.

과학기술정보통신부는 국가 AI 전략을 총괄하며, AI 기술 개발과 인프라 구축을 지원합니다. 또한 AI 인재 양성을 위한 교육 프로그램을 개발하고 지원하는 역할을 담당합니다.

산업통상자원부는 AI를 활용한 산업기술 혁신을 추진하고, 스마트 팩토리 확산을 지원합니다. 특히 산업 전반에 걸쳐 AI 전환을 촉진하는 정책을 수립하고 이행합니다.

교육부는 AI 시대에 필요한 디지털 교육과정을 개발하고, 교사들의 AI 활용 능력을 강화합니다. 또한 AI 기반 맞춤형 학습 시스템 도입을 추진합니다.

고용노동부는 AI로 인한 노동시장 변화에 대응하고, 근로자들의 재교육과 직무 전환을 지원합니다. AI 시대의 노동권 보호를 위한 제도도 정비합니다.

보건복지부는 AI 기반 의료서비스 도입을 위한 법률을 개정하고, AI를 활용한 복지서비스를 개발합니다. 의료진의 AI 활용 능력 향상도 지원합니다. 신약개발 인간질병의 원인 분석에 매진합니다.

법무부는 AI 관련 법적 책임과 권리에 대한 제도를 정비하고, AI 윤리 가이드라인을 수립합니다. AI 범죄 예방과 대응을 위한 사법체계도 현대화합니다.

행정안전부는 공공행정의 AI 도입 기준을 만들고, AI 기반 재난안전 관리 시스템을 구축합니다. 개인정보 보호와 AI 활용의 균형을 맞추는 정책도 만듭니다.

국토교통부는 AI 기반 스마트시티를 구축하고, 자율 주행차 도입을 지원합니다. AI를 활용한 국토 관리와 도시계획도 수립합니다.

환경부는 기후변화 대응을 위한 AI 기술 활용 방안을 마련합니다. 친환경 AI 인프라 구축도 추진합니다.

농림축산식품부는 AI 기반 스마트팜과 농업 자동화 기술 도입을 지원하고, AI를 활용한 농축산물 수급 예측 시스템을 구축합니다. 농업 분야의 AI 전문가도 양성합니다.

이러한 모든 부처의 업무는 서로 연결되어 있으며, 부처간 긴밀한 협력을 통해 AI 시대에 대한 준비를 효과적으로 진행할 수 있습니다.

# 9

# AI 국가 도약의 네 가지 열쇠

## 9-1 기초연구 체계적 지원

우리나라가 인공지능(AI) 국가로 도약하기 위한 필요한 것은 무엇일까요. 기초 과학 연구에 대해 충분하고 체계적인 지원을 제공하는 것이 도약의 중요한 열쇠가 될 수 있습니다. 창의적인 연구자들에게 적절한 환경과 지원이 주어진다면, 그들은 단순히 은행이나 금융권에서 큰 돈을 버는 일보다는 기초 과학 연구에 더 큰 매력을 느끼게 될 것입니다. 기초 과학 연구 지원에는 컴퓨팅 파워(computing power)에 대한 지원도 포함되어야 합니다. 현재 AI 및 첨단 기술 연구는 막대한 컴퓨팅 자원을 필요로 하기 때문입니다. 체계적인 기초 연구 지원이야말로 우수한 연구자들을 국가에 유지하고, 글로벌 경쟁력을 확보하는 가장 효과적인 방법입니다.

캐나다가 인공지능 연구에서 앞서나가게 된 배경은, 오랜 기간 기초연구를 꾸준히 지원해 왔다는 점입니다. 1980년대부터 캐나다고등연구원(CIFAR·Canadian Institute for Advanced Research) 인공지능 연구를 지속적으로 지원해 왔는데, 단기적인 상업적 성과보다는 미래를 위한 심도 있는 연구에 중점을 두었답니다.

캐나다 정부의 적극적인 지원도 큰 역할을 했습니다. 연구중심 대학에 충분한 예산을 지원했고, 특히 퀘벡 주정부는 몬트리올 지역의 인공지능 연구 기반 구축에 과감한 투자를 진행했지요. 우수한 연구진이 모일 수 있는 환경을 조성했습니다. 벤지오 교수나 힌튼 교수와 같은 세계적 석학들이 캐나다에서 연구할 수 있도록 지원했고, 해외의 뛰어난 연구자들도 원활하게 영입할 수 있도록 이민정책을 개방적으로 운영했습니다.

연구 인프라 구축도 체계적으로 이루어졌습니다. 토론토, 몬트리올, 에드먼턴에 세계적 수준의 인공지능 연구소들이 설립되었습니다. 이 연구소들은 대학의 연구성과가 산업계로 잘 이어질 수 있도록 가교 역할을 했습니다. 덕분에 구글이나 페이스북 같은 글로벌 기업들도 캐나다에 연구소를 설립하게 되었습니다.

캐나다는 장기적인 안목으로 기초연구를 지원해 왔고, 현재는 인공지능 분야의 선도국가로 자리매김하게 되었습니다. '딥러닝'이라는 혁신적인 인공지능 기술이 캐나다에서 크게 발전할 수 있었던 것도 이러한 꾸준한 지원이 있었기에 가능했다고 하겠습니다. 한국이 기초 과학 연구에 대한 전략적 투자를 강화한다면, 훌륭한 연구자들이 혁신을 이끌고 대한민국이 AI와 미래 기술 분야의 선도국이 되는 데 기여할 것입니다.

## 9-2 GPU 해결과 DATA센터 투자

대한민국의 AI 산업이 직면한 가장 큰 도전 과제 중 하나가 첨단

GPU가 부족하다는 점입니다. 글로벌 기업들의 GPU 투자 규모는 실로 엄청납니다. 메타는 2024년 약 40조 원을 투자해 엔비디아의 최신 GPU를 대량 확보할 계획을 발표했고, 마이크로소프트 역시 오픈AI와의 협력을 위해 수십조 원 규모의 GPU 인프라 구축에 나섰습니다. 구글과 아마존도 자체 AI 개발을 위해 막대한 자금을 GPU 확보에 쏟아붓고 있습니다. 한국의 상황은 매우 열악합니다. 이 문제를 해결하지 않으면 최종 사용자들과의 5G 통신망 속도가 아무리 빠르다고 하더라도 근본이 없는 것에 불과합니다.

정부와 민간이 협력하여 대규모 GPU 인프라 투자를 단행하고, 이를 효율적으로 공유할 수 있는 시스템을 구축하는 것이 시급합니다. 클라우드 GPU 서비스의 활성화나 GPU 공유 플랫폼 구축 등 대안적인 해결책도 적극적으로 모색해야 할 것입니다. 최신 GPU 부족 문제는 단순히 장비 확보의 문제를 넘어, 한국 AI 산업의 미래가 걸린 중요한 과제입니다. 글로벌 AI 경쟁에서 뒤처지지 않기 위해서는 더욱 적극적인 투자와 해결 방안 모색이 필요한 시점입니다. 기술적으로 윤리적이고 신뢰성 있는 한국형 인공지능 기술을 개발하여 글로벌 기술 주도권을 확보하고자 노력해야 합니다. 이를 위해 산학연 협력을 강화하고 스타트업 생태계를 육성하여 혁신적인 기술 개발 환경을 조성해야 할 것입니다.

## 9-3 전 국민의 디지털 역량 강화

우리의 일상생활 속에서 인공지능이 자연스럽게 스며들어 전국민이 인공지능 조수의 도움을 받으며 살아가도록 하는 것은 AI 국가의 목표 중 하나입니다. AI는 우리 생활의 든든한 도우미가 되어 더 건강하고 즐거운 삶을 만들어 줄 것입니다.

요리할 때는 AI가 최고의 요리 선생님으로. 냉장고 속 재료를 찍어서 앱에 올리기만 하면, AI가 맛있는 레시피를 추천해 줄 것이고 요리 과정을 영상으로 보여줄 것입니다. 식재료 손질법이나 보관법도 자세히 알려줄 것이니, 요리 초보자도 걱정 없이 맛있는 음식을 만들 수 있습니다. 식단 관리도 AI와 함께라면 더욱 스마트해질 것입니다. AI는 우리의 건강 상태와 입맛을 고려해서 맞춤형 식단을 제안해 줄 것입니다. 알레르기가 있거나 특별한 영양소가 필요한 사람들에게도 적절한 음식을 추천해 줄 것입니다. 먹은 음식을 사진으로 찍어 두면 AI가 칼로리와 영양 성분을 분석해 줄 것이어서, 균형 잡힌 식사를 하는데 큰 도움이 될 것입니다.

매일의 건강관리도 AI와 함께라면 훨씬 쉬워질 것입니다. AI 건강관리 앱에 혈압, 체중, 운동량을 기록하면, AI가 우리의 건강 상태를 꼼꼼히 분석해 줄 것이고 필요한 관리법을 알려줄 것입니다. 몸이 안 좋을 때는 증상을 입력하면 어떤 병원을 가면 좋을지 추천해 줄 것이고, 약 먹는 시간도 잊지 않게 알려줄 것입니다. 운동할 때는 AI가 개인 트레이너로 도움을 줄 것입니다. 스마트폰으로 운동하는 모습을 찍으면 AI가 잘못된 자세를 바로잡아 주고, 각자의 체력과 목표에 맞는 운동 계획을 세워 줄 것입니다. 집에서도 AI와 함께 요가나 홈트레이닝을 할 수 있어서, 바쁜 현대인도 건강관리를 소홀히 하지 않을 수 있을 것입니다.

이런 편리한 AI 서비스를 누구나 쉽게 배우고 사용할 수 있도록, 정부는 다양한 교육 프로그램을 준비해야 합니다. 동네 주민 센터에서는 무료로 AI 활용 교육을 받을 수 있고, 실생활에서 바로 써 볼 수 있는 실습 위주의 교육을 진행할 수 있습니다. 궁금한 점이 있으면 언제든 물어볼 수 있는 AI 헬프데스크 운영도 가능합니다. 어르신들을 위해서는 1대1 맞춤 교육을 제공할 것입니다. 천천히, 차근차근, 반복적으로 설명해 드리면서 어르신들도 AI 기술을 편하게 사용하실 수 있도록 말입니다. 처음에는 앱을 설치하고 사용하는 법부터, 나중에는 AI의 다양한 기능을 활용하는 법까지, 단계별로 쉽게 배우실 수 있을 것입니다.

## 9-4 AI 국가의 인재 확보

### (1) 국내 인재의 해외 유출 방지

현재 한국의 첨단기술 인재 유출은 매우 심각한 수준에 이르렀습니다. 2023년 미국 국무부 자료를 보면, 한국인의 고급 인력 취업 이민비자(EB-1,2) 발급 건수가 5,284명을 기록했는데, 이는 인구 10만 명당 10.98명에 해당하는 수치입니다. 이 수치는 인도나 중국과 비교했을 때 10배나 높은 수준으로, 한국의 인재 유출이 심각한 상황임을 보여줍니다. 삼성에서는 500여 명의 인력이 엔비디아로 이직했으며, SK하이닉스도 인력 해외 유출이 있는 실정입니다.

인재 유출의 주된 원인은 크게 네 가지로 분석됩니다. 첫째, 국내외 기업 간의 처우 격차가 매우 큽니다. 미국 빅테크 기업들은 AI 연구원의 초봉으로 9억에서 11억 원대의 연봉을 제시하는 반면, 한국 기업들은 2억에서 3억 원 수준의 연봉을 제시하고 있습니다. 둘째, 연구 환경의 질적 차이가 존재합니다. 해외 기업들은 더 높은 수준의 연구 자율성을 보장하고, 세계적인 전문가들과의 협업 기회를 제공하며, 대규모 프로젝트 참여 기회를 제공합니다. 셋째, 투자 규모의 격차가 매우 큽니다. 한국의 AI 민간 투자액은 약 1조 8,937억 원으로, 미국의 91조 원에 비해 48분의 1 수준에 불과합니다. 넷째, 국가 R&D 예산이 일부 분야에서 50%에서 70%까지 대폭 삭감되어 연구 활동 자체가 위축되고 있는 실정입니다.

다각적인 해법이 필요합니다. 제도적 측면에서는 경업금지 약정 제도를 개선하여 미국처럼 경업금지 기간 동안 적절한 보상을 제공하는 방식으로 전환해야 합니다. 해외 우수 인재 유치를 위한 톱티어 비자 제도를 도입하고, 대학원 교육부터 시작하는 체계적인 연구자 양성 시스템을 구축해야 합니다.

연구 환경 측면에서는 국가적 차원의 R&D 투자를 확대하고,

스타트업 생태계를 활성화하며, 해외 연구기관과의 협력 네트워크를 강화해야 합니다. 특히 M&A 시장을 확대하여 창업 투자를 촉진하는 것이 중요합니다.

해외로 나간 인재들을 다시 국내로 유치하기 위한 체계적인 리턴 프로그램을 개발하고, 이들에게 맞춤형 인센티브와 연구 환경을 제공해야 합니다. 과거 카이스트나 포스텍을 설립할 때처럼, 해외의 우수 인재들을 적극적으로 발굴하고 유치하는 노력이 필요합니다.

산업 생태계 조성을 위해 기업과 정부가 협력하여 첨단 산업을 육성하고, 국내 기업들의 AI 및 첨단 기술 투자를 확대하며, 글로벌 수준의 연구 인프라를 구축해야 합니다. 단순히 급여를 인상하거나 규제를 강화하는 것이 아니라, 인재들이 자발적으로 국내에서 연구하고 싶어하는 매력적인 환경을 조성하는 것이 가장 중요합니다. 이를 위해서는 연구 환경, 성장 기회, 글로벌 네트워크 등을 종합적으로 개선하는 접근이 필요할 것입니다.

우리나라의 뛰어난 AI 인재들이 해외로 떠나지 않고 국내에서 계속 연구하고 일할 수 있도록 하려면 국내 AI 연구소와 기업들이 제공하는 급여와 복리후생을 글로벌 수준으로 높여 경제적 처우를 개선하고, 연구원들이 자유롭게 연구하고 도전할 수 있는 자율적인 연구 환경을 만들어 주어야 합니다. AI 인재들이 자부심을 가지고 국내에서 일할 수 있도록 그들의 전문성과 가치를 인정하고 존중하는 문화를 만들어 가는 것이 가장 중요합니다. 정부, 기업, 연구기관이 장기적인 관점에서 지속적으로 투자

하고 지원하면서 AI 인재들이 진정으로 원하는 것이 무엇인지 귀 기울이고 니즈(needs)에 맞춘 실질적인 지원 정책을 마련해 나가야 할 것입니다.

컴퓨팅 인프라와 데이터센터 등 세계적 수준의 연구 시설을 구축하고, AI 전문가들이 관심 있어 하는 혁신적인 연구 프로젝트를 많이 기획하여 실력을 마음껏 발휘할 수 있게 해야 합니다. 국내외 유수 연구진들과 활발히 교류하고 협력할 수 있는 기회도 충분히 제공해야 할 것입니다.

AI 스타트업을 창업하고 싶은 인재들을 위해서는 충분한 초기 자금을 지원하고 세제 혜택을 주며, 실패하더라도 다시 도전할 수 있는 환경을 만들어 주어야 하고, 주거 안정을 위한 주택 지원이나 자녀 교육을 위한 양질의 교육 환경 제공 등 삶의 질 향상을 위한 지원도 필요합니다. AI 전문가들의 연구 성과가 적절히 인정받고 승진이나 평가에 반영될 수 있도록 공정한 평가 체계를 마련하고, 업계와 학계를 아우르는 탄탄한 AI 생태계를 조성하여 다양한 경력 개발 경로를 제공하는 것도 중요합니다.

## (2) 해외 AI 인재 유치

우리나라에 더 많은 AI 전문가들을 모시고 오기 위해서는 먼저 입국 절차를 쉽게 만들어 비자 발급을 빠르게 하고, 가족들도 함께 올 수 있도록 비자 규정을 개선하며, 외국인 AI 유학생들이 졸업 후에도 한국에서 일할 수 있도록 도와야 합니다.

AI 전문가들이 영주권을 쉽게 받을 수 있게 하고, AI 회사를 창업하고 싶은 외국인들을 위한 특별한 체류자격도 만들어야 합니다. 이들을 위해 전담 지원 창구와 여러 나라 언어로 된 안내 웹 사이트를 만들고, 행정 서비스를 다국어로 이용할 수 있게 하면 좋겠습니다. 연구 환경도 중요해서 세계 수준의 연구 시설을 갖추고, 대학과 기업이 함께 연구할 수 있도록 지원하며, 외국인 연구자들에게 충분한 연구비도 지원해야 합니다. 생활 면에서도 자녀들의 학교 교육과 병원 이용을 편리하게 하고, 주거 지원도 해 주어야 하며, 세금 혜택을 주거나 주택 구입을 지원하고, 연구 자금을 지원하는 등 다양한 혜택이 필요합니다.

**미국의 인재 유치**  미국 바이든 행정부가 발표한 이 행정명령은 AI 인재 유치와 혁신 생태계 조성을 위한 포괄적인 전략을 담고 있습니다. 행정명령의 핵심은 글로벌 AI 인재들이 미국에서 더 쉽게 연구하고 일할 수 있도록 이민 정책을 개선하는 것입니다. 국무부와 국토안보부는 90일 이내에 AI 분야 비시민권자들의 비자 처리 과정을 간소화하고 충분한 비자 발급량을 보장해야 합니다. 전 세계의 뛰어난 AI 전문가들이 미국으로 더 쉽게 이주할 수 있도록 하기 위한 조치입니다.

실질적인 지원 체계도 구축합니다. AI.gov에 다국어로 된 포괄적인 가이드를 제공하고, AI 전문가들의 이민 시스템 활용 데이터를 포함한 공개 보고서를 발행할 예정입니다. 해외 인재들이 미국의 이민 시스템을 더 쉽게 이해하고 활용할 수 있게 될 것입니다.

노동시장과 관련된 조치도 취해집니다. 'Schedule A' 직업 목록이 업데이트되어 AI 및 STEM(과학, 기술, 공학, 수학) 관련 직종이 식별되며, 이 과정에서 산업계와 노동자 권익 옹호 커뮤니티의 의견이 반영될 것입니다. 이는 미국 노동시장의 수요를 정확히 파악하고 그에 맞는 인재를 유치하기 위한 것입니다.

미국의 인재 유치 정책은 혁신 생태계 조성 정책과도 긴밀히 연계됩니다. 국가 AI 연구 자원(NAIRR) 시범 프로그램이 시작되고, NSF 지역 혁신 엔진이 가동되며, 새로운 국가 AI 연구소들이 설립될 예정입니다. 유치된 인재들이 최첨단 연구 시설과 자원을 활용하여 혁신적인 연구를 수행할 수 있는 환경이 조성될 것입니다. 이러한 종합적인 접근은 단순한 인재 유치를 넘어서는 것입니다. 미국이 글로벌 AI 혁신의 중심지로 자리매김하고, 장기적으로 AI 기술 발전을 주도하기 위한 전략적 청사진이라고 할 수 있습니다.

**중국의 인재 유치**  중국 정부는 해외 인재 유치를 위해 비자 정책, 세금 감면, 주택 지원 등 다양한 정책과 프로그램을 시행하고 있습니다.

**비자 정책**  고급 인재 유치를 위한 'R 비자(인재 비자)'는 외국인 전문가에게 간편한 비자 발급 절차와 다양한 혜택을 제공합니다. R 비자는 중국 경제 사회 발전 수요에 부합하는 업무에 종사하며 중국 국내에서 시급히 필요로 하는 전문 인력에게 발급됩니다. 채점제를 통해 외국인의 학력, 경력, 연봉 등을 평가하여 비자 발급 여부를 결정하게 됩니다. R 비자는 크게 A, B, C 세 가지 유형으로 나뉘며, 각 유형별로 요구 조건과 혜택이 다릅니다. A 유형은 최상위 인재를 위한 비자로, 국제적으로 인정받는 전문가 또는 고급 관리자에게 발급됩니다. B 유형은 중국에서 긴급하게 필요로 하는 전문 인력에게 발급되며, C 유형은 외국인 학생 또는 연수생에게 발급됩니다.

– **세금 감면 및 주택 지원**  중국 정부는 외국인 인재 유치를 위해 세금 감면, 주택 지원 등 다양한 혜택을 제공하고 있습니다. 외국인 전문가는 일정 요건을 충족할 경우 개인 소득세 감면 혜택을 받을 수 있으며 주택 구매 또는 임차 시에도 정부 지원을 받을 수 있습니다. 자유무역구, 전면혁신개혁실험구 등 특정 지역에 거주하는 외국인에게는 추가적인 혜택이 제공됩니다. 상하이시는 다국적 기업의 중화지역 본사에서 근무하는 외국인에게 세금 감면 혜택을 제공하고 있으며, 최근 5년 동안 중국 국내에서 합법적으로 1년 이상 근무하고 신용이 양호한 외국인에게도 세금 감면 혜택을 제공합니다.

– **천인계획**  중국 정부는 2008년부터 해외 고급 인재 유치를 위한 '천인계획(千人计划)'을 시행해 왔습니다. 이 프로그램은 해외에서 활동하는 우수한 중국계 과학자와 기술자를 중국으로 유치하여 연구 개발을 지원하는 것을 목표로 합니다. 천인계획 참

여자에게는 연구 자금 지원, 주택 지원, 자녀 교육 지원 등 다양한 혜택이 제공되었습니다.

- **만인계획** 천인계획은 해외 각국의 인재 및 기술 유출 우려로 인해 2021년 공식적으로 종료되었지만, 이후 '만인계획(万人计划)'으로 명칭을 변경하여 운영하고 있습니다. 만인계획은 30~40대 젊은 연구자를 대상으로 하며, 5년간 연봉과 연구비로 최대 15억 원을 지원하고 주택까지 제공하는 등 더욱 공격적인 혜택으로 해외 인재를 불러 모으고 있습니다.

- **주하이시 인큐베이터 지원 프로그램** 광둥성 주하이시는 외국인 창업을 지원하기 위해 인큐베이터 입주 기업에 다양한 혜택을 제공하고 있습니다. 주하이시는 창업 경진대회를 통해 선발된 외국인 창업팀에게 2년간 사무공간, 법률 및 세무 무료 지원, 외국인 창업 비자 발급 등을 지원합니다. 인큐베이터 입주 기업은 회사 지분 취득이 가능하며, 2년 후 재심사를 통해 계속 사무실에 입주할 수 있도록 지원하여 창업 실패에 대한 부담을 최소화하고 있기도 합니다.

- **주요 기업 및 연구기관의 외국인 인재 채용 노력** 중국 내 인공지능 분야의 주요 기업 및 연구기관들은 외국인 인재 채용에 적극적으로 나서고 있습니다. 바이두, 알리바바, 화웨이, 텐센트 등 리딩(leading) 기업들은 높은 연봉과 복지 혜택을 제시하며 해외 우

수 인재를 유치하고 있으며, 베이징대, 칭화대, 중국과학원 등 주요 연구기관들도 외국인 연구자 채용을 확대하고 있습니다. 해외 인재 유치를 위해 경쟁적으로 연봉을 높이고, 연구 환경 개선 및 국제 협력 프로젝트 참여 기회 제공 등 다양한 노력을 기울이고 있습니다. 바이두는 AI 인재에게 최대 1억 원의 연봉을 제시하며, 알리바바는 스톡옵션과 주택 제공 등의 혜택을 제공합니다. 화웨이는 해외 우수 인재 유치를 위해 '글로벌 인재 프로그램'을 운영하고 있으며, 텐센트는 해외 대학과 공동 연구센터를 설립하는 등 국제 협력을 강화하고 있습니다.

**중국으로 진출한 외국인 전문가들의 경험** 중국으로 진출한 외국인 인공지능 전문가들은 중국의 빠른 기술 발전 속도와 정부의 적극적인 지원, 막대한 데이터 확보 용이성을 장점으로 꼽습니다. 중국은 풍부한 자금과 인력을 바탕으로 AI 연구 개발에 박차를 가하고 있으며, 외국인 연구자들에게도 다양한 연구 기회를 제공하고 있습니다. 중국은 세계 최대 규모의 데이터를 보유하고 있어 AI 연구에 유리한 환경을 제공합니다. 중국 각지에는 지능형 컴퓨팅 산업에 대한 투자가 이루어지고 있으며, 엣지 사이드와 엔드 사이드 분야에서 대규모 언어 모델 컴퓨팅 능력이 크게 향상되고 있습니다. 이러한 컴퓨팅 인프라 구축은 외국인 연구자들에게 매력적인 연구 환경을 제공합니다.

하지만, 중국 특유의 문화와 언어 장벽, 그리고 정치적인 제약 등은 외국인 전문가들이 중국에서 겪는 어려움으로 작용하기도 합니다. 중국어에 능숙하지 못한 외국인 연구자들은 현지 연구자들과의 소통이나 중국 특유의 문화와 관습에 적응하는 데에 어려움을 느낄 수 있습니다. 중국 정부의 인터넷 검열과 정보 통제는 외국인 연구자들의 연구 활동을 제한하는 요소로 작용할 수 있습니다. 더불어, 지식 재산권 보호 문제는 외국인 인재 유치에 걸림돌이 될 수 있습니다. 중국에서는 지식 재산권 침해 사례가 빈번하게 발생하며, 이는 외국인 연구자들의 기술 유출에 대한 우려를 불러일으킬 수 있습니다.

한국은 미국과 중국의 AI 인재 유치 전략의 장점을 벤치마킹하고 단점을 보완하여, 해외 우수 인재 유치를 위한 정책적 노력을 강화해야 합니다. 장기적인 관점에서 AI 인재 양성을 위한 교육 시스템 개선 및 투자 확대를 통해 국내 AI 경쟁력을 강화하고, 글로벌 AI 시장을 선도할 수 있는 기반을 마련해야 할 것입니다.

# 10
# 대한민국의 AI 현주소

## 10-1 미국 주도 스타게이트에 한국 참여 가능성

미국 주도의 스타게이트 프로젝트는 오픈AI, 소프트뱅크, 오라클이 주도하는 대규모 AI 인프라 구축 계획으로, 향후 4년간 약 5,000억 달러(약 730조 원)를 투자하여 미국 전역에 데이터센터와 AI 인프라를 확충하는 것을 목표로 하고 있습니다. 미국의 AI 기술 경쟁력을 강화하고, 중국과의 기술 경쟁에서 우위를 확보하기 위해 트럼프 정부의 강력한 지원을 받고 있습니다. 샘 올트먼 오픈AI CEO는 한국 기업들의 참여 가능성을 언급하며, 한국이 AI 생태계에서 중요한 역할을 할 수 있다고 강조했습니다.

### 올트먼-이재용-손정의 'AI 3국 동맹'

이재용 삼성전자 회장, 손정의 소프트뱅크그룹 회장, 샘 올트먼 오픈AI 최고경영자가 2025년 2월에 만나 협력 방안을 논의했습니다. 3자 회동은 AI 산업에서의 협력을 강화하기 위한 중요한 만남으로 평가받고 있습니다. 손정의 회장과 올트먼 CEO는 삼성전자에 스타게이트 프로젝트 참여를 제안했습니다. 스타게이트는 미국을 중심으로 한 국제 AI 생태계 구축을 위한 프로젝트로 한·미·일 AI 동맹 구축의 신호탄으로 해석되고 있습니다.

세 기업은 AI 산업에서 독보적인 강점을 보유하고 있습니다. 오픈AI는 세계 최고 수준의 AI 모델을 개발했고, 소프트뱅크는 200조 원 규모의 비전 펀드를 운영하며 반도체 설계 기업 ARM을 소유하고 있습니다. 삼성전자는 세계 최대 메모리 반도체 생산 업체로, AI 칩 파운드리와 AI 모델을 활용한 스마트폰 및 가전제품 생산에서 강점을 가지고 있습니다. 이들의 협력은 시너지를 창출하며 AI 산업의 새로운 패러다임을 제시할 가능성이 큽니다.

경쟁이 심화되는 상황에서 이번 협력은 중요한 의미를 가집니다. 중국의 딥시크와 같은 AI 기업들이 빠르게 성장하며 미국의 기술주도권을 위협하고 있는 가운데, 한·미·일 동맹은 이를 견제하고 계속하여 우위를 확보할 수 있습니다. 삼성전자는 스타게이트 프로젝트 참여를 통해 새로운 AI 생태계에 진입할 기회를 얻을 것입니다.

AI 생태계 구축에 있어 스타게이트 프로젝트는 중요한 전환점이 될 것으로 보입니다. 오픈AI의 기술력, 소프트뱅크의 투자 및 반도체 설계 역량, 삼성전자의 제조 및 하드웨어 기술이 결합되면 AI 산업뿐만 아니라, AI를 활용한 다양한 혁신이 가능해질 전망입니다.

## 10-2 SK텔레콤과 퍼플렉시티의 협력

SK텔레콤(SKT)과 미국 AI 스타트업 퍼플렉시티(Perplexity)는 AI 기반 검색 기술을 중심으로 전략적 협력을 강화하며, 기존 키워드 기반 검색에서 대화형 검색으로의 전환을 목표로 하고 있습니다. 2022년 설립된 퍼플렉시티는 생성형 AI 기반 대화형 검색 엔진 서비스를 제공하며, 질문에 대한 직접적인 답변 생성, 신뢰할 수 있는 출처 인용, 최신 정보 반영을 특징으로 합니다. 퍼플렉시티는 2024년 월스트리트저널(WSJ) 챗봇 사용성 평가에서 1위를 차지한 바 있습니다.

SKT는 2024년 6월 퍼플렉시티에 1,000만 달러를 투자했으며, 모바일 월드 콩그레스(MWC · Mobile World Congress) 2024에서 전략적 파트너십을 발표했습니다. 양사는 한국어에 최적화된 AI 검색 엔진을 공동 개발할 계획입니다. 협력의 주요 내용으로는 퍼플렉시티의 기술을 SKT의 AI 비서 서비스 '에이닷(A.)'에 통합하여 개인화된 검색 경험을 제공하는 AI 검색 엔진 개발이 포함됩니다. 또한 글로벌 시장을 겨냥한 개인형 AI 비서(PAA · Personalized AI Assistant) 개발도 진행 중입니다.

SKT는 퍼플렉시티의 유료 서비스인 퍼플렉시티 프로를 SKT 고객에게 1년간 무료로 제공합니다. 실시간 검색, 출처 제공, 이미지 업로드 등의 서비스를 통해 AI 생태계 주도권을 확보하고, 구독 기반 비즈니스 모델을 개발하여 새로운 수익 창출을 모색하고 있습니다.

SKT와 퍼플렉시티는 미국을 시작으로 글로벌 AI 검색 시장에서 입지를 확대하며, 한국의 AI 기술력을 세계에 알릴 계획입니다. 퍼플렉시티 CEO 아라빈드 스리니바스는 "검색 엔진이 아닌 답변 엔진을 만드는 게 우리의 접근법이다. 질문을 넣으면 즉각적으로 답변을 생성하는 것"이라고 밝혔습니다. SKT AI 서비스 사업부장 김용훈은 "퍼플렉시티 기술을 바탕으로 한국 시장에 특화한 모델(KR-Enhanced Model)도 함께 개발할 예정"이라고 언급했습니다.

## 10-3 카카오와 오픈AI의 전략적 제휴

카카오는 국내 기업 최초로 오픈AI와 전략적 제휴를 체결하며 한국형 AI 서비스 대중화를 목표로 협력에 나섰습니다. 이를 통해 카카오는 자사의 다양한 서비스 플랫폼에 오픈AI의 기술을 접목하게 됩니다. 카카오톡에 ChatGPT를 통합해 상호작용형 AI 서비스를 제공하며 사용자 경험을 혁신할 예정입니다.

카카오는 자체 AI 모델과 오픈AI의 API를 활용하는 AI 모델 오케스트레이션 전략을 통해 기술 활용도를 극대화하고, AI 기업으로 전환을 가속화하고자 합니다. 이번 협력은 사용자에게 더욱 정교하고 개인화된 AI 경험을 제공하며 AI 기술 대중화를 가속할 것으로 기대를 모읍니다. 카카오는 또 AI 기술을 활용해 기존 서비스에 혁신적인 변화를 가져오고, 글로벌 AI 기술 경쟁에서 선도적인 위치를 확보하려 합니다.

샘 올트먼 오픈AI CEO는 "안전성과 제품 역량은 이제 더이상 분리해서 생각할 수 없는 핵심 요소다."라고 강조하며, AI 기술의 안전성과 신뢰성을 확보하는 것이 중요하다고 밝혔습니다. 정신아 카카오 대표는 "오픈AI와의 협력을 통해 AI 서비스의 대중화를 선도하겠다."라고 전하며 협력의 의의를 설명했습니다.

## 10-4 대한민국 정부의 GPU 확보 노력

유상임 과학기술정보통신부 장관은 대한민국의 디지털 전환과 4차 산업혁명 시대를 선도하기 위해 인공지능(AI) 기술 개발 및 산업 육성을 주요 정책 과제로 삼고 있습니다. 최근 발표된 정책들은 AI 연구·개발(R&D) 투자 확대, AI 인재 양성, AI 윤리 및 규제 강화, 글로벌 협력, 그리고 고성능 GPU 확보 전략 등으로 요약할 수 있습니다. 글로벌 AI 경쟁이 가속화됨에 따라 정부는 기존 계획을 대폭 수정하며 AI 기술 경쟁력 강화를 위한 구체적인 실행 방안을 제시했습니다.

정부는 AI 핵심 기술 개발을 위해 2025년까지 수조 원 규모의 예산을 투입할 계획을 발표했습니다. 이 투자는 딥러닝, 자연어 처리(NLP), 컴퓨터 비전 등 첨단 기술 분야를 포함하며, 대한민국이 AI 기술 선도국으로 자리 잡는 데 기여할 것으로 기대됩니다.

초기 단계의 AI 스타트업을 지원하기 위해 창업 펀드를 조성하고 기술 상용화 지원 프로그램을 강화할 방침입니다. 이를 통해 혁신적인 아이디어를 가진 스타트업들이 안정적으로 성장할 수 있는 환경을 조성할 계획입니다.

AI 인프라 구축도 중요한 정책 중 하나로, 정부는 AI 데이터센터와 클라우드 인프라를 확충하여 기업과 연구기관이 고성능 컴퓨팅 자원을 쉽게 활용할 수 있도록 지원할 예정입니다. 이러한 인프라는 AI 기술 개발과 상용화를 가속화하는 데 핵심적인 역할을 할 것입니다. 특히, 고성능 GPU 확보 계획이 대폭 앞당겨졌습니다. 정부는 원래 2030년까지 고성능 GPU 3만 장을 확보할 계획이었으나, 글로벌 AI 경쟁 가속화로 인해 이를 2027년 초까지 완료하기로 조정했습니다. 이 중 1만 5,000장은 2025년 안에 도입할 예정이며, 한국과학기술정보연구원은 슈퍼컴퓨터 6호기 도입을 통해 8,800장을 확보할 계획입니다.

GPU 투자 규모는 총 4조 원으로, 민간과 정부가 각각 2조 원씩 분담합니다. 유상임 장관은 "국가 예산 677조 원 중 1조 원을 AI에 투자하는 것은 무리가 아니다."라며 추가 예산 편성 가능성도 언급했습니다. GPU 확보 방안으로는 기존 데이터센터에 임시 배치한 후 국가 AI 컴퓨팅센터가 완공되면 이전하는 단계적 접근 방식을 채택했습니다. 이러한 전략 변경은 중국의 생성형 AI '딥시크' 등장으로 인한 기술 격차 우려가 반영된 것입니다. 유 장관은 "국내에도 딥시크 수준의 AI 모델을 보유한 스타트업이 10여 개 존재한다."라며 자체 기술 개발 역량에 대한 확신을 나타냈습니다.

　AI 기술 발전의 핵심은 인재라는 점을 강조하며, 유상임 장관은 AI 전문 인재 양성을 위한 다양한 정책을 발표했습니다. 대학 및 연구기관과 협력하여 AI 석·박사 과정을 확대하고, 전문 교육 과정을 신설할 계획입니다. 기업과의 산학 협력을 강화하여 실무 중심의 AI 교육을 제공하고, 졸업생들이 AI 관련 직무에 바로 투입될 수 있도록 지원할 예정입니다. 미래 세대의 디지털 역량 강화를 위해 초·중·고등학교 교육 과정에 AI 기초 교육을 포함하는 방안도 추진 중입니다. 이를 통해 AI 기술에 대한 대중적 이해를 높이고, 미래 인재를 조기에 발굴할 수 있을 것으로 기대됩니다. 혁신적인 AI 기술이 규제에 얽매이지 않고 실험 및 상용화될 수 있도록 규제 샌드박스 제도를 확대할 방침입니다. 이를 통해 AI 기술 개발과 상용화 과정에서 발생할 수 있는 윤리적 문제를 사전에 방지하고, 기술 혁신을 촉진할 수 있을 것으로 보입니다.

　글로벌 협력도 중요한 정책 방향으로 제시되었습니다. 대한민국이 글로벌 AI 허브로 자리 잡기 위해 주요 AI 선도국과의 협력을 통해 기술 교류 및 공동 연구 프로젝트를 추진할 계획입니다. 국제적인 AI 기술 경쟁력을 확보하고, 글로벌 시장에서의 입지를 강화할 수 있을 것으로 보입니다. 또한, 대한민국에서 AI 관련 국제 컨퍼런스를 개최하여 글로벌 리더십을 강화하고, 국내외 전문가와 기업 간의 협력 기회를 확대할 예정입니다.

　현재 정부는 2025년 2월 중 AI 컴퓨팅 인프라 발전 전략을 공개하고, 3월 중 국가 R&D 기술사업화 전략을 발표할 예정입니다. 이러한 정책들은 대한민국이 AI 기술의 선도국으로 도약하고, 디지털 전환 시대를 주도할 수 있는 기반을 마련하는 데 초점이 맞춰져 있습니다. 유상임 장관은 "AI 기술은 국가 경쟁력을 좌우할 핵심 요소"라며, 정부와 민간이 협력하여 AI 기술 개발과 상용화를 가속화해야 한다고 강조했습니다.

　이러한 정책들은 대한민국이 AI 기술의 글로벌 경쟁에서 우위를 점하고, 디지털 전환 시대를 선도하는 국가로 자리매김하는 데 기여할 것으로 기대됩니다.

7장

---

국제인공지능기구 설립의 필요성

인공지능(AI)의 급속한 발전, ChatGPT와 같은 생성형 AI 기술의 등장으로 인해 AI가 가져올 잠재적 위험에 대한 관심이 더욱 높아지고 있습니다. 국제적 차원의 대응 체계를 마련하고, 공통된 규범을 정립하기 위한 국제기구 설립이 필요하다는 주장이 꾸준히 제기되고 있습니다.

샘 올트만 오픈AI(OpenAI) CEO 역시 국제적인 규제 기구 설립의 필요성을 지속적으로 강조해 왔습니다. 국제원자력기구(IAEA)를 모델로 한 AI 감독 기구를 제안하며, 이를 통해 AI 기술의 안전성과 책임성을 보장할 수 있다고 주장하고 있습니다.

올트만은 IAEA가 핵 기술의 안전한 사용과 확산 방지를 감독하는 것처럼, AI 기술도 국제적인 감독과 규제가 필요하다고 주장했습니다. "좋지만 매우 위험한 기술"에 대한 안전장치를 설정하는 것이 중요하다고 언급했습니다. 현재의 AI 기술뿐만 아니라 미래의 고도화된 AI 시스템까지 포함하는 제안일 것입니다. AI 기술이 국가의 경계를 넘어 전 세계적으로 영향을 미칠 수 있어, 개별 국가의 규제만으로는 한계가 있다고 보고, 따라서 국제기구가 더 유연하고 포괄적인 규제 체계를 제공할 수 있다고 보았습니다.

AI 기술에는 국경이 없으며, 기술이 점점 퍼지면서 어느 한 나라나 몇몇 나라가 AI를 완전히 통제할 수 있다는 생각은 점점 사라질 것입니다. AI가 잘못 사용되거나 관리가 제대로 되지 않으면 전 세계적으로 부정적인 영향을 줄 수 있습니다. AI 기술의 개발과 사용을 시장에만 맡겨둘 수는 없습니다. AI는 유엔(UN)의 지속가능발전목표(SDGs · Sustainable Development Goals)를 달성하는 데 중요한 역할을 할 수 있지만, 이를 잘못 관리하면 오히려 불평등이 심해질 위험도 있습니다. AI의 올바른 관리 방식(거버넌스)은 SDGs를 위한 AI 혁신의 핵심 동력이 될 수 있습니다.

인공지능의 급속한 발전과 생성형 AI 기술의 등장으로, 인공지능의 잠재적 위험에 대한 국제적 차원의 대응 체계와 공통된 규범을 정립하기 위한 국제기구 설립이 필요하다는 주장이 꾸준히 제기되고 있다.

# 1 논의 배경 및 필요성

**생성형 AI 시대의 도래**  ChatGPT를 비롯해 생성형 인공지능 기술이 빠른 속도로 발전함에 따라, AI가 미치는 영향력이 이미 사회 전반으로 확산되고 있습니다. 이로 인해 AI 활용 전반에 걸친 윤리적·사회적 문제를 다룰 수 있는 국제적 규범 정립의 필요성이 한층 강조되고 있습니다.

**초지능 대비**  초지능 시대에 대한 대비가 국제적 차원에서 이루어져야 합니다.

**국제 협력의 중요성**  미국과 EU 등 주요 국가 및 G7을 중심으로 AI 개발 및 이용에 관한 국제적 협력이 활발히 논의되고 있으나, AI 기술의 특성상 국경을 넘어 전 세계에 영향을 미치므로, 보다 넓은 범위의 국가들이 참여하는 보편적 협력 체계가 요구됩니다. AI 시대에도 생명의 존엄성·평등·자유 등 기존 국제사회가 추구해 온 가치를 지키려면, 이에 대한 국제적 합의와 협력 기제를 마련할 필요가 있습니다.

**문제에 대한 공동 대응**  인공지능으로부터 발생하는 이익을 공유하고, 관련 상품·서비스·데이터 교역을 원활히 하기 위해서는 기술 표준과 상호운용성 확보, 개발도상국 지원 등이 중요합니다. AI의 악용으로 발생할 수 있는 국제 범죄, 테러, 전쟁 등 다양한 문제를 예방하려면 국가 간 긴밀한 공조와 대응이 필수적입니다.

**국가별 규제 차이 따른 문제** AI 위험을 다루는 각국의 접근 방식과 규제 수준이 다르면, 공동의 가치 실현에 장애가 될 수 있습니다. 이러한 차이를 조정하기 위해서는 국제적 차원에서의 협력과 조율이 필요하다는 주장이 제기되고 있습니다.

---

## 2 국제기구 구축 방안

**국제기구** 국제기구란 국가들이 합의하여 설립한 파생적 주체를 의미하며, 정부 간 국제기구(IGIO), 비정부 국제기구(NGIO), UN 보조기구, 기존 국제기구와의 파트너십 형태 등 다양하게 존재합니다. 인공지능의 경우, 정부 간 협력이 핵심이므로 정부 간 국제기구 형태가 적절하며, 관련 분야의 다른 국제기구 및 단체와 협력하는 방안도 중요합니다.

**국제기구의 주요 기능** 협상의 장 제공 국가 간 신뢰성 확보, 규제 수준의 상호 인정, 유관기관 협력, 역량 강화 등을 논의하고 결정할 수 있는 장(場)을 마련합니다. 공정성과 차별 방지 등 공통의 가치를 지키기 위한 원칙 및 준수 사항에 관한 국제적 합의를 이끌어 냅니다. 각국의 사회적 가치와 규제 수준 차이를 존중하며, 이를 국제규범 이행의 효과적 조치로 인정하는 절차를 마련합니다. AI가 개인정보·저작권·환경·통상·인권 등 여러 분야와 밀접하게 연관되어 있으므로, 관련 국제기구들과 협력 체계를 갖추어야 합니다. 개발도상국의 AI 기술 격차를 줄이고, 전 세계가 AI 혜택을 고르게 누릴 수 있도록 역량 강화와 교류를 지원합니다.

**규범 정립·집행·이행 감독**  설립 협정 외에도 회원국 간 추가적인 협정을 통해 규범을 마련하고, 이를 집행 및 감독하는 역할을 수행합니다. 회원국 간 의무 불이행에 따른 갈등이 발생할 경우, 사법적·비사법적 절차를 통해 분쟁을 해결할 수 있어야 합니다.

## 3 국제기구 구축 절차

설립 협정 체결 회원국들이 설립 협정과 본부 협정을 맺고, 각국 국내법 절차를 거쳐 비준함으로써 기구를 공식적으로 설립합니다. 재원은 강제 분담금, 자발적 기여금 등 다양한 방식으로 재원을 마련해야 합니다. 국내의 이해관계자 및 주요 AI 강국(미국, EU 등)과 긴밀히 협력하여 국제기구 설립의 의미와 필요성을 설득하고, 참여를 이끌어 내야 합니다.

# 4 유엔, AI 감독 기구 설립 제안

유엔(UN)은 AI 기술의 잠재적 위험과 기회를 논의하기 위해 다양한 회의를 개최하며, 글로벌 차원의 규제 체계 마련을 위한 노력을 기울이고 있습니다.

유엔 사무총장 안토니오 구테흐스(António Guterres)는 AI 기술의 안전한 사용을 보장하기 위해 국제원자력기구(IAEA)와 유사한 AI 감독 기구 설립을 지지한다고 밝혔습니다. 생성형 AI(Generative AI)와 같은 최신 기술이 허위 정보와 같은 사회적 문제를 증폭시킬 수 있다는 점을 경고하며, 이를 관리하기 위한 국제적 협력이 필요하다고 강조했습니다.

구테흐스 사무총장은 2023년 AI 기술의 안전한 사용을 보장하기 위해 국제원자력기구(IAEA)를 모델로 한 글로벌 AI 감독 기구 설립을 지지한다고 밝혔습니다. AI 기술이 핵 기술과 유사하게 "매우 유익하지만 동시에 위험할 수 있는 기술"이라고 언급하며, 이를 관리하기 위한 국제적 협력이 필요하다고 강조했습니다. 인류에게 엄청난 기회를 제공할 수 있지만, 동시에 실존적 위험을 초래할 수 있다고도 말했습니다. 그는 또 AI가 잘못 사용될 경우, 범죄자나 테러리스트에 의해 악용될 가능성이 있으며, 장기적으로는 경제적 불평등, 문화적 다양성의 상실, 그리고 민주주의와 인권에 대한 위협을 초래할 수 있다고 지적했습니다. AI 기술이 군사적 목적으로 사용될 경우, 새로운 형태의 무기 개발과 생명공학과의 결합을 통해 심각한 위협을 초래할 수 있다고 경고했습니다.

2023년 11월, 영국 런던 북쪽 약 80km에 위치한 소도시 블레츨리에서 열린 AI 안전 정상회의(AI Safety Summit)에서 구테흐스는 AI 기술의 속도와 범위가 전례 없으며, 위험을 관리하기 위해 새로운 국제적 해결책이 필요하다고 강조했습니다. 이 자리에서 "AI 기술의 위험은 국제적 협력을 통해 가장 효과적으로 해결될 수 있다."라고 말하며, AI 감독 기구 설립의 필요성을 다시 한번 언급했습니다.

우리나라를 포함하여 미국, 중국, 캐나다, 호주, 브라질 등 28개국과 유럽연합(EU)이 참여하여 블레츨리 선언(Bletchley Declaration)에 서명하기도 했습니다. 이 선언은 AI 기술의 기회와 위험에 대한 공동 이해를 바탕으로 안전하고 책임감 있는 AI 개발을 위한 글로벌 협력을 촉진하는 내용을 담고 있습니다. 블레츨리는 영화 이미테이션게임(Immitation Game) 속의, 앨런 튜링을 비롯한 많은 암호해독 전문가들이 독일의 에니그마 암호를 해독하는 데 기여했던 역사적인 장소입니다. 제2차 세계대전 당시 영국군의 암호해독 센터였으며, 현대 컴퓨팅의 탄생지로 알려져 있습니다.

구테흐스는 AI 기술이 인권, 법치, 그리고 글로벌 윤리에 부합하도록 규제 체계를 마련해야 한다고 주장하며, 과학자문위원회와 AI 자문위원회를 구성해 구체적인 실행 방안을 논의하고 있습니다. AI 자문기구(High-Level Advisory Body on AI)는 정부, 기업, 학계, 시민사회 등 다양한 이해관계자들의 전문 지식을 모아 AI 기술의 위험과 기회를 평가하고, 국제 협력을 강화하기 위한 권고안을 제시하는 역할을 맡고 있습니다. 유엔 차원에서 디지털 플랫폼과 AI 기술의 책임 있는 사용을 촉진하기 위한 행동 강령을 발표할 계획이라고 밝혔습니다.

참고로 국제사회에서는 영국이 글로벌 AI 규제에서 주도적인 역할을 하고자 적극적으로 나서고 있습니다.

당시 리시 수낵(Rishi Sunak) 영국 총리는 AI 안전성을 보장하기 위한 국제적 협력의 중요성을 강조하며, AI 규제와 관련된 정상회의를 주최하는 등 글로벌 리더십을 강화하는 데 힘을 쏟았습니다. 영국은 2023년 블레츨리 파크(Bletchley Park)에서 열린 AI 안전 정상회의를 통해 AI 기술의 잠재적 위험을 평가하고, 안전하고 책임감 있는 AI 개발을 위한 국제적 논의를 주도했습니다.

영국 정부는 AI 안전 연구소(AI Safety Institute)를 설립하여 AI 모델의 사회적 영향을 평가하고, 안전성을 보장하기 위한 연구를 진행하고 있습니다. 이러한 노력은 영국이 AI 기술의 글로벌 규제와 윤리적 사용을 선도하며, AI 분야에서 국제적 리더십을 확보하려는 전략의 일환으로 볼 수 있습니다. 영국은 혁신과 안전, 포용을 핵심 원칙으로 삼아 AI 기술의 발전과 규제를 균형 있게 추진하고 있습니다.

## 5 추가적인 논의 방향 및 과제

현재 논의되고 있는 국제적 협력 및 기구 설립 방향은, IAEA 모델 기반의 AI 감독 기구를 설립하는 것이 첫 번째입니다. AI 기술이 초래할 수 있는 실존적 위험(초지능AI, 군사적 활용 등)을 관리하기 위한 국제적 협력을 강조하는 목적의 제안인 셈입니다. 이 기구는 AI의 안전성, 투명성, 책임성을 보장하며, 프론티어 AI(최첨단 AI 시스템)의 위험을 평가하고 관리하는 역할을 수행할 예정입니다.

유엔은 한편으로는 AI 기술의 글로벌 거버넌스를 구축하기 위해 정부, 기업, 시민사회 등 다양한 이해관계자들과 협력하고 있습니다. AI 기술이 인권, 평화, 지속 가능한 발전에 미치는 영향을 평가하고 있으며, 2024년에는 AI 관련 국제 규범을 포함한 결의안(A/78/L49)이 채택하였습니다

국제 사회는 앞으로 AI 기술이 국제법에 미치는 영향을 분석하고, 기존 국제법을 AI에 적용할 수 있는 방안을 구체화해야 할 것입니다. 각 국이 힘을 모아 AI의 군사적 활용과 관련하여 무력 사용의 비례성과 필요성을 평가하고, 민간인 보호를 위한 국제적 규범을 강화해야 합니다.

AI 기술의 혜택이 특정 국가나 기업에만 집중되지 않도록, 개발도상국과 선진국 간의 기술 격차를 줄이는 방안도 필요합니다. 이를 위해 AI 기술에 대한 공정한 접근성을 보장하고, 기술 이전 및 역량 강화 프로그램을 확대해야 합니다. 글로벌 AI 연구

협력 네트워크를 구축하는 것이 요구됩니다.

AI 기술이 차별, 편향, 개인정보 침해 등의 윤리적 문제를 초래하지 않도록, 국제적 윤리 기준을 마련해야 합니다. 이를 위해 AI 윤리위원회를 설립하고, 인권 영향평가 시스템을 도입하며, 알고리즘의 투명성을 확보하는 등의 조치가 논의되고 있습니다.

AI 기술의 발전 속도를 고려할 때, 지나치게 경직된 규제보다는 유연하고 적응 가능한 규제 체계가 필요합니다. 다자간 협약을 통해 AI 기술의 안전성과 책임성을 보장하는 국제적 규범을 발전시켜야 합니다. 기후변화 대응을 위한 파리 협정 등의 모델을 참고하여 발전시켜야 할 것입니다.

AI 기술의 안전한 활용을 보장하기 위해서는 국제적 협력과 규제 체계가 필수적입니다. IAEA 모델 기반의 AI 감독 기구 설립, 블레츨리 선언, 국제 네트워크 구축 등은 중요한 첫걸음입니다. 추가적인 논의와 협력이 지속적으로 이루어져야 합니다. 프론티어 AI의 위험 관리, 디지털 격차 해소, 윤리적 활용, 국제법과의 접목 등은 앞으로의 주요 과제가 될 것입니다.

# 부록

2023년 12월 22일 총회에서 채택된 결의안

[제1위원회 보고서에 관하여(A/78/409, para. 89)]

78/241. 치명적 자율 무기 시스템

총회는,

국제법, 특히 유엔 헌장, 국제 인도법 및 국제 인권법이 자율 무기 시스템에 적용됨을 확인하고,

새롭게 떠오르는 기술의 급속한 발전을 인정하고, 이러한 기술이 인간 복지의 발전에 큰 희망을 주며, 특히 특정 상황에서 갈등 상황에 처한 민간인을 더 잘 보호하는 데 도움이 될 수 있음을 인식하고,

인공지능 및 무기 시스템의 자율성과 관련된 것을 포함하여 군사 분야의 새로운 기술 응용 프로그램이 인도주의적, 법적, 보안적, 기술적 및 윤리적 관점에서 제기하는 심각한 과제와 우려를 염두에 두고,

자율 무기 시스템이 세계적 안보와 지역적 및 국제적 안정에 미칠 수 있는 부정적인 결과와 영향, 새로운 군비 경쟁의 위험, 갈등 및 확산의 한계를 낮추는 것, 비국가 활동 세력을 포함한 위험에 대해 우려하고, 특히 특정 재래식 무기의 사용 금지 또는 제한에 관한 협약에 따라 설립된 치명적 자율 무기 시스템 분야의 신기술에 대한 정부 전문가 그룹의 지속적

이고 귀중한 작업을 통해 이러한 문제에 대한 관심과 지속적인 노력을 환영하며, 1번 항과 이와 관련하여 이러한 논의에서 이루어진 상당한 진전과 제시된 다양한 제안을 강조하고, 2022년 10월 7일 인권 이사회 결의안 51/22가 군사 분야에서 새롭고 떠오르는 기술의 인권적 의미에 대한 합의에 의해 채택된 것을 주목하고,

네덜란드와 대한민국이 공동으로 주최한 2023년 2월 15일과 16일 정상회담, 코스타리카가 주최한 2023년 2월 23일과 24일 지역 회의, 룩셈부르크가 주최한 2023년 4월 25일과 26일 회의, 트리니다드 토바고가 주최한 2023년 9월 5일과 6일 지역 회의와 같은 국제 및 지역 회의와 이니셔티브의 중요한 기여를 인정하고, 유엔 기관과 국제 및 지역 기구, 국제 적십자 위원회, 시민 사회 기구, 학계, 산업계 및 기타 이해 관계자가 법적, 윤리적, 인권적, 사회적 및 기술적 차원을 아우르는 자율 무기 시스템에 대한 국제적 논의를 풍부하게 하는 데 기여한 귀중한 공헌을 인정하고, 사무총장이 평화를 위한 새로운 의제 이니셔티브 내에서 자율 무기 시스템 문제를 해결하기 위해 노력한 것을 인정하고,

1. 국제 사회가 특히 치명적 자율 무기 시스템 분야의 신기술에 대한 정부 전문가 그룹이 제기하는 자율 무기 시스템의 과제와 우려 사항을 해결하고 관련 문제에 대한 이해를 계속 증진해야 할 시급한 필요성을 강조합니다.

2. 사무총장에게 회원국과 참관국의 치명적 자율 무기 시스템, 특히 인도주의적, 법적, 보안적, 기술적, 윤리적 관점에서 제기하는 관련 과제와 우려 사항을 해결하는 방법과 무력 사용에서 인간의 역할에 대한 의견을 구하고, 이러한 의견을 담은 부록과 함께 취합된 모든 의견을 반영한 실질적 보고서를 79차 총회에 제출하여 회원국이 추가 논의하도록 요청합니다.

3. 또한 사무총장에게 국제 및 지역 기구, 국제 적십자 위원회, 시민 사회, 과학계, 산업계의 의견을 공식적으로 구하고 이러한 의견을 상기 보고서 부록에서 수신한 원래 언어로 포함하도록 요청합니다.

4. 제79차 총회 임시 의제에 "치명적 자율 무기 시스템"이라는 제목의 항목을 포함하기로 결정합니다.

제50차(재개) 총회 2023년 12월 22일

## 참고문헌

### 1부  AI 초지능시대 열렸다

Russell, S. J., & Norvig, P. (2020). Artificial Intelligence: A Modern Approach (4th ed.). Pearson.

### AI와 의료혁신

Esteva, A., et al. (2017). Dermatologist-level classification of skin cancer with deep neural networks. Nature, 542(7639), 115-118.

Topol, E. (2019). Deep Medicine: How Artificial Intelligence Can Make Healthcare Human Again. Basic Books.

Jumper, J. et al. (2021). "Highly Accurate Protein Structure Prediction with AlphaFold." Nature, 596, 583 - 589.

Iqbal, J., et al. (2023). Innovation and challenges of artificial intelligence technology in personalized healthcare. Cureus, 15(9), e44658. doi:10.7759/cureus.44658.

Esmaeilzadeh, P. (2024). Challenges and strategies for wide-scale artificial intelligence (AI) deployment in healthcare practices: A perspective for healthcare organizations. Artificial Intelligence in Medicine, 151, 102861. doi:10.1016/j.artmed.2024.102861.

### AI 국가, 기후변화-재난 대응-식량 생산

Rolnick, D., et al. (2019). Tackling Climate Change with Machine Learning. arXiv preprint arXiv:1906.05433.

Searchinger, T., et al. (2019). Creating a Sustainable Food Future. World Resources Institute.

Asian Development Blog. (2024). How AI Can Transform Agriculture for Food Security and Sustainability. Asian Development Bank

## 군사기술과 AI

Future of Life Institute. (2015). "Open Letter on Autonomous Weapons." Future of Life Institute Publications.

Scharre, P. (2018). Army of None: Autonomous Weapons and the Future of War. W. W. Norton & Company.

Brundage, M., et al. (2018). The Malicious Use of Artificial Intelligence: Forecasting, Prevention, and Mitigation. arXiv preprint arXiv:1802.07228.

U.S. Department of Defense. (2018). Summary of the 2018 Department of Defense Artificial Intelligence Strategy. DoD Official Website.

## AI의 자기 진화, 초지능의 위험성

Bostrom, N. (2014). Superintelligence: Paths, Dangers, Strategies. Oxford University Press.

Tegmark, M. (2017). Life 3.0: Being Human in the Age of Artificial Intelligence. New York: Knopf.

Russell, S. (2019). Human Compatible: Artificial Intelligence and the Problem of Control. Viking.

## 휴머노이드 로봇의 진화, 인간과 다른 점

Ishiguro, H., & Nishio, S. (2007). Building artificial humans to understand humans. Philosophical Transactions of the Royal Society B: Biological Sciences, 362(1480), 345-352.Bartneck, C. (2024). Human-Robot Interaction (2nd Edition). Cambridge: Cambridge University Press.

## AI 국가의 생명공학, 축복인가 재앙인가

Jumper, J., et al. (2021). Highly accurate protein structure prediction with AlphaFold. Nature, 596(7873), 583-589.

Church, G. M., & Regis, E. (2012). Regenesis: How Synthetic Biology Will Reinvent Nature and Ourselves. Basic Books.

Broussard, M. (2023). More Than a Glitch: Confronting Race, Gender, and Ability Bias in Tech. MIT Press.

Metzl, J. (2024). Superconvergence: How the Genetics, Biotech, and AI Revolutions Will Transform our Lives, Work, and World. New York, NY: Hachette Books.

Mollick, E. (2024). Co-Intelligence: Living and Working with AI. New York, NY: Portfolio/Penguin

## AI 국가의 일자리 지형도

Davenport, T. H., & Kirby, J. (2016). Only Humans Need Apply: Winners and Losers in the Age of Smart Machines. Harper Business.

Frey, C. B., & Osborne, M. A. (2017). The future of employment: How susceptible are jobs to computerisation? Technological Forecasting and Social Change, 114, 254-280.

Manyika, J., et al. (2017). Jobs Lost, Jobs Gained: Workforce Transitions in a Time of Automation. McKinsey Global Institute.

McKinsey Global Institute. (2017). Jobs Lost, Jobs Gained: Workforce Transitions in a Time of Automation. McKinsey & Company.

OECD. (2019). The Future of Work: Employment Outlook 2019. Paris: OECD Publishing.

Acemoglu, D., & Restrepo, P. (2022). "Tasks, Automation, and the Rise in U.S. Wage Inequality." Econometrica, 90(5), 1973-2016

World Economic Forum. (2023). "The Future of Jobs Report 2023." Geneva: World Economic Forum.

## 2부 AI 패권 전쟁, 미국과 중국의 대립

### 글로벌 AI 패권 경쟁, 미국과 중국의 경쟁

Lee, K. F. (2018). AI Superpowers: China, Silicon Valley, and the New World Order. Houghton Mifflin Harcourt.

Ding, J. (2018). Deciphering China's AI Dream. Future of Humanity Institute.

White House. (2020). National Artificial Intelligence Initiative Act. U.S. Government Publishing Office.

Segal, A. (2020). The Hacked World Order: How Nations Fight, Trade, Maneuver, and Manipulate in the Digital Age. PublicAffairs.

## 유럽연합 인공지능법

Floridi, L. (2021). "The European Legislation on AI: A Brief Analysis of its Philosophical Approach." Philosophy & Technology, 34(2), 215-222.

European Parliament. (2022). Draft Report on the Proposal for a Regulation on Artificial Intelligence. EP Official Website.

## AI 국가의 책임성, 윤리와 신뢰의 제도화

European Group on Ethics in Science and New Technologies. (2018). Statement on Artificial Intelligence, Robotics and 'Autonomous' Systems. European Commission.

Floridi, L., & Cowls, J. (2019). "A Unified Framework of Five Principles for AI in Society." Harvard Data Science Review, 1(1).

Floridi, L. (2019). The Ethics of Artificial Intelligence. Oxford University Press.

UNESCO. (2021). Recommendation on the Ethics of Artificial Intelligence. UNESCO Official Website.